KB164689

내 인생, 방치하지 않습니다

FIRST, WE MAKE THE BEAST BEAUTIFUL by Sarah Wilson
Copyright © 2018 by Sarah Wilson

All rights reserved.
This Korean edition was published by Midnight Bookstore in 2018 by arrangement with Sarah
Wilson c/o Writers House LLC through KCC(Korea Copyright Center Inc.), Seoul.

이 책은 (주)한국저작권센터(KCC)를 통한
저작권자와의 독점계약으로 나무의철학에서 출간되었습니다.
저작권법에 의해 한국 내에서 보호를 받는 저작물이므로 무단전재와 복제를 금합니다.

평생 8가지 불안장애에 시달렸던 한 여성의 20년에 걸친 심리 보고서

First,
we make the beast
beautiful

내 인생, 방치하지 않습니다

사라 윌슨 지음 | 엄자현 옮김

나무의철학

일러두기

1. 책에 등장하는 정신의학 관련 주요 용어와 각 기관의 연구, 통계자료 등에 대한 출처는 sarahwilson.com에서 확인할 수 있다.
2. 저자가 이탤릭체로 강조한 부분과 일부 고유명사는 작은따옴표로 표기했다.
3. 괄호 안 설명은 모두 저자의 글이고, 옮긴이의 설명은 별도로 표기했다.
4. 책에 등장하는 주요 인명은 국립국어원 외래어 표기법을 따랐다.
5. 단행본은《 》로 표기했으며 논문, 잡지, 영화, TV 프로그램 등은 〈 〉로 표기했다.

이 책을 읽을 독자들에게

불안은 내 나침반이다.
불안이 밀려올 때, 내가 지금 잘못된 방향으로
나아가고 있다는 사실을 깨닫는다.

나는 사람들 틈에 있는 게 어색한,
외롭고 불완전한 사람이다.
이 사실을 잘 알고 있고, 그럼에도 불구하고
무엇이든 할 수 있다는 용기가 내 삶을 의미 있게 만든다.

당신 또한 불안을 통해 삶의 의미를 찾게 되길.

차례

매사에 너무 열심이라
더 불안한 당신에게

제정신이 아니었던 삼십대 중반의 어두운 시절, 나는 종종 쓰러질 때까지 혼자서 달리곤 했다. 당시 나는 〈코스모폴리탄〉에서 4년째 에디터로 일하면서, 대부분의 시간을 발이 닿지 않는 깊은 곳에서 허우적거리는 심정으로 보내고 있었다.

〈코스모폴리탄〉에서 일하기 전에는 잡지라고는 병원에서 진료 순서를 기다리며 들춰보던 게 전부였다. 에디터 일도, 직원 관리도 〈코스모폴리탄〉에서 하는 게 당연히 처음이었다.

게다가 나는 곧 중대한 사실을 깨달았다. 내게는 하이힐도, 화장품도, 헤어드라이어도 없었다는 것. 당시 나를 고용했던 발행인에게 이 사실을 털어놓을 수밖에 없었다. 발행인은, 사립 여학교를 졸업하고 일본식 스트레이트 펌이라는 게 무슨 말인지 다 아는 에디터들과 비슷해 보일 때까지 자신을 다그치며 일하고 또 일하던, 지나치게 성실한 직원을 알아보았기 때문이다. 지나치게 성실한 직원은 회사에서 인정받고 성공한 후로도 계속해서 일하고 또 일했다. 그 성실한 직원이 누구냐고? 물론 나다.

나는 에디터 일을 사랑했다. 치솟는 아드레날린이 나를 버티게 해주었다. 잡지를 만드는 일은 마치 스포츠 경기 같았다. 나는 아주 빠른 속도로 일을 배웠고, 맡은 바 최선을 다하며 짜릿한 쾌감을 느꼈다.

그렇게 몇 년이 지나자 뭔가가 내 발목을 잡기 시작했다. 당시 나는 '러브 라이프'라는 코너에서 자주 다루던, 자기 자신과 건강한 관계를 맺지 못하는 여자들과 비슷한 상황에 처해 있었다. 친구들과의 약속도 미뤘다. "네가 우리를 버린 것 같아." 오랜 친구 라그니는 어느 날 저녁을 먹다 말고 이렇게 말했다. 내가 세 번이나 취소하고 겨우 다시 잡은 식사 자리였다. 나는 그날 레드와인 한 병을 마셨고 담배를 피웠다.

해결책은 더 독해지는 것이었다. 나는 못을 있는 힘껏 내리쳐서 벽에 억지로 박듯 발악을 했다. 그런 식으로 일하는 방법밖에 몰랐다. 더 독하게 매달리는 식으로 상황을 해결했다. 그리고 달렸다. 달리고 또 달렸다. 거의 매일 회사까지 10킬로미터를 달렸다. 요가도 배웠다. 모래 달리기 대회에도 나갔고 24시간 산악자전거 경주에도 참가했다. 나는 하루에 서너 시간밖에 자지 않았다. 아침 일찍 출근하고 주말에도 출근하고, 모든 시간을 일하는데 쏟았다. 뼈가 부서질 만큼 피곤했지만 나는 멈추지 않았다. 심계항진을 겪었고, 살이 많이 빠졌다. 머리카락도 빠졌다. 뷰

티 에디터가 머리카락이 굵어지는 파우더를 써보라며 가져다줄 정도였다.

그즈음 회사에서는 호주에 막 들어온 난소기능 검사인 에그 타이머 테스트에 대한 기사를 준비하고 있었다. 여성의 가임기가 몇 년 남았는지 알 수 있다는 테스트였다. 기사를 쓰려면 먼저 검사를 해야 했는데 월경주기를 보니 검사를 받을 수 있는 사람이 나밖에 없었다.

내가 대표로 검사를 받았고, 일주일 뒤에 검사 결과가 나왔다. 전화를 건 사랑스러운 아가씨가 조심스레 말했다. "뭔가 잘못된 것 같아요. 지금 남아 있는 여성호르몬이 하나도 없으시네요. 마치 폐경기가 지난 여성 같아요."

내 생리는 바로 다음 달에 멈췄다. 지난 1년간 주기가 불규칙한 건 사실이었다. 그녀는 내가 평생 아이를 갖지 못할 거라며 당장 병원에 가라고 조언했다.

하지만 나는 병원에 가지 않았다. 나는 다른 감당하기 힘든 문제들과 마찬가지로 이 문제 역시 미뤄두었다. 그리고 계속해서 일을 했다. 일을 잘 '해내야 한다'는 신념이 있었다. 다른 문제는 나중에 해결해도 된다. 그런데, 뭐? 아이를 못 가진다고? 이 사실을 받아들이려면 평생이 걸릴 터였다. 이 문제만큼은 되도록 오랫동안 모른 척 미뤄두고 싶었다.

그 후로도 6개월 동안 나는 〈코스모폴리탄〉에서 미친 듯이 일했다. 마침내 회사를 그만둘 때 퇴사 사유로 '질병'이라고 적었을 뿐, 여전히 병원을 찾지 않았다. 너무 피곤해서 병원에 갈 힘조차 없었다. 난 내 몸의 증상을 정확하고 세세하게 알 수 없었고, 당연히 의사에게 설명할 수도 없었다. 그러나 아이를 못 가질 거라는 말을 들은 이후에 나를 한 번이라도 본 사람들은, 모두 내 상태가 좋지 않다는 걸 알고 있었다.

임신 불가 진단을 받고 8개월이 흘러, 지치고 우울한 나 자신에게 더 이상 채찍질을 할 기력조차 남지 않았을 때 비로소 병원을 찾았다. 지금 생각하면 당시 내게 나타났던 징후들이 터무니없을 정도로 우스꽝스럽게 느껴졌다. 이제는 현실을 받아들이고 매사에 전력질주하는 방식을 그만두어야 하는 불쌍한 여자에게, 얼마나 더 가혹한 진단이 내려질까?

혈액 검사 결과를 듣기 위해 진료실로 들어서자 의사가 모니터를 보더니 벌떡 일어나 복도로 나가서 인턴 두 명을 데리고 왔다. "이 두 사람과 함께 봐도 괜찮겠습니까?" 의사가 물었고, 나는 고개를 끄덕였다. 뭐가 어떻게 되든 상관없었다. 피로감으로 그저 멍할 뿐이었다.

의사가 모니터를 톡톡 쳤다. "이런 결과는 생전 처음 봅니다." 인턴들도 덩달아 고개를 절레절레 저었다. 세 사람이 동시에 나를 바라보았다.

"사라, 결코 듣기 좋은 말은 하지 않겠어요. 당신은 지금 두 다리로 서 있는 게 기적입니다." 동의하지 않을 수 없었다. 진료를 받으러 오기 위해 마지막 남은 한 방울의 에너지까지 끌어모아야 했으니까. 진료실을 나서자 온몸의 관절이 아팠다. 걸음을 내디딜 때면 심장이 철렁 내려앉는 것 같았고, 문만 열었는데도 척추가 와들와들 떨렸다.

그때의 나는 뭐랄까, 평소보다 세 배쯤 심한 숙취와 극강의 월경 전 증후군, 전화 소리에 움찔하기만 해도 온몸이 깨질 듯한 독감. 이 세 가지 증상을 한꺼번에 겪는 느낌이었다. 늪지 괴물로부터 달아나야 하는데 질척한 진창에 다리가 빠져 꼼짝도 하지 않는다거나, 시험을 치는데 아무리 애를 써도 글자가 써지지 않는다거나 하는 악몽을 꿀 때와 비슷한 심정이었다.

의사는 내가 갑상선 자가면역질환인 하시모토병을 앓고 있다고 했다. 갑상선은 목에 있는 작은 나비 모양의 분비선으로, 갑상샘 호르몬을 분비한다. 만약 당신 몸에서 스트레스 호르몬이 지속적으로 분비되면 갑상선이 손상되고, 갑상샘 호르몬 분비가 멈춘다. 당신 몸의 모든 세포는 갑상샘 호르몬의 영향을 받기 때문에 이 호르몬이 멈추면 온몸이 영향을 받고, 적어도 인간다운 기분을 느끼게 해주는 부분은 모두 바닥을 기게 된다. 의사 말로는 그동안 본 여러 사례 중에서도 내가 최악이라고 했다.

계속해서 의사의 설명을 듣는 동안 내 귀에서는 계속해서 자명종 소리가 들렸다.

이후 몇 주 동안 더 많은 검사를 거치면서 내 백혈구 수가 겨우 명맥만 유지하고 있다는 걸 알게 되었다. 당뇨병 전증pre-diabetic에 오른쪽 골반과 목에서는 골다공증이 진행되고 있었다. 나는 또다시 아이를 가질 수 없을 거라는 말을 들었다.

"너무 오래 방치해서 치료가 어려워요."

"더 늦게 왔으면 어떻게 됐을까요?"

"아마…… 심부전에 걸렸겠죠? 1~2주만 늦게 왔다면요. 그러니 당장 쉬어야 해요."

의사는 합성 갑상선 호르몬 처방전을 건넸고, 나는 이때부터 지금까지 평생 약을 먹게 되었다.

나에게 우울과 불안에 관한 책을 쓸 자격이 있는지 여부가 중요하다면, 평생에 걸친 내 헌신적인 노력이 바로 그 자격이라고 말하고 싶다. 죽도록 노력한 결과, 이제 나는 안전벨트를 매고 있고 내 삶의 속도를 스스로 조절할 줄 안다.

지금 이 글을 읽는 여러분은 아마도 너무 빠르고, 격렬하고, 자제할 수 없는 마음을 지닌 불안한 상태일지도 모르겠다. 그리고 나와 마찬가지로 여러분도 불안을 고쳐보려고 무엇이든 했을 것이다. 불안한 사람들은 모든 일에 정말로, 정말로 열심이니까. 그리고 스스로에게 치료가 필요하다고 생각하는 경향이 있으니까.

분명하게 말해두고 싶다. 내가 지금 이 글을 쓰는 이유는 불안 그 자체가 여러분을 멋진 삶으로 안내할 수 있다고 믿게 되었기 때문이다. 여러분은 머릿속을 맴도는 불안과 소란으로 새벽 네 시에 잠에서 깨고, 모든 일에 열심인 사람일 수 있다. 그리고 그러면서도 멋진 삶을 살 수 있다.

당신에게, 또 불안장애 진단을 받은 모든 사람들에게 묻고 싶다. 불안을 치료하는 것만이 정답이라고 생각하는지를. 이 질문은 모든 사람들에게 해당된다고 생각한다. 만약 우리가 저마다의 불확실성과 두려움, 늦은 밤까지 꼬리를 무는 지나친 생각과 특이한 습관을 좀 더 포용하고, 이것들이 우리를 어디로 데려가는지 그저 지켜볼 수 있다면 지금보다는 좀 더 편안해지지 않을까? 지금부터 당신과 함께 불안에 관한 간절하고 솔직한 대화를 나누고 싶다.

더 이상
약을 먹고 싶지 않았다

나는 열두 살에 소아불안장애와 불면증 진단을 받았고 십대 후반에는 폭식증을 겪었다. 얼마 안 있어 강박장애 진단을, 이후에는 우울증과 경조증을, 이십대 초반에는 조울증, 요즘 말로는 양극성 장애를 진단받았다.

서른 명이 넘는 정신과 의사와 심리치료사, 영적 치유사를 일주일에 평균 두 번씩 몇 년 동안 만났다. 열일곱 살부터 스물여덟 살까지 항간질, 항불안, 항정신병 약을 먹었다. CBT, NLP, 최면요법, 프로이트 분석, 영성 지도, 모래놀이도 꾸역꾸역 해냈다. 삶의 후류에서 벗어나기 위해 길고 외로운 시간을 밟아왔다. 그러고도 학교에 결석하고 대학을 두 번 자퇴하고 직장을 그만두고, 1년 동안 집 밖에 나가지 못했다. 그것도 두 번이나.

이제는 이 모든 삶의 원인이 불안이었다고 말할 수 있다. 모두가 불안의 다양한 맛이었다.

그러나 스물일곱이 되었을 때, 나는 나만의 길을 가기로 결심했다.

나는 멜버른에 살았고 일요신문에 레스토랑 리뷰와 유명인사 특집 기사를 썼다. 주간 오피니언 칼럼도 썼다. 목요일 밤마다 압박에 시달리면서도 노숙인과 페미니즘과 왜 남자들이 무리를 지어 성큼성큼 걷는지에 대한 생각을 글로 쏟아냈고, 놀라운 시간을 보냈다. 당시 나는 첫 번째 남자 친구와 헤어지고, 다음 달에 허물어질 사우스 야라의 다닥다닥한 주택가에서 재미있는 예술가 한 명과 동거를 했다. 벽에 낙서를 하고, 주방에 온통 담쟁이덩굴을 키우고, 스튜 요리를 했다. 의도적으로 섹스를 탐닉했다. 뒤늦게 섹스에 눈을 뜰 때까지, 내 상대는 한 명뿐이었다. 난 즐길 준비가 되어 있었다. 이 실험은 재미있었고 고통이나 타협은 필요하지 않았다. 어떤 해류가 밀려와서 내 상황을 착착 정리해주는 기분이었다.

나는 아주 오랫동안 나를 진료한 마지막 정신과 의사에게 이별을 고했다. 나만의 길을 가야 하는 합리적인 이유를 콕콕 집어서 말했다. "난 준비가 됐어요. 진짜예요. 삶은 도움닫기나 리허설이 아니잖아요. 지금은 그냥 힘든 시기이고, 나는 해낼 수 있어요. 망할 열정이 문제였다고 생각해요." 멜버른의 앨버트 공원이 굽어보이는 어스레한 진료실을 나설 때, 의사는 악수를 청했다. 이제야 인정하지만, 내가 앓던 경미한 조증이 그 시기에 약간 상승했던 것 같다.

6개월 후 약이 하나씩 바닥을 보이더니 마지막 남은 약까지 죄다 떨어졌다. 나는 다시 처방전을 받지 않았다.

내 삶에서 중요한 순간은 언제나 폴라로이드 사진처럼 천천히 모습을 드러냈다. 삶의 결정적 순간을 '아하!' 하고 즉각적으로 깨닫는 사람은 거의 없지 않을까. 어느 순간부터 평범과 신경증 사이의 뚜렷한 경계가 사라져버린, 거의 대부분의 시간을 불안의 영역에 머무르는 우리 같은 사람이라면 더더욱.

이 책에서 내가 말하고자 하는 한 사람의 여정은, 그 늦가을 아침 정신과 의사의 진료실을 나서는 순간부터 시작됐다. 그 부드러운 빛을 기억한다. 또 트램 정류장으로 걸어가며 환호하듯 아래로 흔들어대던 주먹질을 기억한다. 누구나 질병이라고 부를 만한 내 상태를 관리하기 위해 나만의 규칙을 만들었고, 이를 실천하기로 결심했다. 어떻게 그럴 수 있었느냐고 묻는다면 그냥 그러기로 선택했다는 말밖에 할 수가 없다. 나는 결정을 내리고 거기에 전념했다. 솔직히 말하자면 달리 효과가 있는 방법이 없다는 게 주된 동기였다. 몇 년 동안 나는 수많은 유능한 신경증 환자들과 대화를 나누었고, 그들도 똑같은 말을 했다. 선택한다. 이유를 몰라도 일단 선택한다. 그리고 일에 전념한다. 당신은 흔들린다. 그리고 망쳐버린다. 그리고 다시 처음으로 돌아간다.

삼십대 중반에 내 조증이 다시 폭발했다. 강박장애도 생겼다. 나는 열한 살 혹은 열두 살부터 강박장애와 씨름했다. 항상 무언가를 두드리고 확인하고, 손을 씻으며 셋을 셌다. 밤마다 하는 의식이었다. 모두가 잠자리에 들면 나는 조명 스위치와 욕실 수도꼭지를 가볍게 두드리고, 침대 밑을 확인하며 셋을 세거나 3의

배수를 셌다. 어렸을 때 나는 꽤 많은 것을 3으로 헤아렸다. 균열, 물방울, 잠들지 못할 때 베개를 서늘한 부분으로 뒤집는 횟수. 숫자 세기가 3에서 4, 5로 늘어나면 상태가 점점 나빠지고 있구나 짐작했다.

서른다섯 살에 나는 두 번째 자살을 시도했다(첫 번째 시도는 스물두 살에 했다). 9개월 동안 집 밖에 나갈 수도, 일을 할 수도 없었다. 모든 것이 다시 어그러졌다.

나는 다시 의사를 찾았다. 다시 약을 복용했다. 그리고 다시 끊었다. 그해 내내 나는 여러 번 불안 발작을 겪었다. 만약을 대비해 욕실에는 신경안정제인 바리움을 두었다.

나는 지금도 이 일상을 반복하고 있다. 나는 덜컹거리면서 멈췄다가 다시 출발하면서, 나와 불안이 사이좋게 어울릴 수 있는 더 나은 방법을 찾아 끝없는 길을 가고 있다.

몇 년 전, 누군가 내 블로그에 "사라, 당신은 열심히 노력하는데 어딘가에 도달한 적은 없군요"라고 썼다. 그렇다. 나는 이게 핵심이라고 여긴다. 내 블로그에 1,500개가 넘는 글을 쓰고, 열한 가지 잡지와 신문에 고뇌에 찬 칼럼을 수백, 수천 편 기고했다. 22년 넘게 글을 쓰면서 나는 다양한 아이디어와 삶의 조언을 내 삶에 이리저리 맞추려고 시도해왔다. 왜? 내 불안을 이해하기 위해. 하지만 그건 사익을 챙기려는 경력 쌓기에 불과했다.

지금 나는 어디에 머물러 있을까? 현대 의학은 내가 겪는 다양한 증상마다 개별적인 진단명을 붙이기를 선호했다. 조울증, 불안 발작, 강박장애, 불면증에 자가면역질환까지. 나는 이 모든 진단명이 불안으로 나타난다고 생각한다. 뭔가 제대로 돌아가지 않는다는 근질대는 느낌과 웅웅거리는 불편함. 의사가 뭐라고 부르든 느낌은 같다. 급강하는 회오리에 휘말린 것처럼 창자가 꼬이고, 뒷덜미가 오싹하고, 가슴이 철렁 내려앉고, 모든 것이 점점 더 빨라지면서 조급해지면 나는 후들거리는 가엾은 다리가 더는 버티지 못할 만큼 아주 빠른 속도로 가파른 언덕을 달려간다.

많은 의사들이 이 말에 동의하지 않을 것이다, 물론 내가 틀렸을 수도 있다. 그러나 이제 이 아이디어를 탐구할 때가 되었다고 생각한다. 많은 사람들이 이 문제에서 뭔가 빠진 것 같다는 느낌을 받는다고 생각한다. 그래서 우리는 더 많은 대화를 해야 한다.

압도될 듯 고독했던
그날의 악몽

신이 인간들에게 인생 가이드북을 건네줄 때 난 변기에 앉아 있었을 거다. 아니면 엄마가 기저귀를 빨아 널었던지. 나는 지구상에서 신의 가이드북을 받지 못한 유일한 인간이 분명했다.

이 벼락 같은 깨달음은 열다섯 살에 처음 찾아왔다. 나는 캔버라의 쇼핑몰 커튼 뒤에 쭈그리고 앉아 제1회 '미스 지 비스 모델 경연대회'의 결과를 기다리고 있었다. 미스 지 비스Miss Gee Bees는 지금은 사라진 '그레이스 브라더스' 백화점이 십대를 타깃으로 내세운 세컨드 브랜드였다.

어느 날 쇼핑몰에서 옷걸이에 걸린 브래지어를 아무렇게나 넘겨보고 있는데 피팅룸 직원 아줌마가 똑딱이 카메라로 사진 한 장만 찍어도 되겠느냐고 물어왔다. "그럼요, 괜찮아요." 나는 반쯤은 웃고 반쯤은 찡그린 얼굴로 카메라를 보았고, 2주 후 쇼핑몰에서 열리는 대회에 초대받았다. 우승자에게는 모델 계약과 잡지 〈돌리〉 촬영 기회, 그리고 속옷 세트가 주어졌다.

심사위원의 발표를 기다리는 동안 다른 참가자들은 수다를 떨며 웃고 있었다. 하나같이 화려한 치어리더 스타일을 하고 있었는데, 똑같은 베스트에 스틸레토 힐과 검은색 라이크라 초미니 원피스 차림이었다. 짧은 원피스를 계속 엉덩이 밑으로 끌어내렸고 몸을 숙이지도 않았다. 그랬다가는 둥글게 말아서 스프레이로 고정한 앞머리와 몇 가닥 빼내서 얼굴 앞으로 내린 머리카락이 망가질 테니까.

나는 시골 처녀처럼 발목까지 오는 흰색 폴리 혼방 면 원피스를 입고, 베이지색 루즈삭스에 낡아서 굽이 떨어진 갈색 브로그를 신고 있었다. 영화 〈크로커다일 던디〉에 출연하는 린다 코즐로스키 같기도, 〈아웃 오브 아프리카〉 같기도 했다. 친구에게 빌린 원피스의 프린세스 라인 재봉선을 손바느질로 조심스럽게 줄여 내 몸에 맞췄다. 아빠는 떨어진 신발 굽을 강력 접착제로 붙여 밤새 온수 탱크 위에서 말려주었다.

나는 긴장했다. 그리고 맙소사, 지독하게 외로웠다.

그리고 그 일이 벌어졌다. 토요일 아침, 북적이는 쇼핑객 앞에서 두 번째 워킹을 한 후 심사위원 앞에서 한 바퀴를 돌았고 모든 이목이 내게 집중되었다.

그때. 시간이 멈추고 세상은 산불이 나기 직전처럼 고요했다.

그때. 쑤셔넣은 휴지 뭉치가 원피스 아래로 툭 떨어졌다. 심사위원 바로 앞에.

발달이 더딘, 볼품없는 몸매를 가진 십대였던 나는 밋밋한 엉덩이를 감추기 위해 화장지를 팬티 양쪽에 쑤셔넣고 다니곤 했다. 청바지를 자주 입었는데, 뒷주머니에 휴지를 넣고 빨았다가 햇볕에 바싹 말려 종이반죽으로 된 엉덩이 모형을 만들기도 했다. 또 한번에 티셔츠를 두 개, 어떨 때는 세 개씩 겹쳐 입고 양쪽 소매를 말아 올렸고, 앵클부츠에 축구 양말을 신어서 깡마른 몸을 더 커 보이게 했다. 나는 매일 아침마다 그렇게 신중하고 면밀하게 여성스러운 곡선이 드러나는 몸매를 만들었다.

사람들 뒤에서 아빠가 "우리 귀염둥이 아가씨!"라고 환호성을 질렀다. 체육대회에서 나와 동생들이 결승선으로 들어오기만 하면 등수랑 상관없이 외쳤던 것처럼 말이다. 나는 황급히 커튼 뒤로 도망쳤다.

창피했냐고? 부끄러웠냐고? 아니. 그런 문제가 아니었다. 나는 공황에 빠졌다. 압도적이고 고독한, 가장 근본적인 공황이었다.

2등 상품인 속옷 세트를 받고 집으로 가는 차 안에서 나는 신경이 곤두선 채 숨을 헐떡였다. 마음이 차분하지 못하고 불안하게 들떠 있었다. 그때 나는 다른 사람들은 분명히 받은 인생 가이드북을, 나만 얻지 못했다고 확신했다. 다른 사람들은 농담 섞인 대화에 끼어드는 방법과 올바른 진로를 선택하는 설명서도 가지고 있었다. 자신이 왜 세상에 존재하는지도 알고 있는 듯했다. 젠장! 젠장! 그런 내가 어떻게 인생이라 불리는 것들을 헤쳐 나갈 수 있을까?

그러나 나이를 먹어서 좋은 수많은 일 중 하나는 가이드북 따위는 없다고 마침내 깨닫게 됐다는 것이었다. 깨달음은 갑자기 왔다. '아무도 망할 가이드북 따위를 얻지 못한 거야. 우리가 뭘 해야 하는지 아는 사람은 아무도 없어.'

사실 우리 모두는 인생이라 부르는 천방지축을 어떻게 다뤄야 하는지 아는 척하기 위해, 자기만의 노하우가 있는 척하며 피나는 노력을 하고 있을 뿐이었다. 우리는 친구들에게 너무 외롭다고 고백하는 대신 미소를 짓는다. 저녁 식사 자리에서는 자신이 믿는 것을 다른 사람들도 확신하도록 만들기 위해 큰 소리로 장황하게 떠들고 웃는 것이다.

우리는 너무 바쁘고
성실하고 열정적이다

　나처럼 불안한 사람들은 언뜻 보면 문제가 없어 보인다. 겉으로는 놀랄 만큼 멀쩡하게 행동하기 때문이다. 우리는 불안을 동력 삼아 성실한 계획을 세우고 목록을 만들고, 확실한 목적을 가지고 일을 하며 늘 빠르게 걷는다. 우리는 효율성과 긍정 에너지의 표본이며 언제나 움직이고 언제나 뭔가를 하고 있다.

　하지만 가면 뒤에서 우리는 두려움과 의심에 시달린다. 내면의 목소리는 우리가 나쁜 배우자이고 부족한 자매이며, 시간을 낭비하고 충분한 매출을 내지 못한다고 다그치며 모든 것을 총체적 난국으로 치부한다. 물론 우리는 바빠 보인다. 하지만 많은 경우 일을 피하느라 바쁘다. 그래서 바보처럼 서류 정리 같은 일에 몰두하고, 중요하거나 힘든 일을 맡지 않으려고 자신을 방어한다.

　그렇다. 우리는 친구들에게 마구잡이로 문자를 보내 다음 주 저녁에 만나자고 제안하는 사람이다. 그리고 하루 전날 취소하는 사람이다. 과부하가 걸렸다 싶으면 며칠씩 전화를 받지 않는 사람이다. 우리는 자주 굴을 파고 들어간다. 수십 년을 독신으로 지낸다. 다른 사람들은 그저 우리가 너무 바쁘고 뛰어나다고 추측한다. 여기에 또 다른 아이러니가 있다. 우리는 불안해질수록 더 뛰어나 보이려고 한다는 것, 그래서 세상이 우리에게 더 많은 기대를 하도록 스스로를 부추긴다는 것.

솔직히 말하면, 지금도 내 불안장애가 완벽하게 사라졌다고 장담하기는 어렵다. 어쩌면 나는 일상을 살아가는 데 심각한 결함이 있는 건지도 모른다. 오히려 불안을 없애려고 애쓰는 와중에 불안의 잔인한 아이러니를 깨달았다. 진단을 받고 치료할수록 불안은 더 심해진다는 것이다.

불안은 종종 보상을 받는다. 불안한 사람들은 예민하고, 쉽게 긴장하고, 열정적이고, 진짜 바쁘게 사니까. 누군가 "요즘 어떻게 지내?"라고 물으면 실제로는 느긋하게 일몰을 즐기며 맥주를 마시더라도 "말도 마, 너무 바빠. 정신이 하나도 없어서 미쳐버릴 것 같아"라고 대답해야 주변의 부러움을 받는다.

이 말은 불안한 사람들은 문제를 부인하고 계속해서 전진하고 또 전진한다는 말이다. 실제로 우리는 더 불안할수록 자신에게 문제가 없다고 굳게 믿는다. 웨일 코넬 의과대학의 정신의학과 교수는 어느 인터뷰에서 여성들이 불안 진단을 받아들이는 데 보통 9~12년이 걸린다고 말했다. 물론 남자도 그만큼 오래 걸리거나 더 걸릴 수도 있다.

우리는 불안을 참고 받아들이고, 미칠 지경이 되거나 불안이 질병 또는 다른 건강 이상을 초래할 때까지 내버려둔다. 반면 우울한 행동은 어수선하고 비생산적이고 블랙홀처럼 음침하다고 혐오한다. 그래서 우울증은 문제가 된다. 실제로 우울증을 인지하고 치료하는 데는 무수한 시스템이 존재한다.

이처럼, 우울은 낙인이 찍히고 불안은 정당화된다. 우울은 적법한 질병으로 취급받고, 불안은 자기회의와 자학의 늪에 남겨진다. 우리는 서로에게 'Keep Calm and Carry On(침착하게 하던 일을 계속하라)'이라고 적힌 머그컵을 선물하며 우리가 할 일을 다했다고 생각한다.

하지만 그럴수록 상황은 더 악화되고, 결국 우리는 불안이 풍선처럼 커져버린 뒤에야 대처하려고 허둥거린다. 커피를 마시고 말을 아끼고 설탕을 끊고 더 열심히 영혼을 갈아대며 더 많은 일을 한다. 더 열심히 노력한다. 더 열심히 생각한다. 기필코 자기만의 방식으로 이 상황을 헤쳐 나갈 수 있다고 철썩같이 믿는다. 불타는 열정이 우리를 불안에서 빠져나오도록 구해주면 다시 평범한 일상으로 돌아갈 수 있을 거라고 생각한다. 한마디로, 우리는 불안을 이용해서 불안과 싸운다.

그러나 우리는 종종 너무 늦을 때까지 깨닫지 못한다. 적절한 치료를 받고, 향초를 켜고 목욕을 하고, '나만의 시간'을 갖고, 코르티솔을 진정시키는 기능성 식품을 먹는 게 방법이라는 것을. 나는 불안과 싸우면서도 머릿속이 미쳐 돌아갈 때 향초를 켜고 목욕을 하진 않았다.

지난 십수 년 동안 내 삶은 나선형으로 쌓아 올린 젠가 같았다. 젠가 조각처럼 보였다는 표현이 더 적절하겠다. 나는 모든 일에 맹렬하게 덤볐고, 내 삶에서 단 몇 조각만 빠져도 지금까지 쌓아 올린 모든 것이 와르르 무너지고 말 거라고 확신했다. '잠시 물러나라', '긴장을 풀어라' 같은 말을 들으면 코웃음을 쳤다. 그런 말이 오히려 더 큰 불안을 불러왔기 때문이다. 불안하지 않을 때 나는 아무것도 아닌 사람처럼 느껴졌고, 불안감이 다소 누그러지면 공황에 빠졌다. 나는 '힘내자, 사라' 하고 스스로를 격려하면서 더 튼튼하게 젠가를 쌓았다. 극한까지 달리고, 아드레날린을 두 배로 분비했다. 젠가가 완전히 무너지도록 둘 수 없었다.

그 대가로 나는 더 나은 직장을 얻었고 무수한 동경의 눈빛을 받았다. 가벼운 산들바람이 아슬아슬한 젠가를 슬쩍 건드려 와르르 무너져 내리기 전까지는.

의사들은 인정하지 않겠지만, 때로는 불안 행동이 문제가 아닌 문제의 '해결책'이 된다는 점도 인정할 필요가 있다. 폭식증이 대표적이다. 나는 십대와 이십대 시절에 폭식증에 시달렸다. 엄마는 평생 다이어트를 해본 적도 없고, 음식을 사랑하는 분이었다. 나는 집에서는 결코 음식으로 비난받지 않았다. 내 폭식증은 부정적인 신체 이미지 때문에 생긴 문제는 아니었다(물론 불안이 내 몸을 통해 나타난다는 점에서 전혀 아무 연관도 없다고 말할 수는 없겠지만). 폭식증은 통제의 문제였다. 나는 울렁거리는 뱃속으로 생귀리와 비타 브리츠를 쑤셔 넣으면서 불안을 잠시 억눌렀다. 그럴수록 죄책감, 절망감, 역겨움이 커졌지만 살이 찔까 봐 두려워서는 아니었다. 불안이 다시 올라올까 봐 두려웠다. 폭식은 불안을 누르기 위한 내 해결책이었고, 당시에는 더나은 방법을 몰랐다. 그리고 나는 누구에게도 이 얘기를 절대로, 한 번도 하지 않았다. 누군가가 내게서 폭식을 빼앗아가기를 바라지 않았다.

어린 시절 했던 모델 일 때문에 폭식증이 생긴 거라고 오해하진 말기를. 모델 일을 하는 동안은 폭식증이 없었다. 넉넉한 급여를 받으며 안정적으로 할 수 있는 일들이 많았으니까.

새벽 세 시,
가장 익숙하고 외로운 시간

　나는 일곱 살부터 불면증이 있었다. 어렸을 때 나는 아빠가 밤새 불안해하며 복도를 서성이다가 아침이 되면 엄마에게 질색하는 모습을 보곤 했다. 나 역시 아빠의 불면을 물려받았고, 아빠가 잠을 못 이룬 데는 내 탓도 약간은 있었다는 걸 성인이 되고 나서 깨달았다. 불면증은 불안의 친구다. 불안한 사람들은 절실하게 잠이 필요하지만, 불안은 우리가 잠들지 못하도록 거부한다.

　캘리포니아 버클리대학교의 신경과학자들은 수면 부족이 비정상적 신경 활동을 유발한다고 밝혔다. 더 최악인 것은 불안장애를 앓는 사람들이 더 많은 영향을 받는다는 것이다.

　"이번 결과로 천성이 불안한 사람들과 수면 부족으로 극도의 고통에 시달리는 사람들이 같다는 것을 알아차릴 수 있었다." 매튜 워커 교수는 이렇게 설명했다.

　하버드대학교 심리학자 대니얼 웨그너도 몇 년 전 어느 논문에서 이 안타까운 사실을 묘사한 적이 있다. 그는 '역설적 과정

이론Ironic Process Theory'이라는 이름을 붙이고 잠을 자려고 노력하고, 자리에 누워 나쁜 생각을 몰아내려고 애쓰고, 사흘간 잠을 자지 못했지만 두려워하지 말자고 다짐하고, 누군가가 추천한 마인드컨트롤을 시도하다보면 오히려 정신이 더욱 말똥말똥해져서 평소보다 더 신경이 곤두선다고 설명했다. 결국 뜬눈으로 밤을 지새우는 것이다.

나는 다각도로 나의 불면증을 연구했다. 캐모마일 차를 마셨고, 명상을 했다. 누군가 멜라토닌을 먹어라, 양을 세라, 어싱매트를 써보라며 조언한다면 나는 잠을 못 잘 때 바리움을 먹고 머리가 깨지는 듯한 두통에 시달리느라 오히려 증상 완화에 실패했다고 대답해주겠다.

최근에는 불면을 좀 더 넓은 범위에서 생각하기로 했다.

갓난아기일 때 우리는 세상에 대한 극심한 공포에 사로잡혔을 테고, 늘 예민한 상태였을 것이다. 부모님은 분명 우리를 수시로 끌어안고 부드럽게 흔들어주며 잠들도록 했겠지. 포옹하기, 어르기, 언제나 배는 부르고 등은 따뜻하다는 확신을 주기, 그 외 육아서의 조언을 따른 부모님의 행동 덕분에 우리는 서서히 세상이 안전하다고 믿게 되고, 스스로를 진정시키는 법을 배웠을 것이다. 물론 나 같은 일부는 스스로를 진정시키고 세상을 신뢰하는 방법을 잘 배우지 못했을 것이다. 우리는 보호받거나 안전하다는 느낌을 쉽게 받지 못했고, 그래서 늘 바짝 경계해야 했을 것이다. 정말 안심해도 되는지, 가스레인지가 분명 꺼졌는지, 시끄러운 이웃이 결국 조용해질지, 퇴근 후에는 업무 스트레스를 미뤄놓아도 되는지를 믿지 못한다. 우리는 늘 '켜진' 상태다. 모든 것을 스스로 해야 한다. 우리 모두 이를 날카롭게 느끼고 있다. 이 사실은 정말이지 괴롭다.

절망적이고 속수무책으로 괴로워하기보다는 안정감을 느낄 방법을 찾을 필요가 있다. 모두가 제자리에 있다고 느낄 수 있기를, 전부 괜찮아질 거라고 믿을 수 있기를.

불면증은 우리의 마음이 이제 자기만의 시간을 가져야 한다고 외치는 비명이다. 영국의 철학자 알랭 드 보통은 이렇게 설명한다. "불면증이란 우리가 궁극적으로 맞닥뜨린 문제를 너무 오래 미뤄두고 있을 때 내면에서 호소하는 건강한 애원이다. 불면증의 문제는 사실 잠을 잘 수 없다는 것이 아니다. 그만큼 자신을 돌아볼 시간이 없었다는 것이다."

긴 밤 내내 나는 깊은 고통 속에서도 궁극적으로는 성장할 수 있는 깨달음을 얻는다. 낮에는 가면을 쓰고 내 진짜 약점을 보기 위해 애쓴다. 새벽 세 시의 섬뜩함, 외로움, 대범함, '뭔가가 어긋난 기분'은 그렇지 않았다면 몰랐을 진실과 성찰로 나를 파고들게 한다. 최근 나는 잠들지 못할 때면 나 자신을 알아갈 성찰의 시간이 필요해졌다고 되뇌인다. 이것이 양을 세는 것보다 더 나은 여정이다.

아무도
나와 비슷한 기분을 느끼지 않는다

나는 아주아주 오랫동안 불안해했다. 언제 어떻게 불안감이 생겼는지 모르지만, 내가 기억하는 가장 어린 시절부터 나는 불안했다.

나는 음울한 아이는 아니었다. 물론 여러 가족사진을 보면 도끼눈을 하고 있지만, 평범한 아이들과 다를 바가 없었다. 냄새나는 고무를 모으고, BMX 자전거 경주를 하고, 물 빠진 댐에서 가재를 잡으며 어린 시절을 보냈다.

내가 자란 캔버라 외곽은 아버지의 말에 따르면 반半 자급자족 동네였다. 부모님이 히피는 아니었지만 결코 목가적인 분위기도 아니었다. 우리는 그냥 가난뱅이였다. 염소를 길러서 우유와 고기를 얻었고, 날씨에 따라 장화나 슬리퍼만 신으면서 최소한으로 살았다. 옷은 그냥 중고도 아닌 중중고였다. 할아버지는 자선 가게에서도 볼 수 없는 옷들을 찢어 자동차 정비공들이 쓰는 걸레로 만드는 공장에서 일했는데, 공장의 옷 일부를 우리를 위해 빼놓았다. 할아버지가 커다란 비닐봉투에 낡아빠진 화려한 티셔츠, 허리 아래로 떨어지는 원피스를 넣어 우리 집에 오면 우리는 각자 원하는 옷을 골랐다.

엄마는 빵집에서 하루 지난 빵을 한 덩어리에 10센트를 주고 샀다. 빵집 주인에게는 돼지에게 줄 빵이라고 했다. 우리는 돼지를 키우지 않았지만 엄마는 당당했다. "나는 거짓말 안 했다. 너희들은 돼지랑 비슷하잖아."

나는 다섯 동생들과 놀았다. 우리는 서로의 절친이었는데, 다른 친구들이 없었기 때문이다. 그러한 일상 속에서도 내 머릿속은 늘 복잡했다. 아이답게 놀고, 사진을 찍을 때 미소를 지으려고 애쓰며 어떻게든 살아보려고 애를 썼다.

열두 살이 되었을 때 두 가지 일이 일어났다. 첫째, 나는 영성에 집착하게 되었다. 침대 발치에서 성경책을 읽으면 머리에 피가 몰렸고, 줄만 보이면 자를 갖다 댔다. 나는 두드리고, 숫자를 세고, 잠을 자지 않기 시작했다. 곧 생애 첫 불안장애 진단을 받았다. 나는 이것이 우연이 아니라고 생각한다.

성당은 나를 몹시 고통스럽게 했다. 신이나 지옥은 두렵지 않았다. 주일 미사를 드리다가 뒤를 돌아보면 사람들이 '다 알고 있다'는 듯 평온한 얼굴을 하고 앉아 있었다. 그것이 나를 두렵게 했다. 나는 알지 못했다. 나는 무엇을 놓쳤을까? 엄마는 내 무릎을 툭툭 치며 앞을 보라고 했다. 절망이 스멀스멀 올라왔다. 그때 입었던, 목이 너무 딱 맞던 꺼끌꺼끌한 페어 아일 점퍼를 볼 때마다 나는 성당을 떠올렸다.

열세 살이 되었을 때 나는 신을 믿지 않겠다고 선언했다. 오랫동안 그 문제로 고심했으며, 성당은 내가 행복해지는 데 정말 해롭다고 부모님께 악을 썼다. 나는 주로 구약성경을 인용하며 근거를 댔고, 겨우 부모님을 설득해 '나와 맞는' 다른 종교를 찾기로 타협했다. 평소 부모님은 내 불안과 공황을 진정시켜야 할 무엇으로 여겼지만, 지금은 당시 두 분이 감내했던 무거운 책임감에 감사한다. 당시 내 머릿속에는 온갖 생각이 시끄럽게 굴러다녔고 모든 신경이 날카롭게 솟아 있었기에 부모님의 입장을 생각할 여유가 전혀 없었다. 아무도 나를 통제하거나 잡아주지 못했다.

십대 시절 나를 상담했다는 상담사에 관한 기억도 별로 없다. 사실 이건 내 모든 불안 에피소드를 관통하는 공통점이다. 날짜, 장소 같은 일상적이고 세세한 내용은 아주 흐릿하지만 에피소드만큼은 바늘처럼 예리하게 기억한다.

그때 나는 유리로 된 미닫이문을 지나 비대칭 복도를 걸었다. 복도 천장에는 종이 모빌과 핑거 페인팅 같은 수공예 장식품이 매달려 있었다. 그때 나는 잠을 자지 못해서 상담사를 찾았다. 두드리기와 숫자 세기도 있었다. 내 침대 밑에 발목을 잡는 괴물이 살고 있어서 화장실에 가려고 침대 밖으로 발을 내밀면 내 발목을 잡을 거라는 두려움은 나를 마비시켰다. 나는 몇 시간 동안 고개를 숙여 침대 밑에 괴물이 있는지 확인하고 셋을 셌다.

부모님은 내가 지루해한다고 생각했다. "이런, 사라가 또 지루한 모양이군." 내가 혼자 불안해하고 있으면 부모님은 그렇게 말했다. 그러나 나는 지루하지 않았다. 나는 답을 찾으려고 미친 듯이 노력하고 있었고, 울렁거리는 뱃속을 가라앉히려고 했다. 손에 든 뜨거운 감자를 내려놓을 곳을 찾지 못할 때의 기분이었다. 친구 집에서 잘 때면 밤새 뜬눈으로 옆자리 친구의 존재를 하나하나 예민하게 의식했고, 이 모든 생각을 어떻게 해야 할지 몰랐다. 다른 사람들은 나와 같은 기분을 느끼지 않는다는 걸 알게 되자 더 불안해졌다.

뇌는 불안을
이렇게 증명한다

　많은 사람들이 불안해한다. 불안으로 병원에서 진단을 받은 사람, 불안의 어떤 부분이 우리 몸에 문제를 일으킨다는 사실을 아는 사람은 많지 않지만 그래도 모두가 필요 이상으로 불안해한다는 사실은 안다. 내가 불안에 대한 책을 쓴다고 말했을 때 모두가, 정말로 한 명도 빠짐없이 눈을 둥그렇게 떴다. 그리고 목소리를 낮추고 몸을 숙이며 말했다. "요즘은 누구나 불안을 안고 사는 것 같아요. 정말로."

　전 세계적으로 열세 명 중 한 명이 불안 관련 질병으로 고통받고 있다. 어떤 연구 결과에 따르면 서구에서는 여섯 명 중 한 명이 인생의 어느 단계에서든 불안장애를 겪는데, 그 때문에 불안장애는 공식적으로 분류된 정신질환 중 가장 일반적인 질환이 되었다. 남성들에게는 우울증보다 불안이 더 흔하다. 남성 다섯 명 중 한 명은 인생의 어느 시점에서든 불안을 경험한다. 물론 이 숫자는 장애 진단을 받을 만한 수준에 해당되는 사람들만 계산한 것이다. 정신없이 바쁘게 살면서 병원을 찾지 않고 어떻게

든 혼자 감당하려는 사람들의 수는 정확하게 측정하기가 불가능하다. 때로는 구글 검색어가 실시간 지표가 되어주는데, 불안 검색 빈도는 지난 8년 동안 150퍼센트 증가해서 확신을 더해준다. '밤에 불안' 검색은 아홉 배가 늘었다.

불안이라는 단어에 포함되는 여러 의학 용어를 검색하는 빈도도 늘어났다. 대부분의 서구 국가에서 정신의학 전문가들이 이용하는 《정신질환의 진단 및 통계 편람》(이하 DSM) 최신판인 제5판에는 불안이라는 단어 아래에 서른일곱 가지나 되는 다양한 장애 목록이 나열된다. 여기에는 사회불안증, 특정 공포증, 공황장애, 범불안장애(일상생활의 다양한 주제에 대한 광범위하고 만성적인 염려), 강박장애, 외상 후 스트레스 장애 등이 포함된다. 미국정신의학협회는 2013년부터 강박장애를 개별 카테고리로 분류했다.

불안은 1980년 DSM 제3판에서 최초의 정신질환으로 분류되었다. 맞다, 1980년이다.

그럼 이전에는? 아무도 불안해하는 사람이 없었을까?

데카르트가 인간의 이성과 신체를 분리해서 바라본 이후 약 300년 동안, 감정이 신체에 영향을 미칠 수 있다는 개념은 과학적으로 금기시되었다. 1950년에 이를 주제로 한 책은 전 세계를 통틀어 달랑 단 두 권이었다. 프로이트가 8년 전에 《불안의 문제 The Problem of Anxiety》를, 그보다 90년 전에 쇠렌 키르케고르가 《불안의 개념 The Concept of Anxiety》을 썼다.

우리는 1950년부터 공식적으로 '스트레스를 받게' 됐다. 오스트리아-캐나다인인 내분비학자가 스트레스라는 용어를 처음 만든 후, 전 세계를 돌며 적극적으로 그 용어를 알렸고 사전 등재 캠페인을 벌였다.

그 후로 이를 주제로 한 책과 학술 논문이 수십 권 넘게 쏟아졌다. 그러나 대부분은 정신과 육체가 분리되어 있다고 끈질기게 주장했고, 불안은 어디까지나 일상적인 상태인데(우린 다 불안하잖아, 그렇지?) 일부 사람들이 이를 감당하기에 너무 나약한 것이라고 간주했다. 불안해하는 여자들은 히스테리 진단을 받았고, 남자들은 약이나 술로 알아서 해결하거나 동굴로 들어갔다. 우리 모두는 그렇게 견뎌왔다.

오늘날에는 불안의 기원을 두고 무수한 이론이 존재한다. 모두 공부할 가치가 있다. 어린 시절 트라우마도 그중 하나다. 수 게르하르트의 독창적인 저서 《왜 사랑이 중요한가: 애정이 아기의 두뇌 형성에 미치는 영향Why Love Matters: How Affection Shapes a Baby's Brain》은 어린 시절 성장 과정에서 충분한 사랑을 받지 못할 경우, 이후 자기 감정을 다루는 데 영향을 받을 수 있다고 주장한다. 극심한 학대부터 다른 일로 바쁜 부모들까지, 무엇이든 원인이 될 수 있다. 영국 TV 임상심리사인 올리버 제임스는 어린 시절의 트라우마가 그 사람을 영원히 불안에 떨며 자라게 만들고, 두뇌에서 벌어지는 화학 작용을 통제하지 못하도록 만든다고 주장한다. 그는 이것이 결코 천성의 문제가 아니라 양육의 문제라고 말한다.

특정한 두뇌 화학물질인 세로토닌과 노르에피네프린도 영향을 미친다. 우리의 뇌는 신경계를 통해 몸의 안팎에서 발생하는 정보를 처리한다. 10억 개의 뉴런으로 구성된 신경계는 전자화학 신호로 정보를 전달한다. 세로토닌은 기분, 성욕, 기능, 식욕, 잠, 기억, 학습, 사회적 행동과 관련된 메시지를 전달한다. 이론에 따르면, 세로토닌이 부족하면 정보가 전달되지 않는다.

최근에는 뇌에 행복과 편안함, 안락함을 전달하는 아난다미드anandamide라는 또 다른 신경전달물질이 발견되었다. 이 명칭은 기쁨, 환희를 뜻하는 산스크리트어 '아난다ananda'에서 유래한 이름인데, 아난다미드의 수치가 낮아지면 초조해지는 경향이 생긴다.

나는 이 책을 쓰는 동안에도 계속해서 새로운 자료를 접했다. 최신 연구 결과는 자가면역질환을 앓는 사람들이 더 쉽게 불안을 느낀다고 증명했다. 자가면역질환은 면역체계가 교란되어 자기 몸을 공격할 때 발생한다. 나는 자가면역질환의 하나인 하시모토 갑상선염을 앓았다. 갑상선은 신진대사, 호흡, 심박수, 신경계, 월경주기, 체온, 콜레스테롤, 혈당, 기분, 수면 등 의식과 지각과 관련된 모든 기능을 조절한다.

아무도 AI와 불안의 연관성을 설명하지 못한다. 실제로 많은 자가면역질환의 발병 원인을 알 수는 없다. 일각에서는 자가면역질환을 앓는 사람들의 목숨이 불안정하기 때문에 더 쉽게 불안을 느낄 거라는 가능성도 언급한다. 간단하게 말해서 내 몸에서 대체 무슨 일이 일어나고 있는지 모르면 누구나 불안해지고 절망한다는 것이다.

더 가능성 있고 설득력 있는 설명은, AI가 다른 염증성 질환과 마찬가지로 신경전달물질에 영향을 미치는 사이토카인의 분비량을 높인다는 것이다. 실제로 불안과 다양한 염증성 질환, 예를 들어 죽상동맥경화증이나 대사증후군, 관상동맥성 심질환 등의 연관성을 증명하는 결과가 늘어나고 있다. 임상실험에서 감정조절 약물에 소염제를 추가했더니 증상이 개선되고 반응 비율도 증가했다. 건강한 '평범한' 사람들이 염증성 백신을 맞은 후 일시적으로 불안해진다는 현상도 이 가설에 신뢰를 더해준다.

가장 흥미로운 연구는 소화기관과 불안의 연관성이다. 아마 인간의 소화기관은 박테리아들의 세계라는 이야기를 한번쯤 들어본 적 있을 것이다. 이들은 신진대사와 면역체계뿐 아니라 신경계에서도 중요한 역할을 한다. 최근 연구는 이 미생물이 감정적인 행동과 통증 자각, 스트레스 대응에 영향을 미칠 수 있다고 시사한다.

'좋은' 박테리아와 '나쁜' 박테리아의 균형이 깨지면(장내 불균형의 원인은 부실한 식습관, 약물, 항생제, 알레르겐, 기생충, 곰팡이균 과성장 등이다) 염증성 분자 반응이 쏟아져 나오고, 이는 중추신경계에 영향을 미쳐 두뇌 염증을 일으킨다. 이 염증은 신경전달물질을 엉망으로 만들어서 불안을 유발한다. 간단히 말해서 장에서 불이 나면 뇌에서도 불이 난다.

학자들은 프로바이오틱스나 발효식품을 많이 먹는 사람들에게서 사회불안 증상이 적게 나타난다는 점도 밝혔다. 또 다른 연구는 순수한 요거트를 하루 두 번씩, 몇 주 동안 꾸준히 먹은 피실험자의 장내 미생물 종류가 바뀌었고, 이를 통해 두뇌로 전달되는 신경전달물질이 개선되었다는 점을 밝힌다. 참고로 앞에서 '순수'라는 말을 붙인 이유는 판매되는 제품들이 유익한 박테리아를 아주 소량만 넣고 진짜 요거트라고 광고하기 때문이다.

이 책의 초고를 마무리하던 중, 나는 내 불안의 역사에서 한 장면을 차지할 수많은 유전적인 문제를 발견했다. 내게는 세로토닌의 분비와 흡수에 영향을 미치는, MTHFR이라는 유전자 결핍증이 있었다. 이것은 새로운 영역이었고, 나는 지금도 이 영향에 대해 공부하고 있다. 내 주치의 중 한 명인 레아는 내 몸이 중금속을 제거해주는 핵심 항산화 물질인 글루타티온을 충분히 생산하지 못하는 것 같다고 짐작했다. 그 결과 내 몸의 수은 수치는 말 그대로 측정 불가능했다. 고농도의 수은은 당연히 불안과 직결된다. 레아는 이런 유전적 요인들이 스트레스와 질환, 환경 오염물질 같은 후천적 요인들 때문에 '발현'되었을 수도 있다고 생각했다.

실제로 〈네이처 뉴로사이언스Nature Neuroscience〉에 발표된 초기

연구는 공포증이 인류의 조상들에게서 유전적 '기억'으로 이어져왔고, 후생적인 영향을 받았을 것이라는 가설을 세운다. DSM 또한 공포증을 불안의 징후로 규정한다. 이 가설은 사람들이 비이성적인 공포증으로 고통받는 이유를 설명하는 데 도움이 된다. 인간이 진화하던 어느 시점에, 어떤 근거로 공포를 더욱 강하게 느끼게 된 것이다. 예를 들면 세균 공포처럼.

그러나 위에서 언급한 어떤 요인에도 불구하고 누군가에게 함부로 불안 진단을 내릴 수는 없다. 어쩌면 당신은 위에서 언급한 모든 특징을 지니고도 평생 불안을 느껴본 적 없는 사람일 수도 있다.

우리의 성격은
우리 잘못이 아니다

　　1980년, 불안이 공식적인 진단명이 되고 질병으로 인정받기 전에 무슨 일이 있었을까? 최초의 항불안제가 탄생했다. 그렇다면 불안은 약에 맞춰서 '발명'된 것일까? 하는 의문이 떠오른다.

　1994년 스캇 스토셀이 《나는 불안과 함께 살아간다》에서 언급한 바에 따르면 '사회불안장애'라는 용어가 미디어에 등장한 횟수는 고작 50번이었다. 그런데 2000년이 되자 일상적으로 쓰는 어휘의 일부가 되었고, 한 연구 결과는 1,000만에서 최대 2,000만 명의 미국인이 불안으로 고통받고 있다고 시사한다.

　무엇이 이런 극적인 변화를 일으켰을까? 1990년대 후반에 갑자기 다들 북적이는 파티에 참석하라고 강요라도 받은 걸까? 아니면 워크숍에서 어색한 '친해지길 바라'를 하는 일이 많아진 걸까? 그것도 아니면 1989년 '사회불안장애연합(이하 SADC)'에서 실시한 사회불안장애 인식 개선을 위한 캠페인 덕분일까? 이 캠페인은 우울한 표정을 짓는 사람들의 모습에 '당신이 사람 알레르기가 있다면'이라는 진심으로 끔찍한 문구를 넣었다.

잠깐, 아직 끝나지 않았다.

SADC는 스미스클라인 비첨(훗날 거대 제약회사인 글락소스미스클라인이 된다)과 제휴를 맺은 것으로 밝혀졌고, 이 회사는 세계 최초로 공식 승인된 사회불안장애 치료제 팍실Paxil을 내놓았다. 강박장애와 양극성 장애 치료제에도 유사한 탄생 스토리가 있다.

이제 분명하게 말해보자. 나는 불안을 미화하지 않는다. 나는 일상적으로, 또 본능적으로 불안을 안고 살아왔다. OCD와 사회 불안, 외상 후 스트레스, 기타 불안 관련 질병으로 생활에 어려움을 겪는 사람들도 마찬가지다. 데이비드 베컴은 물건이 일직선으로 놓여 있지 않거나 짝이 맞지 않으면 초조해한다. "냉장고에 줄 맞춰 넣은 펩시 캔이 하나가 더 많으면 찬장이나 다른 곳으로 옮긴다. 모든 것이 완벽해야 한다." 우피 골드버그는 비행기 타는 것을 피한다.

그렇다, 이건 진짜 있는 일이다. 불안을 공부하고, 다양한 진단을 면밀히 검토해 원인을 밝히고 치료법을 제안하는 것은 중요하다. 또한 그것이 이 불안 여정의 핵심이다. 그러나 내 글은 여기서 좀 더 폭넓게 나아간다. 나는 위에서 언급한 소소한 사실들을 무겁게 다루고자 하는데, 내가 아는 모든 불안한 사람들이 살면서 마주해야 하는 수많은 진퇴양난이 저것들과 관련되어 있기 때문이다.

정말로 내 정신이 병들었나? 장애가 있나? 결함이 있나?

아니면 나는 그저 약하고, 최선을 다하지 않았을 뿐인가?

약을 먹으면 달라지나? 내가 솔직하지 않은가? 내가 자연스럽지 않은가?

내가 '화학물질 불균형' 이론에 매달리는 이유는 자책하지 않아도 되고, 과학적으로 검증된 치료를 보장받을 수 있어서인가?

오늘날의 상황을 보면 내 신경증이 충분히 납득이 되나? 군중, 폐쇄된 공간, 경제적 파산, 누군가와의 접촉에 대한 내 두려움은 비록 정상 범위를 조금 벗어났다 해도 합리적으로 진화된 결과인가?

나는 수년간 이런 질문을 던졌다. 우리는, 불안한 사람들은 그래야 한다. 현존하는 의학 이론은 우리에게 답을 주지 못한다.

당신도 같은 질문을 던졌을까? 불안을 명백한 장애로 분류하기 위해 엄청난 노력을 들여놓고도 실제로 효과가 있는 진단 절차는 전혀 없다는 사실을 알게 되면 당신도 나만큼이나 흥미를 느낄 것이다. 어떤 기술도 일상적인 스트레스와 신경증적인 불안으로 나아갈 수 있는 두려움을 구분하는 기준을 만들지 못한다. 웅웅대는 생각을 성격의 문제가 아닌 두뇌의 화학적 결함으로 설명할 수 있는 지점이 어디인지도 정하지 못한다. 후자가 훨씬 더 '허용 가능'하고 당연히 더 '치료 가능'하다.

실제로 연구 결과를 보면 두 명의 정신과 의사가 똑같은 DSM의 진단 기준을 이용해 같은 환자를 진단했을 때 결과가 일치하는 경우는 고작 32~42퍼센트에 불과했다.

엄청나게 모호하다. 참고로 오스트레일리아는 의사들이 DSM 가이드라인과 세계보건기구의 질병 분류표를 모두 참고하기 때문에 더 혼란스럽다. 두 가지는 기준이 달라서 편리하지도 않다. 심지어 설상가상으로 공공의료기관에서는 세계보건기구의 옛 질병 분류표를 이용한다. 뭐가 뭔지 모르겠다고? 맞다, 대부분의 의사들이 그렇다.

아마 많은 사람들이 어린 시절 경험한 화학적 불균형 상태가 성격의 문제가 아니라는 말에 합리적인 위안을 찾았을 거라 생각한다. 제법 훌륭하다. 나는 그 설명을 제대로 받아들일 수 있을 때까지 잠시 보류하기로 했다. 질병이 우리 잘못이 아니라는 말은 얼마간의 의심과 불확실성을 덜어주고, 더 잘 대응해야 했다는 죄책감에서 해방시켜준다. 그것만으로도 불안 수치는 낮아진다.

내가 십대 후반이었을 때 의사는 내 몸에 세로토닌이 부족하다고 말했다.

어린 남동생이 태어나고 얼마 지나지 않아 나는 집을 나왔다. 나보다 나이가 많은 세 명의 학생들과 함께 살던 그룹홈은 대혼란 그 자체였다. 한 명은 늦은 밤 진공청소기를 돌리고 기타 연습을 했고, 한 명은 주방 옆 자신의 침실에서 자해를 했다. 나는 법과 정치를 전공했고, 세 가지 직업을 가지고 있었다.

나는 잠을 자지 않았고, 뭔가를 두드리고, 숫자를 세고, 난폭해졌다. 잠을 잘 수 없을 때는 새벽 네 시에 울면서 근처 관목숲을 달렸다. 바이올런트 팜므의 〈블리스터 인 더 선〉을 부르고 또 불렀다.

정신과 의사가 내 두뇌 그림을 그려가며 전기회로 용어를 쉽게 설명해주고 나서야 크게 숨을 쉴 수 있었다. 마침내 난장판인 내 머릿속 실체를 알았다! 무엇보다 내 주변 사람들에게 이유를 댈 수 있었다. 이건 유전이고, 피할 수 없다고. 그렇다고 부모님을 탓할 수 없었다(유전자를 넘겨주셨다고 탓할 수는 없다).

확실히 이 모두가 피할 수 없는 불행덩어리 같았다. 친할머니는 조울증이 일상이었다. 내가 열네 살쯤 됐을 때 할머니는 캔버라에서 시드니까지 네 시간이 걸리는 버스 여행에서 자기 의지와 상관없이 네 차례나 전기충격 치료를 받았다는 이야기를 해주셨다. 당시 아버지는 아주 어렸다며 자세한 내용에는 모두 입을 다물었다. 외할머니는 끔찍한 불안으로 괴로워했고, 어머니가 어렸을 때 입원을 했다. 이 이야기도 화제에 오르는 법이 없었고, 자세한 내막은 뭉뚱그려졌다.

누군가는 이 주장을 반박할 수도 있을 것이다. 미국의 유명 래퍼이자 사회활동가인 프린스 이에이는 우리는 불안이나 우울증 그 자체가 아니라고 주장했다. 우리는 하늘이고, 불안과 우울은 구름에 불과하다고 했다.

질병은 나를 규정할 수 없다.

그러나 한편에서는 격분한 사람들이 온라인을 통해 자신의 질병은 단연코 의학의 문제이며 그냥 흘러가지 않는다고 주장했다. "당뇨 환자에게 '당신은 당뇨가 아닙니다. 그저 인슐린과 혈당 수치에 집중하기를 선택했을 뿐이지요'라고 말할 수 있느냐."

그들이 무슨 말을 하려는지도 안다. 하지만 어떤 사람들에게는 그놈의 구름이 하늘을 온통 뒤덮었다는 게 핵심이다. 하늘에 온통 검은색 구름밖에 없다면 이건 의학의 문제가 된다.

그런데 내가 알게 된 또 한 가지 사실이 있다. 두뇌가 어떻게 작용하는지와 관련해 알려진 사실이 거의 없기 때문에 이 가설 자체도 아직은 정확하지 않으며 대개는 증명조차 되지 않았다는 점이다.

그 외에 또 다른 진퇴양난이 남아 있다. 화학적 불균형은 원인인가, 결과인가? 할머니는 세로토닌 수치를 낮췄기 때문에 불안을 느낀 걸까, 아니면 불안하기 때문에 세로토닌 수치가 낮아진 걸까?

내가 의사가 아니기에 의학 모델에 의문을 제기하기는 불안하지만, 그래도 역사적으로는 종종 비전문가들이 과학의 도약을 이루어냈다. 나는 여러 정신과 의사와 정신건강협회 운영진에게 상담을 받았고, 내 의문이 오해를 일으키거나 유해하지 않다고 확인받았다. 오스트레일리아 SANE의 이사진이자 정신과 의사인 마크 크로스는 현대 정신의학은 때로 과잉치료에 시달린다고 허심탄회하게 털어놓았다. 환자들은 전체적인 치료 계획을 듣지 못하고 약을 처방받는데, 많은 경우 그 약들이 치료제가 아닌 경우도 있다. "우리는 치료제를 발견하지 못했지만 환자들은 종종 이런 말을 듣지 못하고 약을 받지요." 그는 의학 모델이 환자들에게 오히려 해를 끼칠 수도 있으며 이는 히포크라테스 선서에도 어긋난다고 말했다.

이십대 초반에 나를 맡았던 한 정신과 의사는 눈처럼 흰 수염을 기른 할아버지 의사였는데, 우리가 부정확한 의학을 믿고 있다고 인정하며 이렇게 경고했다. "조심하세요, 사라. 당신은 아주 유혹적이에요." 자신처럼 의학적 검증 여부를 철저하게 따지지 않는 의사들이 나처럼 열정적으로 질문하는 환자를 만나면 치료를 포기할 수도 있다는 점을 돌려서 말한 것이다. 그의 말은 나를 더욱 냉소적으로 만들었다.

2011년, 한 기자가 DSM 담당자에게 질문을 던졌다. 평범한 사람과 '정신질환자'들이 각각 위협을 당했을 때 보이는 반응이, 그 두툼한 책에서 설명하는 것처럼 뚜렷하게 구분되느냐고. 그는 '모른다'고 대답했다. 다른 인터뷰에서는 불안장애는 어떠한 생물학적 특징하고도 관련이 없다고 고백했다.

나는 이 사실을 알고 비명을 질렀다. "하지만 우리는 단순히 화면에 보이는 세포와 시냅스 덩어리를 이야기하는 게 아니잖아요. 이게 내 망할 자아고 나를 구성하는 물질이라고요! 이봐요

들, 우리가 정말로 이 실험을 해야 하는 건가요?"

내 주장은 이렇다. 모든 이론을 충분히 공부한다. 이걸 꼭 강조하고 싶다. 공부하고, 공부하고, 공부하라. 그리고 모두와 공유하라. 이것이 이 여정의 진정한 목적이자 즐거움이다. 검증된 원인과 진단, 치료법이 없다면 오히려 이를 기회로 여기면 어떨까? 불안을 문제나 치료해야 할 장애가 아닌 뭔가로 규정할 수 있는 기회로 만드는 거다. 〈가디언〉 칼럼니스트인 올리버 버크먼은 자신의 칼럼에서 자가진단에 대해 울림 있는 메시지를 던진다. "어떤 경우에는 문제가 있다고 생각하는 그 자체가 문제가 된다."

정신과 전문의 마크 크로스도 여기에 동의한다. "불안 진단을 받았다는 이유만으로 당신에게 문제가 있다거나 약물이 필요하다고 할 수는 없다."

그렇다면 나도 자신만의 길을 갈 수 있지 않을까? 아무 문제 없는 사람처럼 대담할 수 있지 않을까?

도움이 필요할 때는
기꺼이 도움을 받자

약, 정신과 전문의, 행동치료사에게는 저마다의 역할이 있다. 당연하다. 의학적 진단도 마찬가지다. 타인에게 문제를 설명하는 것만으로도 귀중한 경험이 된다. 진단을 받는다는 것은 상황을 안전하게 파악한다는 뜻이기도 하다. 문제의 근본을 더 깊이 있게 이해할 수 있는 지혜와 지식을 스스로 얻기 전까지 말이다.

지난해에 이 책을 쓸 때, 내 불면증은 바닥을 치고 있었다. 1년 동안 좀 더 잘 대처하지 못한 나 자신을 혹독하게 다그친 결과였다. 밤마다 계속된 수면 부족은 자가면역질환을 더 심각하게 만들었고, 나는 매일같이 정신을 차리려고 애를 써야 했다. 한 가지 생각을 몇 초 이상 지속할 수 없었고, 툭하면 화가 났고, 온 신경이 밑바닥까지 아팠다. 고통스러웠다. 따갑고 욱신거렸다. 누군가 칠판을 손톱으로 긁어내리는 동시에 내 신경세포를 철수세미로 문지르는 것 같다고 하소연했다. 나는 일주일 중 5~6일을 그렇게 지냈다. 회사 상사는 나를 한쪽 구석으로 데려가, 늘 곤두서 있는 내 상태가 다른 직원들에게 어떤 영향을 미치는지

훈계했다. 모두가 나를 짜증나게 했다. 혼자 일하던 과거와는 달리 이제 혼자 세상으로부터 도망칠 수 없었다. 책임감으로 어깨가 무거웠다.

그즈음, 친구가 자신은 매주 심리치료를 받지 않으면 사업을 제대로 할 수 없다고 털어놓았다. 그 말을 듣고 스물일곱 살에 나 자신과 했던 약속을 기억해냈다. 또다시 누군가의 도움이 필요한 순간이 오면 기꺼이 도움을 받자던 약속. 나는 과거 10개월간 복용했던 항불안제를 다시 먹었다. 다시 정신과 의사에게 치료를 받으며 내 기분을 이해하고 표현하고자 노력했다. 의사에게서 이제 충분히 안정되었으니 그만 와도 된다는 소리를 들을 때까지.

요가와 명상이
내 삶에 들어오던 날

삼십대 초반에 요가를 시작했다. 나는 엉망진창이었고 이미 오래전부터 망가져 있었다. 〈코스모폴리탄〉 오스트레일리아판 에디터였던 나는 편집자로서 가져야 할 아이디어와 원칙에 대한 집중적이고 폭넓은 감각을 잃어가고 있었다. 뭔가가 내 머릿속의 틀을 부수기를 바랐다.

나는 늘 불안했고 영성 상담사의 도움을 받아야 했다. 내가 손을 내민 영성 상담가는 스카이였다. 키가 크고 당당한, 우아하고 충만한 삶을 살아가는 50대 후반의 여성. 화요일 오후마다 그녀를 만나면 모든 핸드백과 공짜 아이크림과 광고주가 주최하는 칵테일 파티로부터 '진짜 나를 지켜달라'고 부탁했다.

스카우트 홀에서 3일간의 빈야사 인텐시브 코스가 시작되던 날, 나는 조금 늦게 도착했다. 시드니에서 남쪽으로 몇 시간 정도 떨어진 울창한 숲에는 오두막 여러 채가 빼곡하게 들어서 있었다. 이런 요가 수행에 참여할 때마다 나는 매번 초조해졌고, 냉소적이 되었고, 낯선 사람과 함께 이층 침대를 쓰고 누군가와

짝을 지어 운동해야 한다는 사실을 걱정했다.

그리고 이런 일상은 항상 변비를 불러왔다. 많은 A형이 그랬다. 수행센터 게이트를 통과하자마자 장이 꽉 막혀버렸다. 주변 사람들은 내가 모든 속내를 털어놓는 스타일이라고 생각했지만, 나는 누군가 사탕을 나눠달라고 부탁하면 예의 바르게 사탕 주머니를 내밀면서도 아랫부분을 움켜잡아 남이 가져가도 상관없는 사탕만 선물하는 아이 같았다.

나는 정말 심각한 문제가 될 때까지 화장실을 참았다. 우습게도, 항상 마지막 수업이나 마지막 명상을 할 때만 무사히 뱃속을 비울 수 있었다.

이전에 나는 명상을 전혀 할 수 없었다. 적어도 편안하게는 아니었다. 늘 너무 불안했다. 나는 수없이 명상을 갈망했다. 커뮤니티 클래스에도, 스카이가 운영하는 센터에도 가봤다. 그러나 나에게 딱 맞는 곳은 없었다.

대학생 때, 나는 나처럼 불안해하는 여성들을 위한 명상 코스를 만들고 참가자를 모은 적이 있다. 우리를 이끌 강사도 초빙했다. 나도 참가자들 틈에 섞였다. 하지만 나는 30분 동안 책상다리를 하고 앉아 명상을 하는 대신 나 자신에게 인정사정없이 독설을 퍼부었다.

명상이 끝난 후, 모두가 평화롭게 자신들이 느꼈던 느긋한 경험을 공유했지만 나는 학생 휴게실로 도망쳐서 두루마리 휴지를 물고 으르렁거리며 긴 비명을 삼켰다. 30분 동안 미친 듯이 휘몰아치는 생각을 멈추려고 노력했지만 상황은 더 악화되었다. 그때 내가 하지 못하는 일을 다른 사람들은 할 수 있구나 하고 뼈아프게 깨달았다.

그러나 스카우트 홀에서 명상을 하는 순간, 햇빛이 들어오는 게 느껴졌다. 단단하고 안정적이고 광활하고 여유롭고 아름다운 깨달음이 내 안에서 만져졌다. 찰나에 불과했지만 예전으로 되돌아가는 일은 없을 것 같았다. 내가 그렇게 갈구했던 이 표현 불가능한 무엇 또는 장소 또는 에너지는 어떤 단어로도 설명할 수가 없었다.

그리고 나는, 이제, 그걸 만질 수 있다.

그리고 나는, 젠장, 그걸 다시 만지고 싶다.

나의 설탕 끊기
도전기

　지난 6년간, 설탕을 끊고 힘들어하던 사람들이 '자신과의 약속'을 어기고 설탕을 먹었으니 이번 생은 망했다고 걱정할 때면 나는 폭찹을 먹으라고 말해주었다. 고구마와 올리브오일에 찐 주키니도 곁들여서.

　많은 사람들이 설탕 반대 운동이 일어난 주된 책임이 내게 있다고 한다. 덕분에 나는 책을 내고 1년 중 5개월은 세계를 돌아다니며 강연을 하고, 개조한 창고에서 직원 스물세 명을 두고 사업을 하고 있다. 설탕 반대 운동은 내가 삼십대 중반에 '멘붕'을 겪은 지 얼마 되지 않았을 때 시작됐다. 나는 지랄 맞은 일이 터지면 바이런 베이에 있는 9,000평쯤 되는 숲의 군인 막사로 도망치곤 했다. 어떤 이들은 이런 행동이 새로운 기회가 싹틀 신호라고 말할지도 모르겠다. 나는 아니다.

　나는 불현듯 떠나야겠다고 결심하고 일주일도 지나지 않아서 홀덴 아스트라 해치백 뒷좌석에 들어갈 만큼의 짐만 싣고 떠났다. 슬로우 쿠커, 블렌더, 갈아입을 옷 몇 벌, 세면도구, 그리고 내 오토바이. 다른 것은 전부 벼룩시장을 열어 팔았고 그렇게 번 돈은 공립학교에 기부했다. 한동안 협상이니 재촉 같은 일상적인 문제는 생각하고 싶지 않았다. 나는 막사에서 혼자 18개월을 보냈고 더 나은 삶을 사는 법에 관한 칼럼을 쓰며 먹고살았다.

막사는 중앙에 배불뚝이 난로가 있는 원룸 구조로 돼 있었다. 바깥 계단을 통해 옥상 침실로 올라갈 수 있었다. 화장실도 밖에 있었다. 욕조에서는 달을 볼 수 있었다. 자물쇠는 없었고, 덤불숲에는 칠면조가 많았다.

어느 날, 칼럼으로 쓸 소재가 부족해서 설탕을 끊어보기로 했다. 마침 여러 의사와 자연요법 실천가들이 내게 그 유혹적이지만 몸에 나쁜 습관을 끊어야 한다고 수차례 말했고, 원고 마감일은 나를 밀어붙이던 터였다. 사실 나는 건강한 설탕을 먹는 사람이었다. 차이 티에는 꿀을 넣고, 메이플 시럽을 입힌 그래놀라에 대추와 바나나를 얹고, 글루텐이 없는 머핀을 먹었다. 나뿐 아니라 주변의 모든 사람들이 내게 별다른 문제가 없다고 확신했다. 그런데 알고보니 나는 하루에 설탕을 거의 30작은술씩 먹고 있었다. 설탕 중독은 불안과 함께 오고, 불안한 사람들이 이 중독을 의도적으로 숨긴다는 건 전혀 놀랄 일이 아니었다. 도파민 중독자들은 자신의 '중독'을 지적하는 사람들을 좋아하지 않는다.

2011년 1월, 나는 2주 동안 설탕 끊기에 도전했다. 기분은 괜찮았다. 더 차분해졌고 피부는 윤기가 흘렀다. 그래서 실험을 계속했다. 나는 이 실험을 개인 블로그에 기록했고, 포스팅은 이북으로 바뀌었고, 종이책으로 출간되었고, 온라인 쿠킹 프로그램으로 바뀌었고, 마침내 200만 명이 흰 가루를 쏟아버리게 되었다.

이 실험을 할 때 나는 불교의 자비compassion 개념에 강한 영향을 받고 있었다. 엄격하고 자학적인 다이어트는 성공하지 못한다. 무언가를 하지 않는 데 기반을 두기 때문이다. 인간은 무언가를 하는 편이 훨씬 낫다. "페인트칠 주의! 만지지 마시오"라는 표지판을 보면 나는 만지고 싶다는 생각밖에 들지 않는다. 그러니 바꿔어야 한다. 자학하지 않는 것이 가장 좋다.

나는 사람들을 설탕 끊기에 초대했다. 별건 없었다. 2주 동안 열심히 하고 어떻게 되는지 지켜보자고 했다. "해봐야 알죠." 나는 이렇게 말하며 부담을 덜어주었다. 그리고 나쁜 음식을 먹는다고 혼내지 않고, 먹을 수 있는 풍족한 음식에 더 집중했다(할루미 치즈! 레드 와인! 마카다미아 넛츠! 버터! 컬리플라워 피자!). 실수할 것을 감안해 기간은 8주로 정했다. 최근 중독 이론에 따르면 실패할 여유가 없는 21일 계획보다 실패해도 괜찮은 60일 계획이 더 효과적이기 때문이다. 실패하면 다시 시작하면 된다.

나는 참가자들에게 폭찹을 권하며 깜빡하고 달콤한 음식을 섭취한 것은 문제가 되지 않는다고 말했다. 오히려 좋았다. 당 부족 때문에 예민하고 불안하고 멍해진 기분은 애초에 왜 설탕을 끊으려고 결심했는지를 보여준다. 그런데 왜 하필 폭찹이냐고?

영양학적 측면에서 돼지고기 단백질은 식욕 호르몬과 혈당 수치를 조절하는 데 유용하니까. 내가 〈내셔널 지오그래픽〉 팀과 함께 세계 곳곳에 있는 장수 마을의 식습관(돼지고기와 레드와인 섭취도 포함되었다)을 취재했을 때도 이 이론을 확인할 수 있었다. 게다가 맛있는 음식으로 문제를 해결하다니, 내가 추구하는 온화하고 친절한 자비와도 딱 맞다.

온갖 일을 벌이는 와중에도 나의 불안 치료는 대변화를 겪고 있었고, 나는 개인 블로그에 그 변화를 기록했다. 치료법은 한결 부드러워졌다. 만약 1990년대에 불안 치료를 받은 경험이 있다면, 수많은 인지행동치료와 긍정 심리학과 자기계발 이론을 폭탄으로 맞았을 것이다. 말도 못하게 복잡하다는 점을 제외해도, 당시의 치료법은 온통 말투부터 행동까지 자기 자신을 송두리째 바꾸라는 내용이 주를 이루었다. 결과적으로 나를 포함한 많은 이들이 이러한 치료법을 경계하게 되었다.

그러나 오늘날에는 CBT와 신경 언어 프로그래밍의 열풍이 한 풀 꺾였다. 대신 개인의 생각, 감정, 핵심 가치관을 그대로 포용하는 데 집중하는 치료법과 명상 등 자비에 초점을 두는 치료법을 통해 마음의 유연성을 기르는 훈련법이 대두되고 있다. 긍정 심리학은 좋게 말하자면 '제2의 물결'에 자리를 내주었다. "행복 만들기", "생각을 바꾸어라"는 말 대신, "상실을 애도하라"고 권유받고 "행복에 반대한다, 슬픔을 인정한다"라고 말하며, "삶의 어두운 면을 받아들이라"는 주장에도 익숙해졌다. 아주 최근에는 사소한 것에 신경을 끄는 기술을 실험하고 있다.

이런 접근법은 현재에 뿌리를 두고 우리가 원하는 삶으로 친절하게, 다정하게, 쉽게 갈 수 있도록 돕는다. 극복하라고 다그치는 대신 우리 내면에서 바다가 아닌 작은 강을 발견하더라도 이를 최대한 활용하라고 말한다. 그렇게 함으로써 저마다 가진 각양각색의 풍부한 감정 속에서 행복을 찾아낼 수 있다. 행복은 이 과정에서 나오는 사랑스러운 부산물이다. 최종 목표가 아니다.

한편에서는 지난 15년 동안 '닥치고 그냥 행복해지자'는 주장에 또 다른 문제가 제기되었다. 행복은 선택의 문제이지 운의 문제가 아니라는 목소리가 대두된 것이다. 사실 행복happiness이라는 단어는 기회, 행운이라는 뜻을 가진 중세 영어 'hap'에서 파생됐다. 어떤 결정을 내리기 전에 여러 선택지를 꼼꼼히 점검해야 하는 것은 맞지만, 어떤 선택이 가져올 결과를 바닥까지 알아내려 할수록 당연히 불안해질 수밖에 없다. 행복에 가치를 매기고 끈질기게 추구할수록 우리가 더 우울하고 불안하고 외로워진다고 증명하는 수많은 연구가 이를 증명한다.

나는 스스로를 채찍질하며 철저한 식단 조절과 운동을 감행하는 대신 설탕을 줄이면서 건강을 챙기는 법을 배웠다. 실험을 거듭하는 동안 융통성 있는 실천이 더 효과적이라고 강조하는 수많은 지혜도 만났다. 단 음식 때문에 고민하는 이들을 만나면서 우리 모두는 더 친절하고 다정한 방식을 원한다는 것을 알 수 있었다. 설탕 앞에서만큼은 모두가 지쳐 있었으니까.

설탕에 중독되고 살이 찌는 것은 우리 잘못이 아니다. 비만은 절대 자기관리의 문제가 아니다. 각계각층의 수많은 전문가들은 거대 식품회사들이 설탕을 정량보다 훨씬 많이 섭취하게 하는 방식으로 우리의 신진대사를 교란시키기 때문에, 우리가 아무리 강한 의지를 가지고 운동과 식단 조절을 철저히 해도 큰 차이를 만들 수 없다고 지적한다. 오늘날 세계의 수많은 아이들은 두 가지 당뇨병을 '안고' 태어난다. 저지방 플레인 요거트 1회 분량에도 설탕 6작은술이 함유되어 있다. 우리는 더 이상 불운한 신진대사에 걸린 개인을 손가락질할 수 없다.

우리 뇌의 보호기제,
위로 시스템

　자비에 초점을 맞춘 치료법의 창시자이자 인지치료사인 데
니스 터치의 《불안을 극복하는 자비-마음가짐The Compassionate-
Mind Guide to Overcoming Anxiety》은 나에게 많은 영감을 주었다. 그
는 책에서 위험을 감지했을 때 '싸우거나 도망가는' 본능이 생존
에 필수적인 방식으로 진화한다고 말한다. 보통 사람들보다 더
예리한 촉을 타고나는 사람들이 있는데, 그건 재수 없게 특수한
DNA를 물려받은 게 아니라 훨씬 더 진화된 결과라는 것이다.
또한 그는 불안을 피하거나 불안과 싸울수록 상황은 더 악화된다
고 덧붙였다. 우리는 쉽게 불안해지는 자신을 탓할 것이 아니라
스스로를 자비롭게 대하는 방향으로 나아가야 한다.

　터치는 인간에게 '옛날 뇌'와 '새로운 뇌'가 하나씩 있다고 주
장한다. 옛날 뇌는 감각으로 정보를 얻고, 위험을 감지하면 편도
체가 활성화되면서 스트레스 호르몬인 아드레날린과 코르티솔
을 분비한다. 그러면 우리는 즉각 반응할 준비를 한다. 도망치거
나 투쟁하거나.

옛날 뇌는 현실과 위협을 구분하지 않고 그저 빠르게 반응한다. 반면 새로운 뇌는 상상, 계획, 생각, 자기 인식, 죽음에 대한 감각을 담당한다. 새로운 뇌는 우리를 동물이 아닌 인간으로 규정하며, 쉽게 불안해지는 사람일수록 새로운 뇌의 특성을 적극 활용한다. 생각을 많이 하고, 극도로 자신을 의식하는 식이다.

옛날 뇌와 새로운 뇌는 자주 충돌한다. 문제는, 쉽게 불안해지는 사람일 경우 새로운 뇌가 워낙 민감하게 반응하기 때문에 예리한 생각들이 옛날 뇌까지 작동시켜서 마치 당장이라도 재앙이 몰려올 것처럼 믿게 된다는 것이다. 스트레스를 자극하는 호르몬이 순간적으로 과다 분비되면서 신체적 부작용까지 생긴다.

그런데 더 흥미로운 내용이 있다. 터치는 우리에게 위협 시스템 외에 또 다른 보호기제가 있다고 설명하는데, 바로 위로 시스템이다. 인간은 동물처럼 강한 뼈나 독이 없는 종이어서 생존하기 위해 돈독한 유대감에 의존한다. 유대는 달래고 위로하는 행동을 통해 만들어지고 강화된다. 어린아이가 살아남기 위해서는 부모의 보살핌이 필요하듯, 우리는 유대감을 통해 관계 맺는 기술을 익히고 힘을 기른다. 위로 시스템은 기분을 좋게 만드는 호르몬인 옥시토신과 엔도르핀을 활성화시키고, 이 두 호르몬은 위협이 야기하는 불안을 효과적으로 차단한다.

위협을 느낄 때 본능적으로 싸우거나 도망치듯이, 위로 시스템도 본능적으로 발휘된다. 연구 결과에 따르면 위로 시스템을 강화하는 가장 좋은 방법은 자기연민을 연습하는 것이다. 사람마다 차이는 있겠지만 나는 자기혐오의 소용돌이에 휘말릴 때 자신에게 다정한 눈빛을 주지도, 진심 어린 애정을 느끼지도 못한다. 나처럼 쉽게 자책하는 사람들은 타인에게는 너그러우면서도 자신을 자비롭게 대하는 데는 대단히 서툴다.

다행인 것은 많은 연구가 다른 이들에게 너그러운 태도를 취하는 것만으로도 위로 시스템을 활성화하고 위협 시스템을 약화시킨다고 증명한다는 점이다. 물론 여러 이론 중 하나일 뿐이지만 나는 이런 연구를 정말 신뢰한다.

생각과 열망이 가져온
과학

　우리가 늘 인간적 불안과 실존적 갈망 사이에서 방황하는 것은 아니다.

　플라톤의 《프로타고라스》에 나오는 쌍둥이 형제 프로메테우스와 에피메테우스는 '창조'와 관련해 제법 중요한 역할을 맡고 있다. 두 사람은 세상을 창조하는 일을 맡아 모든 생물종에게 저마다 자신을 지킬 수 있는 자질이나 재능을 부여하고, 세상의 균형을 유지하도록 했다. 새는 깃털을 받아 위협으로부터 도망칠 수 있고, 사슴은 빨리 달릴 수 있다. 그러나 에피메테우스는 인간을 창조할 때가 되자 특별한 자질이 하나도 남아 있지 않다는 걸 발견한다. 모피도, 두꺼운 가죽도, 송곳니도, 육중한 무게도, 인간에게는 아무것도 줄 게 없었다. 이런 젠장.

　그때 통찰력이 좋은 프로메테우스가 해결책을 내놓았다. 인간은 발명가의 기질로 살아남게 될 것이다. 모피를 만들어내고 기계를 개발한다. 그리고 끊임없이 불안해해야 한다.

　우리는 자기 자신이 불완전하고 뭔가가 결핍되었다는 적확한 사실을 끊임없이 인지하고, 그 덕분에 성장한다. 모피 대용품과 기계를 만들면서 말이다. 그리고, 그 덕분에 안전하다.

신학자들은 영적 추구에 따르는 필수적인 고뇌에 대해 쉴 새 없이 주장했다. 그들은 이를 '신성한 불만족'이라고 부른다. 심장의 허기, 넓히고자 하고 성장하고자 하는 갈망, 근원이나 갈망이나 '다른 무엇'에 가까이 다가가야 한다는 초조함.

쾌락주의자 루크레티우스는 말한다. "성난 바다를 헤치고 삶이 꾸준히 나아가게 만드는 원동력은 바로 이 불만족이다."

히포의 아우구스티누스는 "그대 안에서 편히 쉬게 될 때까지 우리의 마음은 불안하여 쉬지 못한다"라고 말했다. 나는 여기서 그대라는 말의 의미를, 마음속 벤치에 앉아 있는 한 개인으로 이해한다.

1937년에 칼 융은 이렇게 말했다. "신경증은 궁극적으로는 영혼의 의미를 발견하지 못한 고통으로 이해해야 한다." 그는 특히 불안이 너무 깊어 무엇도 옳지 않다고 여기고 일상적인 치료조차 거부하는 환자들을 관찰했는데, 이들도 결국 여러 영성의 형태로 안정을 찾았다. "자신을 발견하고 받아들임으로써 역경과 고난을 감내할 수 있다. 이것은 '신 안에서 평화를 찾는다'라는 개념과 비슷하다." 융에 따르면 자기 발견의 목적은 치료가 아닌 수용이다.

한편, 〈뉴욕타임스〉의 보수적인 정치 칼럼니스트 데이비드 브룩스는 레이디 가가 특유의 열정을 분석하는 글을 썼다. 참고로 나는 열정과 창의성 역시 불안의 일부라고 믿는다.

"열정이 강한 사람들은 자신을 완성하고자 하는 욕망이 유독 강렬하다. 나는 그들이 이 지점에서 출발한다고 추측한다. 우리는 미완성인 상태로 태어나는 유일한 동물이기에 충족되고, 통합되고, 결집하고 싶어 한다."

이 한 줄은 내게 큰 울림을 주었다. 레이디 가가가 MTV 시상식에 입고 나온 생고기 드레스가 이런 탐험의 대표적인 예라고, 나는 생각한다.

내가 루크레티우스를 읽기 전인 열네 살즈음, 아메바를 주인공으로 한 만화를 그린 적이 있다. 어느 날 이 특별한 단세포는 삶이 따분하게 느껴졌고, 선사시대의 찐득한 유기물 더미에서 기어나가야겠다고 결심한다. "무엇이 이 용감하고 작은 아메바를 질퍽한 유기물 속 익숙한 삶에서 벗어나 냉혹한 바깥으로 들어서게 했을까?" 문장 위에 그린, 형체가 없는 잉크방울 그림은 위쪽을 향해 코를 쿵쿵대고 있었다. "바로 갈망이다."

나는 학교에서 올챙이를 닮은 기원적 존재의 꼬리가 진화해서 인간의 척추가 되었고, 그 끝에 달려 있던 후구olfactory bulb가 두뇌가 되었다고 배웠다. 그래서 인간의 후각은 아주 직접적이고 근원적이고 불안과 밀접하게 연결된다고도 배웠다. 우리가 불안을 느낄 때 후구 오른쪽 옆의 두뇌 영역이 활성화되는데, 위스콘신대학교의 연구 결과는 우리가 스트레스를 받을 때 나쁜 냄새를 맡는다고 증명했다. 실제로 특정한 냄새는 즉각적으로 불안을 야기한다.

나는 이 상호작용을 확실하게 증명할 수 있다. 나는 잔디 깎는 냄새를 맡으면 내장이 발 아래로 쿵 내려앉는 느낌이 들면서 수영대회 때가 곧장 떠오른다. 여학생들을 괴롭히기 위한 진흙 레슬링이나 다름없던 대회였다. 만약 염소 처리한 수영장에서 두 개 레인 너머로 나보다 앞서 수영을 하는 사람이 48시간 이내에 임페리얼 레더 비누로 샤워를 했다면, 나는 즉각 속이 메슥거리면서 신경이 곤두선다. 그 비누 냄새가 어린 시절의 트라우마를 연상시키기 때문이다.

과학이 이런 다양한 생각의 친구라는 사실을 알면 알수록 놀라게 된다. 조잡한 설명을 덧붙이자면 양자물리학은 우리가 누구인지, 모든 것의 근원이 무엇인지 알아내고자 할 때 물질을 가장 작은 단위로 쪼개라고 알려준다. 수학이 진보하면서 과학자들은 원자를 점점 더 작은 입자로 쪼갰고, 이제 기술은 물질 입자를 더 이상 분해할 수 없는 수준까지 도달했다. 입자와 에너지 사이의 경계는 희미해졌고, 모두가 저마다와 서로 이어져 있다고도 할 수 있다. 우리는 입자가 아니라 광대한 연결 에너지 또는 파동이고, 이렇게 무리를 지어 있을 때면 하나의 물질처럼 보인다고, 서툴게나마 설명하고 싶다.

이러한 사실은 많은 과학자들에게 똑같은 질문을 던졌다. 우리가 만질 수도, 볼 수도 없는 연결 에너지란 대체 무엇일까? 그

에너지는 왜 생겼을까? 누가, 무엇이 그러한 에너지를 발생시킬까? 불안의 근본적 원인인 '다른 무엇을 향한 갈망'은 이런 식으로 생각과 사고를 키운다.

남들에게 재미있는 일이
내게는 지겨울 수 있다

　　15세기 일본의 나라현 출신인 무라타 슈코는 승려에서 다도가로 전향한 다인茶人이다. 그는 고급 도자기와 옥을 버리고 '와비사비'에 집중했다. 와비사비란 덜 완벽하고 단순하며 본질적인 것을 뜻하는 단어 와비와, 오래되고 낡은 것을 뜻하는 단어인 사비가 합쳐진 개념이다. 물질적 풍요보다는 부족해 보이지만 남들에게 보이는 삶이 아닌 자신의 본질적인 삶, 또는 내면의 깊이가 충만한 상태를 의미하기도 하는데, 나는 삶이란 바로 이런 것이라고 생각한다. 와비사비를 통해 우리는 짝짝이 눈썹, 흔들리는 테이블, 닫힌 욕실문을 열여섯 번씩 계속해서 두드리고 싶은 초조함을 포용하는 방법을 배울 수 있다.

　　또한 우리는 와비사비를 통해 불완전에서 아름다움을 찾는 연습도 할 수 있다. 어질러진 일상에서도 다소 엉뚱하게 또 즐겁게 살다보면 아름다움에 점점 다가갈 수 있다. 엉뚱함은 목적에만 치중하는 삶에서 우리의 시선을 돌리게 하고, '일시정지' 버튼을 눌러 현재를 사는 맛을 느끼게 하고, 자유로워지도록 한다.

혁신적 컨설턴트인 크리스 바레즈-브라운은 《아이디어, 놀면서 낚아올려라》에서 틀을 부수는 것은 엉뚱한 작은 순간들이지, 대단한 행동 변화가 아니라고 말한다. 버스 정류장으로 가는 길에 콧수염을 기른 남자가 몇 명이었는지 세어보는 것만으로도 관점을 바꾸기에 충분하다고, 그는 말한다.

비슷한 관점의 연장선에서, 저녁 식사로 돌발 요리를 만들 수도 있다. 먹을 재료들을 냉장고에서 꺼내 접시 위에 무작위로 늘어놓는다. 지금까지와 다른 조합으로 먹으면서 맛이 어떻게 섞이는지 본다. 앤초비와 근대. 먹다 남은 으깬 호박 한 덩이와 구운 캐슈 같은 식이다. 저녁 식탁에 앉기 전에 거실에 어질러진 아이들 장난감을 치우는 대신, 소풍을 왔다고 생각하고 거실 바닥에 앉아 식사를 할 수도 있다. 이처럼 재미있는 발상이 떠올랐을 때 그 순간에 머무르는 연습을 하는 것도 좋다.

내가 시드니 북쪽 해변가에서 살던 당시, 그 동네에 매일 아침마다 비닐봉지와 버터나이프를 들고 해변으로 나오는 빌이라는 노인이 있었다. 빌은 부유한 주민들이 검은색 레인지로버와 페라리를 주차해둔 주차장과 해변 사이의 잔디밭에 책상다리로 앉아 있곤 했다. 빌은 넉넉한 형편은 아니었다. 전혀 지적인 스타일도 아니었다. 하루는 그 앞에 멈춰 서서 뭘 하고 있냐고 묻자, 그는 반짝이는 아침 햇살 속에서 온화한 미소를 활짝 지으며 나를 올려다보고 말했다. "보다시피 외래종 풀을 뽑고 있지. 뿌리까지 완전히 뽑는 중이야." 그 일은 보람도 없고 끝도 없어 보였다. 그 일을 왜 하시냐고, 나는 또 물었다. "행복하니까." 빌은 그렇게 말했다. 그때 그는 행복해 보였다.

빌은 내게 깊은 인상을 남겼다. 그는 다른 사람들이 의미 있다, 재미있다 하는 일에는 별 관심을 두지 않았다. 그는 단지 자신이 머무는 자리에서 자신이 원하는 일을 했다. 그는 분명 엉뚱하다. 그리고 자유롭다.

많은 불안한 사람들은 다른 사람들이 재미있다고 하는 일에서 재미를 찾으려고 수많은 시간을 흘려보낸다. 예를 들면 여자들끼리의 브런치 모임에 기를 쓰고 참석해 홀랜다이즈 소스가 잔뜩 뿌려진 브런치를 먹거나, 수영장 옆 벤치에 길게 누워 얌차를 마시며 셀카를 찍는 식이다.

사실 이런 행동은 내가 남들 눈에 즐거워 보이려고 했던 일이기도 하다. 당신 머릿속에 떠오르는 기억은 나와 또 다를 테지만.

내 경우를 잠깐 소개하자면, 나는 5년 전 어느 온라인 소개팅 사이트에서 내가 좋아하는 일을 찾게 되었다. 내가 무슨 책을 좋아하고, 주말을 어떻게 보내고, 어떤 유형의 사람이 좋은지 묻는 질문에 하나씩 답을 하다보니 알게 된 것이다. 나를 전혀 모르는 수백, 수천 명이 내 답변을 보고 나를 판단할 거라고 생각하니, 상당히 집중해서 진짜 내 취향을 고민하게 됐다. 참고로 나는 텐트 안에서 수다 떨기, 크루즈 타기, 바에서 낱말퍼즐 맞추기, 1950년대 범죄소설 읽기, 혼자 산책하기를 좋아한다고 적었는데 지금 보니 전부 혼자 하는 활동이다.

이 사이트에서 나는 많은 사람들이 좋아하는 활동들을 나는 좋아하지 않는다고 인정하는 데 집중했다. 그 결과 시간이 지날수록 나는 더 괜찮아졌고, 덜 불안해졌다.

핵심은, 우리가 다른 사람들에게나 재미있는 일을 따라다니며 억지로 하고 있다는 점을 알아야 한다는 거다. 아마 선택이 그만큼 우리를 괴롭히기 때문일 것이다. 세상에 이렇게나 많은 취미와 활동이 있는데 어떻게 한 가지 취향만 결정할 수 있겠는가? 그렇더라도 이제는 당신 자신을 즐겁게 할 '거리'를 찾으려고 노력해보자.

당신이 아는 당신은,
진짜 당신이 아닐 수도 있다

한자리에 오래 앉아 있지 못하기로 유명했던 프랑스 시인 샤를 보들레르는 이런 명언을 남겼다. "삶은 병원이다. 모든 환자들은 침대를 바꾸는 일에 집착한다."

나는 이 말에 너무나 공감한다. 나 역시 호텔에 투숙하면 꼭 방을 바꿔야 하기 때문이다. 아마 나처럼 쉽게 불안해지는 사람들은 무슨 뜻인지 알 텐데, 일단 나는 호텔을 예약하면 객실을 배정받기 전까지 굉장히 초조해진다. 심지어 비행기와 호텔을 예약하기 전부터 초조해진다. 어쩐지 뭔가가 잘못될 것 같은 기분이 든다.

나는 엘리베이터 통로에서 들리는 웅 소리를 못 견딘다. 옥상 공조기에서 들리는 진동 소리가 거슬려 밤새 한숨도 못 자는 경우도 있다. 그럴 때마다 나는 방을 바꾼다. 바꿀 때마다 우습게도 새로 배정받은 객실의 진동과 소음이 더 심하다는 것을 깨닫지만, 늘 그랬다. 어디를 가더라도 마찬가지였다.

이런 습관을 고치고 싶어서 인도에 머물 때는 점점 더 음울한 곳에서 명상을 하는 연습도 했다. 옆자리 아이들이 소리를 질러 대는 비행기 내에서도, 바깥에서 팀원들이 큰 소리로 회의하는 사무실에서도, 숨 막히게 무더운 날씨에 주차된 차 안에서도 명상을 했다. 아침 방송 출연을 앞두고 헤어 스타일링과 메이크업을 받는 동안에도 역시나 명상을 했다.

그래서 어떻게 됐냐고? 나는 머물렀다. 조명을 낮추거나 속옷을 정돈하는 등 주변을 바꾸려 하지 않았기에 오히려 완벽한 명상을 할 수 있었다. 내 유일한 임무는 매일 20분씩 움직이지 않고 앉아 있을 때 내가 어떻게 되는지 지켜보는 것이었다. 처음에는 소음, 열기, 냄새, 갑자기 누군가가 말을 걸거나 나를 이상하게 볼지도 모른다는 걱정에 시달리느라 산만하고 까칠했다. 그러나 마음이 둥둥 뜰 때마다 나는 무심하고 부드럽게 만트라로 돌아가려고 애를 썼다. 그리고 놀랍게도, 불편이나 방해 요소가 심해질수록 집중력은 더 강해졌다. 마침내, 나는 좀 더 깊게 명상할 수 있게 되었다.

언젠가 〈코스모폴리탄〉 오스트레일리아판 발행인과 함께 업무차 멜버른에 머물던 때에, 이 이야기를 한 적이 있다. 그녀는 내 말에 웃음을 터뜨리며 재미있는 제안을 했다. "사라, 지금 내 호텔 방 창밖으로 공사장이 내려다보이네요. 여기서 한번 묵어 보겠어요?"

나는 실험 삼아 그 방에서 하룻밤만 묵어보겠다고 했고, 하루가 지났을 때 나는 그 방에서 하루 더 잘 수도 있겠다는 자신감을 얻었다. 이 에피소드는 내게 생각보다 큰 도전이었고 생각보다 많은 자신감을 심어주었다.

나는 남자 친구를 만나도 같은 침대에서 자는 것을 피하곤 했다. 하루는 남자 친구가 침대를 따로 쓰는 것을 거부하기에 차를 몰고 도망간 적도 있었다. 그러나 몇 백 미터쯤 가던 중 마음을 다잡고 차를 돌렸다. 불안하고 우울해지면서도 과연 내가 어떻게 되는지 지켜보자 싶었다.

나는 그의 침대로 올라갔고, 그 상황에 나를 맡기기로 했다. 불안했지만 저항하지 않았다. 남자 친구가 옆에서 몸을 뒤척이고 코를 훌쩍이는 동안, 이리저리 몸을 움직이며 어둑어둑한 방을 둘러보았다. 다음 날 아침이 절대 개운하지 않을 거라 예상했지만, 눈을 뜨니 다섯 시간 숙면을 취한 상태였다.

이 작은 성공 덕분에 자신감이 생겼고, 다음 주에는 또 다른 도전을 할 수 있었다. 밤을 오롯이 혼자 보낼 계획을 적극적으로 세운 것이다. 금요일 밤부터 한없이 가라앉는 기분을 느끼면서 요리를 하고, 드라마를 보았다. 마음 깊은 곳에서부터 뭐라도 생산적인 일을 하라고 끊임없이 올라오는 압박감을, 있는 힘껏 밟았다. 음울함을 특별한 즐거움으로 누리고자 필사적으로 노력했다.

그 덕분에 나는 음울한 와중에도 가끔은 스스로를 고귀한 존재로 느낄 수 있었다. 이 감정은 비뚤어진 자존심이 아니라 더 포괄적인 이타심이었다. 기꺼이 나 자신에게 하이파이브를 해주고 싶은 심정이랄까.

그러니 당신도 자유롭게 당신만의 도전 원칙을 정해보길 권한다. 어쩌면 지금까지 몰랐던 당신의 또 다른 모습과 장점을 발견하게 될지도 모를 일이다.

우리가 갈망하는 것이
우리를 불안하게 한다

　우리가 갈망하는 것, 가지지 못하면 불안해지는 '다른 무엇'이라는 건 정확하게 뭘까? 나는 이 책을 쓰는 동안 내 블로그 구독자들에게 이런 질문을 던졌다. "당신은 무엇을 잃었을 때 불안해하고 동요하나요? 당신의 인생에 외로움을 초래하는 것이 무엇인가요? 당신이 진짜로 갈망하는 건 무엇인가요?"

　'진짜로 갈망하는 게 뭐냐'는 질문은 굳이 할 필요가 없었다. 댓글로 받은 468개의 답변 중에 '신형 렉서스'라고 대답한 사람은 아무도 없었다.

　나는 완전한 자아를 갈망해요. 그게 노력한다고 찾을 수 있는 건지, 아니면 그냥 기다리면 되는 건지는 모르겠지만요.

　진실된 삶을 살고 싶어요.

　진짜 나는 대체 어떤 사람인지 알고 싶어요. 나와의 연결고리를 잃어버린 기분이거든요. 문제는 내 삶이 한창 진행 중일 때 찾고 싶다는 거죠. 나이 먹을 만큼 먹고 나서 진실을 깨닫고 싶진 않으니까요.

삶의 방향과 목적을 알고 싶어요. 아버지의 병환을 계기로 나는 내 삶에서 '정말로' 무엇을 하고 싶은지 묻게 되었어요. 아버지의 병이 내게 유전될 수도 있으니 시간을 낭비하고 싶지 않아요.

회사 일과 집안일 때문에 정신이 없어서 매일 좀비처럼 사는 기분이에요. 진짜 나를 찾고 싶어요.

진짜 나를 알고 싶어요. 심지어 '진짜 나'라는 게 뭔지도 모르겠어요.

매일같이 내가 제대로 일하고 있다는 말을 듣고 싶어서 애가 타요.

당신도 비슷한 생각인지 궁금하다. 나는 수백 개의 댓글을 천천히 읽어가던 중, 대부분의 답변에서 똑같은 아이러니를 하나 발견했다. 우리는 자신이 누구인지 모르며, 실제로 존재하는지 여부도 모르는 대상을 갈망한다는 것이다.

독일어에 제엔쥬흐트Sehnsucht라는 단어가 있다. '멀리 있거나 규정하기 힘든 어떤 것을 향한 강렬한 갈망, 그리움, 동경, 연모, 사모'라는 뜻이다. 당신은 무엇을 갈망하고 그리워하는가? 나는 햇빛이 내리쬐는 작은 벤치에 혼자 편안하게 앉아 있기를 갈망한다. 인생이라 부르는 이 천방지축은 대체 무엇 때문에 이렇게 힘든지, 내가 더 큰 계획을 실현하는 데 적합한 인간인지 알기를 갈망한다. 이 모든 갈망이 합리적인 것인지 알기를 갈망한다. 평온한 관계와 뭔가를 더 필요로 하지 않는 충만감에서 비롯되는, 넓고도 아름다운 여유를 갈망한다. 진실 앞에 깨어 있고 싶고, '척'하기를 그만두고 싶다. 쇼핑이 나의 정체성을 만드는 척, 집을 사는 것이 중요한 척, 동료를 짓밟고 승진하는 일이 추구할만한 가치가 있는 척하기를 그만두고 싶다.

마음껏
불안해할 자유

　쉽게 불안해하는 사람들이 종종 하는 최악의 행동은, 불안해한다는 사실 자체를 불안해한다는 것이다. 내 불안의 80퍼센트는 불안해하는 나라는 존재를 불안해하는 데서 비롯된다고 생각한다. 2차 불안의 80퍼센트는 불안해하는 스스로를 불안하게 여기는 자기 자신이 불안하다는 식으로 악화된다. 불안은 이런 식으로 무한 반복되며 눈덩이처럼 커진다.

　이것은 인간만의 특징이다. 우리는 지구상에서 자신의 불안을 인지할 수 있는 유일한 동물이다. 동물들은 두려움이나 불안을 느껴도 일시적이다.

　다행히 우리는 불안을 불안해하는 악순환을 멈출 수 있다. 이것이 근본적인 행동이 될 수 있다. 프랭클린 루스벨트는 두려움 외에 두려워할 것은 없다고 했는데 나는 이 말을 살짝 다르게 표현하고 싶다. 두려움을 두려워하지 않는다. 대신 뭐가 두려운지 직시한다. 당신은 불안하다. 그뿐이다. 자책할 필요 없다. 그렇게 불안해하지 말았어야 했다고 후회하거나 전부 망했다고 좌절

할 필요도 없다. 이런 행동 역시 당신을 더 불안하게 만든다. 호르몬이 바닥났을 수도 있고, 방향을 잘못 잡았을 수도 있다. 지금 당장은 상황이 거지 같다고 느낄 수 있다. 맞다. 2주 후에 해야 하는 프레젠테이션은 분명 불안하다. 그게 전부다. 불안은 불안대로 내버려두되, 동요하는 자신 때문에 동요하지는 말자.

우리는 인간이고, 어떤 고통에도 불구하고 자신을 응원해야 한다. 우리는 자신을 어떻게 바라볼지 선택할 수 있다. 그래, 나는 지금 불안하다. 하지만 끝나지 않는 재앙은 아니다. 길어봤자 30분 정도 지속되는 증상일 뿐이다.

불안해하자. 대신 그걸로 끝내자. 그게 우리에게 주어진 과제다.

아일랜드 시인이자 철학자인 데이비드 와이트는 자신의 책 《세 번의 결혼The Three Marriages》에서 우리가 평생에 걸쳐 세 가지 필수적인 관계를 경험한다고 언급했다. 하나는 타인과의 관계, 하나는 일과의 관계, 마지막 하나는 자기 자신과의 관계다. 우리는 이 세 가지 관계를 서로 대립되거나 동떨어진 관계로 여길 것이 아니라 모두 똑같이 중요한 관계로 바라보아야 한다. 실제로 회사에서 보내는 시간, 가족이나 지인들과 보내는 시간, 혼자 보내는 시간의 균형을 적절히 유지해야 자신뿐 아니라 타인과 원만한 관계를 유지할 수 있다.

무엇보다 가장 힘들고 중요한 관계는 자신과의 관계다. 자기 자신과 좋은 관계를 맺지 못하면 나머지 두 관계도 쉽게 우울해지고, 흔들리고, 외부 지향적이 된다. 나는 규칙적으로 명상을 하고 있지만, 나 자신과 만나는 아주 특별하고 고요한 상태에 도달했을 때조차 그 상태에 오래 머무르지는 못한다. 나도 모르게 일상에서 하는 생각을 떠올리게 되고, 나 자신을 외면하고 싶어진다. 나와 잘 지내고 싶으면서도 마음 한구석에서는 화들짝 놀라 저 멀리 도망가는 식이다. 처음에는 그런 나 자신이 의아했다.

자기 자신을 만나는 것이 두려워서였을까?

자기 자신이 무엇을 보여줄지 두려워서였을까?

우리는 얼마나 오랫동안 자신의 진짜 모습을 모른 척하고 무시해왔던 걸까?

"사람들이 '진짜 자신'을 만나고 싶어 하고 알고 싶어 하고 이어지기를 갈망한다면, 왜 그런 상태에서 도망쳐서 번잡하고 산만하고 우리를 불안하게 만드는 요소들을 찾아가는 걸까요?" 내 질문에 데이비드는 이렇게 설명했다. "자기 자신과 밀접한 관계를 맺을 때는 침묵과 고독이 뒤따르기 때문이지요. 침묵 속에서 우리는 자신의 맨 얼굴과 진실과 부족함을 모두 보게 돼요. 그건 고통스러운 일입니다.

나는 나를 포함한 대부분의 사람들이 이 지점을 두려워한다고 생각한다. 어떤 면에서든 직면하기보다 도망치기가 더 쉬운 법이니까.

하지만 우리가 어느 방향으로 가든 불안은 늘 도사리고 있다.

그러니 자문해야 한다. 진짜 나를 알지 못할 때 느끼는 불안과 진짜 나를 마주할 때 느끼는 불안 중 어느 쪽이 더 최악인지. 또는 이렇게 질문할 수도 있을 것이다. 불안을 피할 수 없다면 어떤 불안이 좀 더 나은 삶, 좀 더 행복한 삶, 좀 더 의미 있는 삶, 좀 더 나은 여정을 가져다줄 수 있는지.

내 모든 감각이
이끄는 대로

　　블랙독 인스티튜트Black Dog Institute(우울증을 포함한 정서장애를 연구하는 호주의 연구기관-옮긴이) 홈페이지에서 볼 수 있는 조울증 진단표는 영적 인식 여부를 판단하는 설문지와 비슷한 부분이 많다.

　이런 질문이 대표적이다. 당신은 세상의 많은 일이 여러 우연을 통해 비롯된다고 믿는가? 그것을 일상에서 느끼는가? 거기에 특별한 의미가 있다고 믿는가? 그 일에 담긴 특별한 의미를 읽을 수 있는가? 신비한 체험을 한 적이 있는가?

　내가 이 글을 쓰던 시기에, 편집자가 '갈망'과 관련된 기사 하나를 보여준 적이 있다. 데이비드 찰머스 교수에 관한 기사였다. 기사에 따르면 그는 의식 연구 분야에서 선두적인 문제아가 되어 있었다. 교수는 《의식적인 마음The Conscious Mind》이라는 저서를 통해 인간은 살아가면서 수많은 고난을 경험하지만, 고난의 대부분은 사실 쉬운 문제이며 시간이 지나고 지식이 높아지면 응당 해결할 수 있다고 주장했다. 그러면서 우리가 뭔가를 의식하고 갈망하게 만드는 것이 무엇인지 알기란 '어려운 문제'이며 아마 앞으로도 우리 두뇌는 이 문제를 감당할 수도, 해결할 수도 없을 거라고 주장했다.

나는 그가 '의식의 해결 불가능성'을 주장했다기보다 '모든 문제는 의식할 수 있다'라는 주장을 펼쳤다고 기억한다. 사실 나는 데이비드 찰머스 교수를 대학원 시절에 만난 적이 있다. 대학원 수업 첫날, 당시 순수수학 교수였던 그는 시간에 대해 개인 이론을 전개해서 기말 과제로 제출하라고 했다. 당시에는 몰랐지만 지금 돌이켜보면 이때 나는 세상 만물이 어떻게 흘러가는지를 어렴풋하게나마 느끼고 있었던 것 같다.

데이비드 교수의 수업에서 나는 처음으로 보편적 의식의 개념을 마주했다. 우리가 '다른 무엇'이라고 생각하는 개념은 어쩌면 모든 것의 일체화일지도 모른다고 생각했다. 그리고 그가 내준 과제는 나를 철저하게 무너뜨렸다.

나는 오스트레일리아를 떠난 이후로 약을 중단한 상태였다. 내 주변에서 항우울제나 불안증 약을 복용하는 사람들 중, 약을 끊었거나 끊으려고 고민해보지 않았던 사람은 한 명도 없었다. 나 역시 몇 번이나 약을 중단했다. 하지만 심각한 부작용이 생겼다.

불안을 치료하기 위해 쓰는 약물 대부분은 성욕과 오르가즘에 영향을 미친다. 내성은 또 다른 문제다. 복용량을 늘리고 늘리고 또 늘리는 사이, 자신도 모르게 점점 더 의기소침해진다. 마치 퇴보하는 기분이랄까. 또 많은 사람들이 자신의 성격이나 가치관 등을 약물에 의존하고 있다는 불편한 기분을 느낀다. 꼭 부정행위를 저지르는 기분이다. 불안증으로 괴로워서 약을 먹는 건 당뇨 환자가 인슐린을 맞는 것과 다를 바 없다고 아무리 되뇌어도 소용없었다. 당시에 내가 느낀 건 일종의 무감각이었고, 진짜 내 모습을 감추고 침묵하게 했다. 실제로 1950년대에는 마더스 리틀 헬퍼스Mother's Little Helpers라는 신경안정제로 여성의 불안이나 신경증을 가라앉혔다고 한다.

잘 알지 못하는 약을 먹어야 한다는 사실은 끊임없이 의심을 일으켰다. 아무도 그 약이 어떻게, 왜 효과가 있는지 또는 정말로 효과가 있는지 알지 못한다. 그래서 우리는 약이 없어도 잘 살아갈 수 있는지를 계속해서 시험해야 하다. 반드시 유념해둘 것은 꾸준히 당신을 진료해온 의사와 이런 점들을 논의하고 허락을 받은 후에 약을 중단해야 한다는 점이다.

미국으로 떠나기 전, 나는 내가 제법 단단해졌다고 생각했다. 좋은 정신과 전문의에게 몇 년간 상담을 받았고, 법에서 철학으로 전공을 바꾸었고, 다정한 남자 친구와 연애를 했다. 노동당에서 경험한 성공적인 정치 인턴십, 장학금 수혜 같은 경험은 든든한 닻이 되어주었다. 나는 실로 오랜만에 안정감을 느꼈다. 복용하던 졸로프트를 단계적으로 줄여도 괜찮겠다는 느낌이 들었다. 졸로프트가 미국에서는 보조금을 받지 못하는 약물이라는 사실도 결정을 내리는 데 한몫했다. 그리고 더 솔직해지자면 담당 전문의는 내 의견을 썩 달가워하지 않았다.

처음 3개월은 힘이 넘쳤다. 산타크루스에서는 차이 티와 소금 섞인 부리토 냄새를 맡았고, 그레이트풀 데드 팬들과 어울렸으며 존 버거의 《다른 방식으로 보기》를 읽었다. 산악자전거를 타고 캠퍼스에서 멕시코인들이 사는 습지대까지 달리기도 했다. 또 절벽 끝에 앉아서 일몰을 보며 나초를 먹었다. 베테랑 서퍼들과 어울리며 그들에게 불교 사상가들을 소개받았다. 다섯 명의 레즈비언과 이들이 키우는 고양이 열 마리와 함께 살기도 했다. 우리는 일요일 밤마다 주방에 모여 앉아 서로의 이야기를 들려주었다. 그들의 멍자국과, 부어올라 분홍색으로 변한 상처 위에 무대 화장을 해주었다.

조증은 점점 속도를 높여 나갔다. 어느 늦은 밤에는 태평양에서부터 밀려온 안개비를 맞으며 걸었다. 잠을 자지 않으니 밤에 할 일이 없었다. 나는 좁은 원룸을 기어다니며 카펫의 먼지 입자를 한 가닥씩 털어냈다. 그리고 샤워를 했다. 하룻밤에 스무 번, 서른 번씩 할 때도 있었다. 샤워를 하고 나서는 수도꼭지를 잠그고 문을 닫기를 반복했다. 샤워를 마친다, 수도꼭지를 확인하러 다시 욕실로 돌아온다. 손이 더러워졌을 테니 다시 샤워를 한다. 이 순서를 세 번, 어떤 날은 네 번 정도 반복했다. 옆집 원룸 입주자와 함께 쓰는 욕실 문이 닫혀 있는지도 확인해야 했다. 네 번씩 왔다 갔다 하며 문이 닫혀 있는지 확인하고, 오가는 중간중간 더러워진 손을 닦았다. 이 행동을 계속했다. 밤마다 어떤 시간을 보냈는지 짐작할 수 있을 것이다.

강박장애도 생겼다. 매일 반드시 해야 하는 일이 점점 많아졌다. 매일 베개를 네 번 탁탁 털었고 카펫 먼지를 네 줄씩 제거했다. 숫자 세기는 다섯 번으로 늘어났다.

몇 달이 지나자 수업을 따라가기가 힘겨웠고, 모든 소리가 더 시끄러워졌다. 콘크리트 도로 위로 햇빛이 내리쬐는 소리가 들리는 듯했고, 주변 사람들의 기분에서도 냄새가 나는 듯했다. 나는 이 모두를 점점 더 크고 선명하게 느꼈다. 내 옆을 지나치는 모든 사람들의 냄새를 맡고, 그들의 슬픔 또는 고요 또는 공허를 느꼈다. 빨래방에서는 세탁기 속 세제의 입자가 내뿜는 에너지까지 느껴질 지경이었다.

이렇게 많은 자극을 느끼며 어떻게 살아야 하나? 어디에 두어야 하나? 나는 그렇게 빠른 시간 내에 이 모든 것을 처리할 수는 없었다. 결국 이 모든 감각이 이끄는 대로 따라갔다. 모든 걸 이해해야 한다는 게 의무처럼 느껴졌다.

이것이 내 조증이었다. 고양된 에너지는 모든 생각과 감각을 하나도 놓치지 말라고 재촉했다. 때로는 몇 달 동안 이 속도를 유지했고, 모든 행동을 철저하게 통솔했다. 지휘자처럼 모든 주변 사람들의 요구와 행동을 인지했다. 24시간 교감 상태에 있는 듯했다.

, 나는 이러한 패턴에 익숙하다. 연을 날린다. 줄을 더 길게 낸다. 바람이 내 연을 휙 들어올려 저 멀리 보내면 스릴이 넘친다. 얼마나 더 멀리 갈 수 있을지, 얼마나 줄을 길게 낼 수 있을지 궁

금해진다. 너무 높이 올라가서 금방이라도 거센 바람이 연을 휘몰아칠 수 있다는 걸 안다. 그 정도로 높이 올라가면 거의 통제력을 잃는데, 그래도 줄을 더 늘리게 된다. 연이 느슨하게 풀린 기다란 줄을 타고 저 끝까지 날아오르면 보기만 해도 흥분한다.

그리고 탁! 끊어진다.

항상, 결국에는.

내 조종을 지배하는 절대자가 거기 있었다. 여기서 절대자란 내가 조종하는 '모든 것'을 말한다. 나는 높이, 그리고 멀리 날아오르면서 모든 것과 가장 밀접하게 연결된 기분을 느꼈다. 마치 신과 대화하는 느낌이었다. 수천 킬로미터쯤 떨어진 곳에서도 모든 사람과 사물이 돋보기로 들여다보는 것처럼 크게 보이는 듯했다.

산타크루스에서 보낸 4개월은 내가 아파트의 가파른 계단 꼭대기에서 머리부터 고꾸라져 뛰어내린 사건을 끝으로 막을 내렸다. 내가 정말 모든 것과 연결돼 있는지 시험해보고 싶었다. 내 원룸은 꼭대기 층이었고, 나는 난간 너머로 힘껏 몸을 던졌다. 배로 떨어진 게 천운이었다.

내가 진정 가야 할 방향을 찾기 위해 이런 사고를 일으킬 마음은 없었다. 대학 시절, 숲으로 캠핑을 갔을 때 웅덩이에서 잠든 채 발견된 날도 마찬가지였다. 나는 방수포를 깔지 않고 텐트를 쳤고, 결국 물에 잠긴 채 깨어났다. 그저 밤새 움직이지 않고 무감각하게 누워 있었을 뿐이지만, 주변 사람들에게는 이 일이 나를 어디로 데려갈지 보려고 했다고 말할 수밖에 없었다.

며칠 후에는 아파트에 불을 냈다. 절대 고의가 아니었고, 미친 것도 아니었다. 정말 문득, 갑자기 아크릴 양말을 가스 난방기 위에 올려두고 외출하면 어떻게 될지 궁금했다. 어느 늦은 밤에는 평소처럼 바깥을 배회하다가 습지대 다리 위에서 강도를 당하기도 했다.

내 행동이 너무 빨라진 이후로는 사람들을 만나는 것도 자제했다. 사람들과 대화를 하려 들면 머리가 아팠다. 등교도 포기했다. 시간 이론 과제를 할 때 종이에 내 이름조차 쓸 수 없었기 때문이다. 내가 너무 거대해지고 점점 더 빠르게 소용돌이치는 것 같았다. 거의 매일같이 내 작은 원룸에서 벗어나질 못했다. 얼마나 오래 스스로를 가둬두었는지는 모르겠지만 일기장을 확인해보니 대략 3개월 정도였다.

내가 실종됐다고 학교 측에 알린 사람이 데이비드 차머스 교수였다. 결국 학교에서 사람을 보내 나를 찾아냈고, 나는 학교에서 배정해준 정신과 전문의에게 진단을 받아야 했다.

"나는 미치지 않았어요. 지극히 정상이에요." 나는 의사에게 이렇게 말했지만, 어쩌면 지금 나에게 무슨 일이 일어나는지를 멀쩡한 정신으로 완벽하게 인지하면서도 미쳐갈 수 있겠다고 생각했다. 나는 내가 정상이 아니기를 바랐다. 정말로. 정상일 때면 이 지랄 같은 시간들을 두 눈을 크게 뜨고 지켜봐야만 했으니까.

우울증 환자였던 미국 코미디언 루이스 C.K.가 쓴 글을 읽은 적이 있다. 그는 우울증과 싸우면서, 한없이 추락하는 자신을 멀쩡한 정신으로 지켜보는 일이 얼마나 분했는지 적었다.

"상황은 더 악화되기만 했다. 감당하기가 너무 힘들다고 생각했다. 나는 포기하고 싶었다. 그것은 분명한 내 권리였다. 그러나 몇 분이 지나고서야 깨달았다, 내가 아직 현실에 머물러 있다는 걸."

"탈출구가 없었다. 내가 사실은 자살하고 싶어 하지 않는다는 사실에 약간 실망했던 것 같다. 나는 '그저 괜찮은 상태로' 있는 것이 싫었다."

그날 나는 캠퍼스 내에 있는 의료센터에서, 정신과 의사의 클립보드에 놓인 몇몇 네모칸에 체크를 했다. 의사는 내가 표시한 체크들이 깔끔하게 이어지기를 바랐던 것 같다. 그는 내게 노트와 크레파스를 주면서 집에 가서 내 감정을 그려보라고 했다. 진심인가? 내가 이걸 할 수 있을 거라 생각하는 건가? 나는 내 이름도 못 쓰는데.

나는 캘리포니아로 이사하면서 첫 남자 친구였던 조지와 헤어졌다. 소중하고 소중한 조지. 그는 요리사였고 내가 열여덟 살부터 일했던 카페의 주인이었다. 산타크루스로 떠나기 몇 달 전부터 사귀었는데, 그때는 이미 캘리포니아로 떠날 일정이 정해져 있었다. 내가 생각이 많고 들떠 있었다면 그는 단순하고 안정적이었다. 나보다 열 살이 많고, 둘 다 음식을 사랑했다. 내가 해외로 나가면서 우리의 관계는 중단되었지만 결국 나를 찾아와서 잡아준 사람도 조지였다. 우리는 낡은 밴을 운전해서 사막을 건넜다. 나는 손톱에 라임 초록색 매니큐어를 칠했고, 해가 질 때마다 흐느껴 울었다.

오스트레일리아로 돌아온 나는 항간질의약품과 신경안정제를 복용하고, 여러 정신과 의사를 찾아다니며 원가족에 대해 이야기하고 몇 가지 중요한 감정을 그림으로 그렸다. 그래도 어떤 날은 하루 종일 욕실 바닥에 드러누워 꼼짝할 수 없었다.

내가 남들보다
더 불안하지 않았다면

　내가 아직도 양극성 장애를 앓고 있을까? 솔직히 말하자면 열한 살 때 앓은 선열glandular fever부터 몇 년째 이어진 자가면역질환으로 인한 내분비질환 문제들이 내 조증삽화가 아니라고 장담할 수 없다. 어쩌면 조울증으로 인한 스트레스가 자가면역장애를 일으켰는지도 모른다. 무엇이 원인이든, 결론은 똑같다. 베이지색으로 웅웅거리는 속도가 점점 빨라져서 혼자 차분히 앉아 있지 못하게 된다는 것이다. 참고로 최신 연구 결과는 면역과 염증의 메커니즘이 조울증과 관련이 있음을 강하게 시사한다.

　나는 아직도 뚜렷한 조증삽화를 지니고 있다. 내 연은 함성과 함께 높이, 더 높이 올라간다. 재빨리 생각하고 말한다. 동시성을 느낀다. 삶의 거대함에 짓눌려 며칠을 울기도 한다. 어리석은 생각을 하고 충동을 느낀다. 창의적이지만 무모한 발언을 던지고, 대화에 불쑥 끼어들어 난폭한 말을 일삼거나, 위험하거나 난잡한 행동을 하고 싶은 충동도 느낀다.

　그래도 이제는 약간 붕 뜨는 기분을 나에게 허락하기로 했다.

들뜨는 기분은 아주 긍정적이고 창의적이고 건설적인 놀이가 될 수 있으니까. 그리고 내 안에 늘 내재되어 있으니까. 나는 늘 누군가와, 어딘가와 연결되고 싶다는 욕구를 가지고 있다. 아무리 약을 먹어도 뿌리 뽑을 수가 없다. 나는 어느새 미친 추진력에 익숙해지도록 나 자신과 타협하고 있었다.

어디선가 양극성 장애 환자에게 섹스는 상호관계가 아니라 일방통행이라는 글을 읽은 적이 있다. 연결과 소통을 갈망하는 강렬하고 표면적인 배출 행위라고. 이 글을 읽고 나는 그러한 관점에서 수많은 내 행동 습성을 들여다보았다. 의사뿐 아니라 다른 사람들이 '질병' 때문이라며, 하루빨리 치료받으라고 말했던 행동들 말이다.

하지만 《조울증과 함께 보낸 1년》을 쓴 제이 그리피스는 조울증이 정말로 질병이냐고 물었다(사실 이 병을 가진 사람은 누구나 그렇게 묻는다). 우리는 정상적인 기능을 악화시키는 상태를 질병이라고 말한다. 그러나 제이에 따르면 "조증은 때로 정상적인 기능이 향상"되기 때문에 질병이 아닐 수 있다. 스티븐 프라이는 자신의 다큐멘터리 〈조울증의 비밀스러운 삶The Secret Life of the Manic Depressive〉에서 프로그램 참가자 전원에게 만약 버튼을 눌러 조울증이 나을 수 있다면 이를 누르겠느냐고 묻자, 한 명을 제외하고는 모두가 아니라고 답했다.

오스트레일리아 배우 제시카 마레도 조울증과 싸우고 있다.

그녀 역시 위의 질문에 아니라고 답했다. "나는 조증 덕분에 '너 자신을 알라'라는 말을 온전히 이해했으니까요. 평안과 고요함을 갈망하는 순간에도 한편으로는 내 삶에 조울증이 있었기 때문에 혼자 힘으로 원하는 것을 얻을 수 있다는 걸 알았죠."

또한 그녀는 조울증을 앓고 있다는 사실을 공개한 후 자신의 여정에 제대로 '시동이 걸렸다'고 했다. "내게 조증과 불안증이 있기 때문에 때로는 일부러라도 다른 사람들과 깊은 관계를 맺어야 한다는 사실을 인정하고 받아들여야 했어요. 몇 달간 하루에 열네 시간씩 일하며 소속감을 느끼려고 애를 쓰기도 했고요. 외부의 도움 없이 스스로 감정을 조절하는 법을 배우고, 현재 감정을 알아차리고, 감정을 잘 다루기 위해 더 나은 선택을 하다보면, 다른 사람들과 쉽게 친구가 될 수 있을 거라 생각해요."

내가 이 책을 쓰기 위해 사전 조사를 하던 시기에 만난, 런던의 한 카운슬러도 비슷한 말을 했다. "만약 당신이 남들보다 더 불안하지 않았다면 나도 당신에게 관심을 갖지 않았겠죠."

나 역시 연을 너무 멀리 날리지 않도록 주의한다. 이제는 주로 상황을 받아들이고 누그러뜨린다. 달려가다가도 다시 되돌아올 수 있는지 확인한다. 나는 그 방법을 배워야 했다. 그래서 커피를 멀리하고, 아무리 산만하고 시끄러워도 명상을 하고, 내 에너지를 자연 속에서 쏟아내려 했다. 친구에게 전화를 걸어서 내일 당장 로스앤젤레스로 가는 비행기 표를 끊자고 제안하는 대신

산길을 미친 듯이 달리거나 바닷가 절벽을 기어오르거나 나무를
오르며 에너지를 소모했다.

자기 안에서
머문다는 것

"다들 미래의 어느 곳을 향해 급히 달려간다. 왜냐하면 그 누구도 자신에게 도달하지 못했기 때문이다."

프랑스의 대표적 사상가인 미셸 드 몽테뉴는 중년기 시절, 인생을 바꿀 책을 쓰겠다며 프랑스 외곽의 외딴 탑에서 은둔 생활을 한 것으로 알려져 있다. 그러나 글을 쓰려고 매일 아침 책상에 앉으면 머릿속이 요동치고 불안에 시달렸다. 그는 불안 때문에 차분히 집중할 수가 없고 늘 붕 떠 있는 상태 같아서 미칠 것 같았다고 고백했다.

스스로 탑에 갇혀 불안을 다스리고자 했던 그의 행동은 한때 숲속 막사에서 위안을 찾으려 하던 내 노력과 닮아 있었다. 또 소로가 은둔했던 오두막, 빌 게이츠가 자신만의 '생각주간'을 보냈던 오두막, 엘리자베스 길버트가 이탈리아, 인도, 발리에서 머물렀던 그곳과도 비슷했다.

아이러니하게도 미셸 드 몽테뉴는 그 혼란 속에서 글을 쓰면서 비로소 평화를 찾았고, 에세이 작가로서 명성을 얻었다. 그는 외부의 동요로부터 자유로워지려면 외부나 미래에 끌려다녀서는 안 되고, 대신 '집에서 머무는 법'을 배워야 한다고 밝혔다. 그가 말하는 집은, 다름 아닌 우리 자신이다.

나 역시 책을 쓰는 동안 일어나는 불안 발작을 어쩔 수 없었지만, 그래도 그의 말에서 깊은 울림을 받았다. 때로는 불안으로 미칠 것 같다가도 어느 순간에는 충만한 깨달음에 전율했으니까. 작가에게 마감 일정을 지키는 것보다 더 불안한 것이 뭐가 있겠는가? 마감은 필연적으로 불안을 동반한다. 아무리 머릿속이 정신없고 시끄러워도 도망치지 못하고 머물러야 한다.

실제로 최근 일주일이 그랬다. 6일째 잠을 자지 못해 바리움을 복용했다. 오늘만큼은 잠을 자기 위해 머릿속으로 나는 느긋하다, 나는 괜찮다를 수없이 되뇌었다. 괜찮다. 괜찮다. 잠은 너무 중요하다. 불안이 치솟을 때는 인스타그램에 넘쳐나는 '인생은 이렇게 살아야 한다'는 류의 포스팅을 피하는 법을 배워야 한다. 어떤 순간에는 단지 살아남는 데만 집중해야 하니까.

몸은 곧바로 피로에 항복하며 지금 당장 쉬어야 한다고 외치지만, 약 기운으로 몽롱한 가운데서도 내 몸속 깊은 곳에서는 뭔가가 다급하게, 가차 없이 돌진해나갔다. 온갖 생각이 바리움의 몽롱한 기운을 뚫고 화산처럼 폭발했다. 내일 아침까지 보내야 하는 이메일이 생각났다. 내일 쓸 다음 챕터의 첫 문장이 떠올랐고, 꼭 해야 하는 중요한 일정과 친구의 사업과 관련된 아이디어와 로고가 떠올랐다. 아델의 노래 가사가 담고 있는 중요한 의미가 갑자기 이해됐다. 마치 깜빡 잠이 든 운전자가 발로는 액셀을 꽉 밟고 있는 듯했다.

특별히 불안을 자극할 일이 없었는데 이번 주에 커피를 너무 많이 마신 건지 아니면 호르몬이 치솟은 건지도 모른다. 달, 바람, 아니면 지구의 자전 때문일 수도 있다. 누가 알겠는가? 원인을 안다 한들, 그게 중요한가? 나는 그저 견뎌낼 뿐이다. 그리고 냉정하게 지켜본다. 이제는 이 불안이 어디에서 오는가 따위에 연연하지 않는다. 그렇지 않으면 불안 때문에 더 불안해지거나 불안하면 안 된다는 생각 때문에 더 불안해질 테니까.

불안할 때 가만히 멈춰 서서 마음을 관찰하기란 힘든 일이다. 그러나 오늘 밤 나는 모든 것을 멈추고 그저 지켜보았다. 불안할 때 머릿속을 질주하는 경쟁적이고 열광적인 생각의 상당수는 내 계획이거나, 혹시 일어날지도 모르는 만일의 사태 중 하나였다. 이 생각들은 지금, 현재, 이 자리에 존재하는 나로부터 도망치게 했다. 현재의 나는 충분히 훌륭하지 않고, 내가 원하는 '좋은 삶'과 '올바른 나'와 '내가 찾는 정답'들은 저 먼 미래에 있으니까. 결국 나는 미래에 도달하기 위해 미친 듯이 달린다. 하지만 이런 행동은 나를 더욱 불안하게 한다. 그래서 더 질주한다. 불안과, 내가 느끼는 모든 불편한 감정에서 멀어지고 싶기 때문에.

나는 몇 년 동안 불안에 대해 많은 글을 썼고, 친구와 친구의 친구와 많은 독자들에게 수많은 질문을 듣고 답했다. 이제는 내 불안이 특정한 공포에서 유발되지 않는다는 사실을 안다. 불안은 30년이 넘게 내 핏줄을 타고 흐르며 때로는 뼛속으로, 때로는 근육 속으로 파고들었다.

그렇다. 불안은 아무 이유 없이, 그저 뼈에 새겨져 있을 수도 있다. 그저 그뿐이다.

불안과 우울의
같은 점과 다른 점

　두려움이 육체가 느끼는 원시적인 반응이라면, 불안은 두려움의 의미를 인지하는 것이다. 동물에게는 미래라는 개념이 없기 때문에 적어도 인간과 같은 종류의 불안을 느끼지는 않는다는 찰스 다윈의 논평을 읽은 적이 있다. 실제로 다윈부터 프로이트까지, 많은 사상가들은 '불안이란 미지의 앞날을 더 안전하게 느끼게 해줄 해결책을 찾으려는 시도'라고 묘사했다. 물론 개구리와 타조도 위협 앞에서 우리처럼 싸우거나 도피하려는 반응을 보인다. 그러나 이들의 반응은 그 순간에만 느끼는 단순하고 명백한 공포이고, 천적의 공격처럼 어디까지나 실체화된 위협에 비례한다.

　반면 인간의 불안은 두려움에 대한 실존주의적 인식, 궁극적으로는 미래가 사라질지도 모른다는 두려움에서 기인한다. 키르케고르 이후 실존주의자들은 인간만이 느끼는 특유의 불안을 설명하려고 노력했다. 삶이 유한하다고 깨달을 때 우리는 두려움을 느낀다. 이 사실을 번뜩 깨닫고 나면 같은 상황이 다르게 보인다. 태어나 자식을 낳고 죽는 게 전부라는 삶의 덧없음을 깨닫고, 우리가 가진 무한한 선택지와 자유가 언젠가는 반드시 사라진다는 사실을 인지하면 모든 게 무의미해진다.

불안이 미래를 향해 있다면 우울은 과거에 끈질기게 매달린다. 우울은 후회와 회환, 그렇게 했어야 했다는 강박에서 비롯된다. 지금 나는 아직 일어나지 않은 미래의 시나리오를 반복해서 떠올리지만, 우울증을 앓던 십대 시절에는 지나간 대화를 반복해서 곱씹으며 과거를 돌아보곤 했다.

우울과 불안, 이 두 가지는 확실히 우리가 가장 두려워하는 미지의 영역이다. 우리는 이미 벌어진 일의 확실성에 매달리거나 다음에 무슨 일이 벌어질지 머릿속으로 세세하게 예상해보면서 가짜 안정감에 매달린다. 때로는 둘 다 한다.

나는 불안과 우울이 표현만 다를 뿐 근본적으로는 같은 것이라고 여긴다. 두 가지 모두 우리가 붙잡지 못하고 잘 알지 못하는 심각한 불편이다. 실제로 이 분야의 몇몇 연구자들은 둘의 근본적인 유사성을 점차 크게 인지하면서, 불안과 우울이 광범위한 장애의 양면이라고 주장했다. 또 다른 연구자들은 불안과 우울을 유발하는 신경전달물질이 같다고 시사한다.

우리 중 일부는 우울한 불안을 겪고 일부는 불안한 우울을 겪는다. 불안 관련 환자의 90퍼센트가 우울을 겪고, 우울증 환자의 85퍼센트가 상당한 불안을 느낀다. 불안은 거의 항상 주요 증상이다. 내 경우에는 주로 불안했다. 우울은 내 불안이 지나치게 멀리 나아가 기진맥진해질 때 끼어들었다. 어떤 문헌에서는 우울이 자연스러운 대응기제라고도 한다. 불안이 통제 범위를 벗어날 때 우리를 자멸시키지 않도록 막아준다는 거다. 내가 만난 수많은 불안한 사람들이 이 말에 동의했다.

내가 경험한 우울은 색으로 비유하자면 가톨릭 학교 교복 같은 빛바랜 고동색이고, 냄새로 비유하자면 퀴퀴하다. 기분으로 비유하면 전기장판 위에서 자고 일어난 다음 날처럼 몽롱하다. 역한 담배 냄새를 풍기는 나일론 카펫이 깔린 1970년대 사무실에 있는 기분 같기도 하다. 크고 무거운 담요를 머리 위에 뒤집어쓰고 다니는 느낌이기도 한데, 웅웅거림을 둔탁하게 막아내고 내 모든 꿈과 추진력을 억제시키는 듯하다.

나는 이 기분이 싫다. 불안이 절대적으로 더 고통스럽지만 그래도 굳이 고르자면 나는 둔탁함보다 날카로운 고통 쪽이 좋다. 그 편이 더 생산적으로 보인다. 불안장애 초기에 내가 이룬 성과들을 돌아보면 자부심이 솟는다. 비록 혹독한 대가를 치렀지만 말이다.

불안 산업이
우리를 다그치는 법

언젠가 한 친구가 저녁을 먹다 말고 나는 언제나 도망친다는 말을 했다. "넌 몸은 여기 있지만 늘 무언가로, 어딘가로 도망칠 준비가 되어 있잖아. 이젠 좀 진득해질 필요가 있어." 실제로 그동안 사귀었던 남자들은 내가 연애를 할 때마다 보이는 몇 가지 특징에 대해 하나같이 똑같은 말을 했다. 한 남자는 내가 늘 혼자만의 길을 가는 것처럼 보인다고 했다. "줄행랑칠 준비가 된 사람에게 다가가는 일은 솔직히 너무 무서워." 내가 타인에게 이런 감정을 일으킨다는 사실이 진심으로 싫었다.

불안은 상당 부분 도망치고 싶은 마음이 들게 한다. 불안은 빠르고 편리한 생존법이어서 위험을 마주하면 얼른 정신을 차리도록 만든다. 그러다보니 조금만 어려우면 쉽게 피하고 외면하고 싶어진다.

나에게는 설탕과 카페인이 대표적인 도피처였다. 설탕과 카페인은 내 기분을 한껏 끌어올렸다가 바닥으로 내동댕이친다. 나를 평안으로부터 멀어지게 만든다. 그럴수록 나는 더 많이 움켜잡으려 한다. 설탕은 독특한 효과로 우리가 불안의 사이클을 움켜잡고 놓지 않게 만든다. 설탕이 우리를 어떻게 불안하게 만드는지는 이미 많이 발표되었다. 문제는 이것이 점점 더 악화된다는 점이다. 우리는 사실상 설탕을 쫓아다니도록 프로그래밍 되어 있다. 왜? 설탕은 우수하고 즉각적인 지방 공급원이니까. 참고로 우리 선조들은 무려 1만 년 전에 설탕의 유용함을 발견했다. 또한 중독성이 있어서 우리 뇌는 설탕을 완전히 차단할 수가 없다. 그래서 자꾸만 단 것을 찾게 된다.

알코올도 있다. 정신을 점점 놓게 되던 삼십대 중반의 어느 날, 우연히 레드 와인을 한 병 마셨다. 낮에 먹은 커피와 설탕 때문에 하늘로 치솟았던 긴장감이 밤에는 레드 와인으로 떨어진다는 걸 그때 알았다.

새로운 곳을 정신없이 돌아다니기도 했다. 이건 하나의 루틴이었다. 일, 인간관계, 원룸 또는 빙빙 도는 머릿속에 갇혀 있다가 이대로 안 되겠다 싶으면 불쑥 일어나서 어디로든 떠났다. 일단 결정하면 며칠, 빠르면 몇 시간 안에 길을 나섰다.

나는 2년 정도는 수트케이스 하나만 있으면 어디서든 살 수 있다는, 약간의 비뚤어진 자부심을 갖고 있었다. 당시에는 몰랐지만 지금 생각해보면, 그 당시 끊임없이 뭔가를 추구할 수 있었던 게 그만큼 무모했기 때문이라는 생각이 든다. 비뚤어진 자부심조차 그때는 자랑스러웠으니까.

하레 크리슈나교단도 있다. 나는 아시람(힌두교도들이 수행하며 거주하는 곳-옮긴이)에서 두 달을 살면서 절실하게 답을 얻기를 바랐던 적이 있다. 엉덩이와 무릎이 나온 회색 트레이닝복을 입고 섹스 생각은 할 수 없는 곳이었다. 녹두를 먹었고, 깡마른 몸에 주황색 가사를 걸친 채 속세를 등지고 하루 세 시간씩 기도문을 외우는 이들에게 의지했다. 나는 내가 전부 다 틀렸다고 생각했다. 내게 한마디도 하지 않는 그들이 내 문제를 전부 해결해줄 줄 알았다.

두 달이 지난 어느 날, 해가 쨍쨍 내리쬐는데 갑자기 그 공간이 다르게 보였다. 내가 머물던 움막에는 세탁할 때가 지난 플란넬 파자마 잠옷 같은 냄새가 진동하고 있었다. 바로 그날, 얼른 그곳에서 도망쳐 나왔다. 사람들과 작별 인사를 할 생각도 하지 못했다.

파괴적인 파트너도 있다. 격동의 삼십대에 진지하게 만났던 두 번째 남자 때문에 나는 7년 동안이나 연애를 못 했다. 그의 상당히 자아도취적인 성격에 의존하는 동안 나는 어느새 끌려다니는 입장이 되어 있었다. 그와 헤어진 후 내 자존감도 몇 년 간 추락했다. 헤어지고 얼마 되지 않았을 때는 친구 앞에서 고래고래 소리를 지르기도 했다. "내 인생이 어떻게 흘러갈지, 내가 뭘 해야 하는지는 그가 알고 있었단 말이야. 난 이제 뭘 해야 해?"

강박장애는 또 다른 배출구였다. 숫자 세기와 확인하기를 끝없이 반복했다. 조울증이 심할 때 하는 행동과 같았다. 중대한 결정을 내려야 하거나 불편한 전화 통화를 해야 할 때, 나는 두 가지 행동을 하면서 끝 간 데 없이 치달았다.

늦은 밤 불안이 몰려올 때면 주로 SNS에 접속했다. 좀비처럼 멍하니 들여다보며 다음 게시물에 달릴 좋아요나 댓글은 더 많고 좋을 거라고 막연히 믿었다. 인터넷 세상을 누비며 더 많은 탭을 열고, 더 많은 옵션을 만들고, 메일 계정마다 수시로 새로고침을 눌렀다. 이 외에도 약, 진료, 전문가 상담, 자기계발서, 동기부여 프로그램 등에 매달렸다. 나는 끊임없이 무언가를 찾고 기다렸지만, 원하는 것은 영원히 나타나지 않았다.

요즘은 많이 나아졌지만 일명 '주말 공황'도 있었다. 주말에 더 중요한 일을 했어야 했는데, 운동이라도 했어야 했는데, 다음 주에 할 일을 모두 완벽하게 준비해둬야 했는데 하며 후회와 반성을 하는 것이다.

토요일 아침, 당신 앞에 오늘 해야 할 일 목록이 없다면 FOMO Fear of Missing Out를 느낄지도 모른다. FOMO란 기회를 놓칠까 봐 두려워하는 심리를 말한다. 충분한 휴식은 내가 추구하는 거였다. 〈컨트리 로드〉 카탈로그에 등장하는 사람들처럼 나도 빳빳한 스트라이프 리넨 복장으로 아름다운 근교에서 사랑하는 친구들과 로제 와인을 마시고 싶었다. 즐거움은 외부에 있었다. 목적의식도 외부에 있었다. 다른 사람들은 다들 나보다 더 느긋하고, 주말 동안 장밋빛 시간을 즐긴다. 일하는 사람으로서의 정체성 외에 온전한 자아를 느끼지 못하는 사람들이라면 한번쯤은 이런 생각을 해봤을 것이다.

만약 내가 주말에 너무 늦게 출발하느라 소박한 융단이 깔린 시골 펜션을 예약하지 못했거나 멋쟁이 친구들이 시간을 못 내거나 피곤해 죽을 지경이라 주말여행을 꿈도 꾸지 못하거나 마침내 드라마 같은 완벽한 일정을 짰는데 날씨는 흐리고 숙소는 습하다면, 나는 더욱 공황에 빠질 것이다.

이런 식으로 여러 해가 지났고, 나는 매년 12개월마다 52번의 기회를 어떻게 보냈는지 돌아보면서 나는 주말에 대한 기대감을 접는 법을 배웠다. 나는 실패한 주말을 주제로 몇몇 매체에 글을 쓰면서, 주말을 잘 보내야 한다는 강박에서 벗어나도록 나 자신을 실험했다. 이제 나는 동네 공원이나 수영장으로 작은 여행을 떠난다. 토요일 저녁 시간은 인파에 묻혀 있어도 아무렇지 않은 사람들에게 양보하고, 집에서 앨프리드 히치콕의 영화를 보며 뜨개질을 하거나 동생에게 전화를 걸어 수다를 떤다. 이렇게 시간을 보내기까지 너무나 오랜 시간이 걸렸다.

내가 너무나 사랑하는 에크하르트 톨레의《지금 이 순간을 살아라》에는 불안에 휩쓸리다가도 금세 다시 안정을 찾는 간단한 방법이 소개되어 있다. 나도 이 방법 덕분에 '현재에 머무는' 법을 알 수 있었다. 당신도 지금 당장 시도해보길. 다음에 하지 말고 지금!

"내년 말고, 내일 말고, 5분 후도 말고, 지금 당장 무엇이 '문제'인지 자문하라. 바로 지금, 무엇이 잘못되었는가?"

여기서 핵심은 지금이다. 1분 후도, 2초 후도 아니다. 아마 당신의 머릿속은 15분 후를 향해 질주하려 할 테지만, 그때는 아니다. 지금이다.

톨레는 걱정이라는 건 결코 현재에 존재하지 않으며, 미래나 과거를 '지금' 걱정하는 것은 걱정할 상황을 만들어내는 것에 불과하다고 했다. 그러니 문제가 무엇인지 자주 자문하며 또다시 불안의 소용돌이에 휩쓸리지 않도록 하자.

실제로 우리는 불안할 때 상황을 더 잘 인식하고 대처할 수 있다. 갑자기 재난이나 큰 사고가 생길 때 갑자기 정신이 번쩍 들면서 평소보다 일을 더 잘해낼 때가 있다. 한숨도 자지 못한 다음 날, 멀쩡하게 하루 일과를 마치기도 한다. 나는 장례식에 갈 일이 생겼고, 자전거를 타다 넘어졌고, 할머니가 갑작스레 호흡을 멈추었고, 회사에 큰 사고가 터져 팀원들이 멘붕에 빠졌을 때도, 심지어 이 모든 일이 하루 동안 벌어졌을 때도 침착했다. 그 순간의 나를 아빠는 '강함의 끝판'이라고 불렀다. 나는 불안을 잘 느끼지만 의외로 평범한 두려움은 잘 느끼지 않는다. 오히려 그 순간의 두려움을 즐기고 적극적으로 해결해나간다.

어쩌면 우리가 머릿속으로 상상하는 가짜 불안과 비교하면 실제 재난은 식은 죽 먹기일지도 모른다. 심지어 안도가 되기도 한다. 미래 앞에서, 우리는 늘 괜찮다.

이처럼 우리가 자신의 한계를 과도하게 넘어서려 할 때 불안이 생긴다는 개념을 이해하면, 현대 사회가 불안을 다루는 방식에 발끈하게 될지도 모른다. 대부분의 현대 의약품과 치료법은 바깥세상 어딘가에 해결책이 있다는 개념에 맞춰져 있다. 나는 여기 있고, 의약품과 전문가들은 저 밖에 있다고. 둘 사이에는 내가 이겨내야 할 절망과 결핍이라는 심연이 존재한다고.

물론 서구 정신약리학의 진단과 치료모델만이 이 무서운 심연을 만들어내는 것이 아니다. 수많은 행동분석, 정신분석, 자기계발서, 영적지도자, 동기부여 프로그램에 심지어 건강 뉴스도 똑같은 짓을 한다. 영적 지도자이자 자기계발 전문가인 루는 내가 만난 전문가들 중 가장 깨어 있고 솔직한 사람이다. 그녀는 "불안 산업은 당신이 잘못됐다고 말한다. 누군가는 당신을 고칠 수 있다고 말하고 누군가는 치유, 행복, 평화, 깨달음을 인생의 최종 목표처럼 제시한다."

처방전이나 전문가나 새로운 다짐으로도 문제를 고치지 못하고 잃어버린 나를 찾아야 한다는 강박이 긍정적인 에너지를 덮치면, 당신은 자신도 모르게 더 멀리서 정답을 찾아야 한다고 느낀다. 다른 약과 다른 전문가로. 왜냐하면 우리는 정답이 저 바깥세상 어딘가에 있다고 들었으니까.

어쩌면 당신은 몇 년 동안 점점 더 멀리 달리고 높이 뛰어오르며, 헛된 것을 추구해왔는지도 모른다. 마치 새로 나온 쿠션이나 핸드백이나 주방용품이 당신이 찾던 아늑하고 편안한 기분을 만들어줄 거라고 믿는 쇼핑객처럼 말이다. 그러는 동안 당신은 뭔가가 잘못되었고 고쳐야 한다는 말을 듣겠지만, 이때도 당신은 다른 사람들의 말에 전적으로 의존했을 수도 있다. 여기에 휘말리면 유행처럼 수시로 바뀌는 아주 작은 자기계발 열풍에도 이리저리 흔들린다.

나는 궁금하다. 이런 흐름을 좇으면 자신에게서 점점 더 멀어지는 것이 뭔지를 알 수 있는지. 그토록 갈망하는 '잃어버린 자아'를 찾을 수 있는지. 그리고 이 모든 열풍이 당신의 불안을 더 키우는 것이 보이는지.

파리에서 배운
게으른 산책

꽤 오래전 파리에서 경험한 일이다. 파리 사람들은 일요일 오후에 쇼핑을 하면서 필요하지도 않는 물건을 사들이는 짓을 하지 않는다는 걸 알아차리고 깜짝 놀랐다. 내가 만난 파리 사람들은 지나친 소비를 천박하게 여겼다. 대신 거리를 걷거나 생각에 잠겼는데, 그들은 이걸 플라네리flânerie, 게으른 산책이라고 불렀다. 어느 날 중고서점에서《게으른 산책자The Flâneur: A stroll through the paradoxes of Paris》라는 책을 발견했다. 이 책을 쓴 에드먼드 화이트는 이런 식으로 목적 없이 거니는 것이 도시에 온전히 머무는 방법이라고 말했다.

파리 시민들은 카페에 들러 커피나 아페리티브 와인을 마시는 걸 즐긴다. 카페 의자는 주로 바깥쪽으로 향해 있어 다른 게으른 산책자들을 지켜볼 수 있다. 이들은 정원을 둘러보고, 거리와 공원과 갤러리를 기웃거린다. 그저 바라보고 받아들이고 되새긴다.

이런 단순한 관찰과 깊은 생각은 프랑스 사람들의 가치관 중 큰 부분을 차지한다. 그들은 삶을 직시하는 정신을 사랑한다. 그리고 한가롭게 산책하듯 삶을 즐긴다. 그렇게 오롯이 받아들이고 나면 분별 있는 생각들이 침착하고 자연스럽게, 알맞은 속도로 드러난다.

이웃으로 지내다 친구가 된 우지는 햇빛 드는 카페에서 커피를 마시지도, 신문을 읽지도, 통화를 하지도 않고 그냥 멍하게 앉아 있을 때가 있다. 내가 뭘 하느냐고 물을 때마다 그는 "내 안을 들여다보고 있어"라고 했다.

그게 무슨 뜻이냐는 말에 그는 그저 카페에 앉아서 자기에게 질문을 던지는 중이라고 대답했다. "너는 행복하니? 지금 편안하니? 원하는 방향으로 나아가고 있니?"

우지는 원래 평범한 사무직 직장인이었다. 그런데 17년 전부터 새벽에 일어나 본다이 해변가에서 사람들이 서핑이나 달리기, 명상 등을 하는 모습을 디지털 카메라로 찍었다. 그는 이 사진을 블로그에 포스팅했고, 하루 종일 책상 앞에 앉아 일해야 했던 직장 동료들은 작은 칸막이 너머로 그의 사진을 구경하러 오기 시작했다. 사진이 조금씩 입소문을 타자 그는 회사를 그만두고 블로그를 전문적으로 운영하게 되었다. 지금 우지는 세계를 돌아다니며 서핑을 하고 일출을 보며 기쁨의 순간을 포착한다.

우지는 스스로 만들 수 있는 삶이야말로 무엇보다 근사하다고 했다. 그럼 나처럼 불안한 사람들은 무엇을 잘못 알고 있느냐는 물음에 그는 단호하게 말했다. "너 같은 사람들은 자신에게 시간을 내지 않지."

나는 우지를 보며 이 문제에 있어서만큼은 진심으로 그의 조언을 따르기로 했다.

복잡하게 생각하지 말자. 그저 매일, 약간의 시간만 내면 된다. 우지에겐 일출을 바라보는 몇 분이었고, 그는 매일 자신과의 약속을 지켰다. 내가 나 자신과 약속한 시간도 아침이었다. 나는 시간을 쪼개 매일 20분간 명상을 했다. 때로는 머릿속으로 벤치에 앉아 있는 모습을 상상하면서 20분을 멍하니 흘려보내기도 했다. 낮에 비는 시간을 활용하기도 했다. 예를 들면 운전 중 신호 대기 시간이나 버스 정류장에서 버스를 기다리는 시간.

이 짧은 시간에 명상을 할 수 있을까 우려도 됐지만, 결국은 스카이가 조언한 "그냥 명상하라"는 말을 따르기로 했다. 어떤 식으로든 내면에 공간을 만들어주면 나머지는 알아서 펼쳐진다.

"자신에게 집중하고 있을 땐 생각을 하거나 계획 같은 건 짜지 마. 그냥 집중만 하는 거야." 우지가 말했다.

'노력하지 말라고' 우지는 말했다. 그냥 흘러가는 대로 두라고 했다. 그 결과 우지는 사업가가 되었고 회사는 번창했다. 내게도 같은 일이 일어났다.

우지를 비롯해 자신의 내면을 들여다보는 데 익숙한 많은 사람들을 만나면서, 나는 다른 누구도 아닌 나 자신에게 어떻게 지내냐고 묻고 대답을 듣는 일이 대단히 중요하다는 걸 깨달았다. 내 안에서 들려온 대답은 하나같이 똑같았다. "음, 생각했던 것보단 괜찮아." 당신은 어떨지 궁금하다.

이제 나는 주말 공황에 시달릴 것 같으면 집 근처 서점까지 걸어가서 느긋하게 둘러본 후 다시 집으로 돌아온다. 느릿느릿 집으로 돌아오는 길에는 다른 곳을 어슬렁거리기도 한다. 의식의 흐름대로, 흘러가는 대로 나를 내버려둔다.

갈 곳이 없고 할 일이 없을 때, 우리는 우리 스스로를 더 깊게 들여다볼 수 있다. 우지의 조언을 참고해 당신도 자신에게 말을 걸어보길. "너는 행복하니? 지금 편안하니? 원하는 방향으로 나아가고 있니?"

하와이에서 겪은
불안과 자살 충동

　지금 뭘 해야 하나? 감정적, 이성적으로 올바르게 반응한다는 건 뭘까? 확실한 건 어디 있을까? 나는 뭘 붙잡아야 하나?

　불면증에 시달리는 밤, 이런 생각을 하다보면 '내가 오늘 과연 잠을 잘 수 있을까?' 하는 불안이 나를 휘감는다. 잠을 자지 않고 내일 제대로 버틸 수 있을까? 직원들이 나를 신뢰할 수 있을 만큼 일을 할 수 있을까? 새벽 네 시까지 잠들지 못하면 뭘 하지?

　물론 확신할 수 있는 건 없다. 잠은 억지로 잘 수도, 참을 수도 없다. 그저 더 깊은 생각으로 잠을 쫓아낼 뿐이다.

　나는 다음 날 있을지도 모를 만일의 사태에 대비해 세세하게 플랜 B, C, D를 마련한다. '좋아, 만약 사람들이 오전 열한 시에 전화를 하지 않으면 친구 X랑 Y에게 전화해서 오후에 만날 수 있는지 물어보자. 그리고 Z에게는 그 사람들이 나보고 어쩌라는 건지 물어봐야겠어.' 그러고 나면 더 많은 생각이 물밀듯이 밀려든다. 혹시 이 불면이 내일 혼자 밥을 먹어야 한다는 신호는 아닐까? 만약 내일 하루를 제대로 망쳐서 이 계획들이 죄다 무용

지물이 된다면?

나는 곧장 복잡한 계획과 생각과 해결책의 소용돌이에 사로잡힌다. 어떤 날에는 속도를 늦출 수 있어서 생각을 분리하고 연결고리를 끊을 수 있다. 하지만 어떤 날에는 생각이 너무 몰아쳐서 나조차 나를 통제할 수 없다.

나는 종종 이런 상황에 대해 주변에 조언을 구한다. 〈뉴욕타임스〉 베스트셀러 작가이자 테드에서 돌풍을 일으킨 브레네 브라운을 만났을 때, 그녀는 이런 말을 해주었다. "조언을 구하겠다는 건 레드카드예요." 그녀에게는 자신만의 그린카드와 레드카드가 있었다. 레드카드는 잘못된 사고방식으로 엉뚱한 방향으로 가고 있으니 멈추고 정신을 바짝 차리라는 신호라고 했다. 나에게 그 구분은 흑백과 컬러였다. 내 눈에 뭔가가 흑백으로 느껴진다면 내가 너무 경직되었다는 신호다. 불안한 사람들이 이렇게 느끼는 경우가 많다고 생각하는데, 불안하면 직관적이 되기 힘들기 때문이다. 몇 년 동안 나는 "직감을 믿으세요"라거나 "마음 가는 대로 하세요"라는 말을 들어왔다. 그러나 불안할 때는, 특히나 불안의 소용돌이에 휘말려 있을 때는 나에게 머리만 남아 있는 느낌이다. 온몸의 피가 빠져나가고 생각은 풍선처럼 부풀고 직감은 완전히 사라져버리는 상태.

호텔에서 이 책의 초고를 쓸 때도 나는 불안의 소용돌이에 있었다. 내게 현실을 느끼게 해주는 건 모래와 수많은 먼지였다.

나는 당시 연인이었던 틴더와 하와이에 있었다. 우리는 함께 여행을 해도 각자 다른 곳을 찾았지만, 때로는 함께 모험을 떠나기도 했다.

그때까지만 해도 나는 연애를 할 때 거치는 일련의 기본 단계를 피할 수 있었다. 그래서 한편으로는 무척 어색했다. 불면의 두려움을 없애기 위해 수년간 노력했지만 나는 여전히 주먹을 꽉 쥐고 잠자리에 누워야 했다. 그래야 할 것 같은 기분이 들었다. 잘 수 있다고, 밤새 자가면역질환 증상이 나타나지 않을 거라고, 내가 제대로 살면서 정상적으로 사업체를 운영하고 책을 쓰고 사람들을 만나고 한 남자의 괜찮은 여자 친구가 될 수 있다고 증명해야 할 것 같았다. 귀마개와 수면 안대를 하고, 치과 의사가 알려준 대로 외과용 테이프로 입을 막아 이갈이를 방지했다. 호텔에 가면 덜컹거리는 창문과 윙 소리를 내는 두꺼비집, 와인냉장고를 점검했다. 밤에는 모든 전원을 꺼버렸다. 침대 옆 LED 알람시계도 마찬가지였다. 다음 날 아침에는 이 모든 걸 일일이 다시 연결했다.

나는 하루도 빠짐없이 자기 전에 샤워를 했다. 이건 절대 양보할 수 없는 습관이었다. 내가 기억하는 가장 어린 시절부터 나는 샤워를 하지 않고 침대에 누운 적이 단 한 번도 없었다. 야영을 할 때면 낑낑대며 목욕물을 날랐다. 친구들과 동생들은 이런 습관을 알고 나를 배려해주기 전에는 얼음이 둥둥 떠다니는 강에서, 안데스 산맥의 눈 속에서, 축축한 점액질로 가득한 멕시코의 수영장에서도 목욕을 했다. 카카두에서 하이킹을 하던 중 협곡에서 목욕을 한 적도 있다.

연애를 하자 내 옆에 누운 사람의 존재 자체가, 그의 심장박동이, 그가 내뿜는 페로몬이, 나를 일곱 시간 동안 극도로 예민하게 만들었다. 이 모든 상황을 연애 초반에 연인에게 설명하기란 난감한 일이었다. 이런 점을 티 내지 않으려고 더 열심히 일한 것도 사실이다.

우리는 지금 여기, 하와이에 함께 있다. 밤은 늦었고 더블침대는 하나였다. 그의 뺨에 키스를 하고 재빨리 도망칠 곳도 없었다. 그리고 모든 것이 불확실했다.

머리는 절박하게 이 상황을 해결하려고 애썼다. 바깥에는 폭풍이 사납게 몰아치며 창문을 덜컹덜컹 흔들어댔다. 머릿속으로 38만 7,462가지 가능성을 이리저리 재고 따졌다. 나는 지난 며칠 동안 잠을 못 잤었다. 만약 내가 좋은 여자 친구가 될 수 없다면? 내일 낮에 염증이 도지는 바람에 남은 일정을 망치면 어쩌지? 나는 안내데스크에 전화를 걸어서 다른 객실이 있는지 물었다. 700달러라고 했다. 하룻밤을 편히 자는 데 700달러의 가치가 있을까? 정답이 뭐지? 나는 장단점을 저울질하며 오락가락했다.

나는 배를 움켜잡고 손톱을 세웠다. 소용돌이에 휘말리면 나는 종종 손톱으로 배를 할퀴었다. 언젠가 칼로 배를 그은 적도 있었다. 그때 생생하게 벌어지던 피부가 상황을 조금 더 현실적으로 만들고 생각을 멈춰주기를 바랐다. 나는 단지 생각이 멈추기를 바랐지만 오히려 생각은 더 많아졌다. 다른 사람들에게 이 흉터를 뭐라고 말하지?

나는 계속해서 추락했다. 뭐랄까, 마치 로드러너Roadrunner를 쫓아 절벽 가장자리를 달리는 코요테처럼 미친 듯이 허공을 밟으며 뭔가 매달릴 만한 단단한 것을 붙잡으려고 허우적대는 기분이었다. 그러나 아무것도 찾지 못했다. 손을 뻗을수록 나는 더 미쳐가고, 아래로 떨어졌다.

하와이에서 나는 4개 층 위의 발코니로 몇 번이나 달려갔다. 불안에 휩싸이면 차라리 혼자 있는 게 스스로를 진정시키는 데 더 도움이 되었다. 그러나 타인의 요구와 혼란스러운 얼굴, 나를 방어하려는 몸짓을 보거나 어떨 때는 상대의 심장 소리만 들려도 기름을 부어버린 듯 공황이 더 악화되었다. 내 기본 자아는 타인들을 위협으로 인식하는 듯했다. 나의 투쟁 기제 또는 도피 기제는 정상 수준을 넘어 과잉 상태가 되었다. 나는 옴짝달싹못했고, 더 이상의 선택지도 없었다. 유일한 탈출구는 방에서 나가는 것이었다.

이. 생각들을. 멈추기. 위해서. 도망치는 것.

그 외에는 무엇도 중요하지 않았다. 이런 순간이 찾아오면 나는 종종 달리곤 했다. 나는 조지와 함께 있다가 처음으로 불안의 소용돌이를 겪었을 때, 어둠 속에서 신발도 신지 않고 브래지어도 입지 않고 10킬로미터 넘는 산길을 달려갔다. 어느 때에는 새벽 두 시에 어디로 가는지도 모른 채 플로렌스를 마구 달렸다. 그 절박한 순간에는 '어디'나 '왜' 같은 질문은 신경 쓸 바가 아니었다. 일단 나가야 했으니까. 나의 연인들은 어떻게든 내 행동을 이해하려고 애를 썼다. 하지만 이내 나의 삽화를 자신에 대한 공격 또는 관심을 얻으려는 비명 같은 거라고 쉽게 결론 내렸다.

그러나 절대 아니다.

이후에도 나는 하와이에서 경험한 것과 비슷한 삽화를 몇 개 더 보였다. 고속도로를 달리는 차에서 뛰어내리려고 했다. 프랑스 여행 중에는 바깥 풍경이 마치 인스타그램처럼 완벽하다는 느낌에 에어비앤비 창문에서 뛰어내리려고 했다. 우리는 결론 없는 논쟁을 벌이고 최악의 모습을 보였다. 우리는 서로의 두려움을 비추는 거울 같았다. 우리는 너무 깊이 추락했고, 상대가 자신을 구해주기를 바랐다. 나는 더 이상 정상적인 연애로 돌아갈 방법을 찾지 못했다. 너무 많은 생각이 나를 잠식했다. 생각을 멈추고 도망쳐야 했다.

나는 매번 연인을 완전히 당황시키고, 분노하게 만들고, 별다른 설명 없이 떠나버렸다. 지금 생각하면 뒤늦은 부끄러움과 후회가 이루 말할 수 없이 밀려온다. 당시에 내가 할 수 있는 유일한 대답은 '나도 모르겠어'뿐이었다. 그때는 정말 몰랐다. 왜 불안의 소용돌이를 멈출 수 없는지. 나는 똑똑했고, 더 잘 알 수 있었다. 마치 내 안에서 합선이 일어난 것만 같았다. 매우 원시적인 어떤 스위치가 내 안에서 제멋대로 작동했다. 나를 둘러싼 모든 것이 내게 반드시. 그. 많은 생각을. 멈춰야. 한다고. 말했다. 그러기 위해서는 극적이고 강력한 뭔가가 필요했다.

매트 헤이그는 《살아야 할 이유》에서 불안한 사람들이 자살을 시도할 때 불안한 감정이 어떻게 되는지 털어놓는다. "그들은 행복이라는 사치에 신경 쓸 여력이 없다. 그저 고통의 부재만 느끼고 싶어 한다. 불붙은 마음에서 탈출하고, 타오르는 생각들을 비우고 싶어 한다." 타오르는 생각으로부터 도망치는 유일한 방법은 삶을 멈추는 것이라고, 나는 생각했다.

불안한 사람 곁에 있는 사람들의 괴로움

하와이에서 벌인 소동으로 연인이 떠난 후, 나는 곧 얼굴을 어푸어푸 씻어내고, 청바지를 입고, 아래층에 있는 피아노 바로 갔다. 와인 한 잔을 앞에 두고 앉아서 종이 냅킨에 이런저런 글을 끄적이며 바 매니저와 사랑에 대해 수다를 떨었다. 나에 대한 강한 압박감이나 책임감도 없고, 나를 보고 당황하며 비명을 지르는 사람도 없고, 그저 침착하게 내 옆에 앉아줄 사람이 있을 때 나는 기꺼이 불안에 다가갈 수 있다. 이후에 만난 연인에게 이런 나를 설명해주었지만 그도 나를 이해하지 못했다.

타인은 불안한 사람의 난장판이 된 머릿속에 또 다른 욕구와 생각과 염려를 더할 수 있다. 불안이 꿈틀거릴 때 이를 억제하려는 시도를, 타인이 방해할 수도 있다. 그리고 이것이 온갖 잔인한 아이러니를 초래하기도 한다. 그러니 불안에 대한 몇 가지 진실을 알아둘 필요가 있다.

첫째, 불안한 사람들은 고독을 바라면서도 연결되기를 갈망한다. 불안할 때 나는 온몸으로 다른 사람들에게서 멀어지고 싶다. '나'라는 드라마에서 그들을 구하고 싶다. 물론 겉으로 드러내지는 않는다. 대신 모든 지인들에게서 멀리 떨어진 외딴 곳으로 옮겨 간다. 짐을 싸서 미국을, 대륙을, 관계를 떠난다.

그러나 아이러니하게도 윙윙대는 울림과 홀로 남겨지는 것만큼 불안을 부추기는 일도 없다. 친구가 베이비시터를 구하지 못해 약속을 취소하면 나는 나와의 만남 자체를 거부하는 거라고 받아들였다. 내가 우주의 골칫덩어리이며 모두가 내게 진저리를 내고 있고, 난 어디에도 어울리지 못하고 아무것도 이해할 수 없는 사람이라는 신호로 받아들였다. 내가 어디 속해 있을 때 잘 어울리는지 알고자 하는 욕구는 나를 초조하게 만드는 핵심 요인이었다.

둘째, 우리에게는 느긋한 사람들이 필요하지만 그들 때문에 망가지기도 한다. 우리는 느긋한 사람들을 사랑한다. 그들은 우리의 문제를 잘 다룰 수 있다. 꽉 움켜쥔 주먹을 펴게 하는 기술을 가르치는 훌륭한 스승이기도 하다. 그러나 그들은 잘 잊어버리는 경향이 있다. 그들은 불확실성 때문에 미쳐버릴 수도 있는 사람에게 자신들의 무심한 망각이 얼마나 큰일인지를 이해하지 못한다.

셋째, 불안할 때 우리는 친구보다 낯선 이들을 더 잘 상대한다. 아무래도 사랑하는 사람들에게 둘러싸여 있으면 자신의 모순과 신경증적 욕구에 지나친 책임감과 죄책감을 느껴 과도하게 의식하고 행동하기 마련이다. 그러다보면 진이 빠진다. 하지만 버스 정류장에서 어르신을 배려하는 예의 바른 행동은 그렇지 않다. 이건 직업이나 마찬가지다.

넷째, 우리는 외향적인 것처럼 보인다. 나는 무대에 서서 수천 명에게 강연을 할 수 있다. 히스테리성 발작 없이 TV에서 생방송을 할 수도 있다. 부분적으로는 낯선 사람에게 더 잘 응대할 수 있기 때문이다. 나는 도전 앞에서 힘을 발휘한다. 앞치마를 두른 주방장처럼. 정해진 시간이 끝나면 곧장 앞치마를 벗어버린다. 그러나 파티처럼 즐기기 위한, 인간적인 일상을 경험하는 자리라면, 하느님 맙소사!

내가 좋아하는 베스트셀러 작가인 글레넌 도일 멜튼의 아래 글은 불안의 이러한 아이러니를 잘 설명해준다. 그녀는 감정적으로는 독자들과 꾸준히 소통했지만, 물리적으로는 온전히 떨어져 있었다.

부디 이해해주기를 바란다. 나는 세상의 모든 사랑스러운 이들이 편안한 거리에 적당히 떨어져 있음에 감사한다. 내게는 이것이 무척 중요한 일이다. 왜냐하면 그들이 가까이 다가올수록 나는 초조해졌고, 때로는 짜증이 폭발했기 때문이다. 나는 지쳤고, 사회적으로 불안했다. 연회나 생일파티처럼 실제로 누구 옆에 앉아서 인간과 대화를 해야 하는 자리에 간다는 건 어불성설이었다. 그래서 나는 사랑과 인류애를 책으로 배울 수밖에 없었다.

불안의 모순:
안정감과 흔들림 사이에서

　나는 불안에 대해 논리적으로 조리 있게 말할 수 있고 심지어 농담도 할 수 있지만, 주기적으로는 정신이 나가버린다. 이 잔인한 모순은 사랑하는 사람들에게 심각한 영향을 미친다. 글만으로도 설명할 수 있다. 지적이고 긍정적인 생각보다 불안한 생각이 뇌에 더 많은 영향을 미친다는 것은 명백한 사실이고, 공황을 겪을 때면 모든 합리적인 사실과 데이터가 전부 쓸모없어지기 때문이다.

　불안한 사람들은 겉보기에 강하고 통제력이 있어 보이지만, 사실 보통 사람들보다 다른 이의 도움을 더 많이 필요로 한다. 많은 경우 우리는 완고하게 자기만의 방식을 고수하는 듯하지만, 사실은 본인이 무엇을 원하는지 전혀 모른다. 우리의 고집스러운 집착, 습관, 규칙 등이 올바른 이성을 바탕으로 옳은 일을 하고 있다는 확신을 주지 못하기 때문이다. 우리는 손가락이 하얗게 될 때까지 주먹을 꽉 쥐면서도 대응하는 데는 엉성하다.

　또한 불안은 호불호를 파악할 수 없게 만든다. 만약 당신이 불안한 사람을 사랑하고 있다면, 그가 불안에 시달릴 때 당신이 무엇을 원하는지를 단호하게 말해주어라. 아마 당신의 취향을 존중하고, 그 확실성을 기꺼이 받아들일 테니까. 당신이 불안한 쪽이라면 사랑하는 사람이 자신의 취향을 표현할 때 따르면 된다.

　내 통제적인 행동 때문에 사람들은 내가 뭐든지 착착 해결한다고 생각한다. 그리고 솔직히 말하자면, 내게 다가오고 도와주고 싶어 하는 사람들을 겁먹게 한다. 내가 무단결근을 하거나 그들 앞에서 도와달라고 울부짖을 때도 마찬가지다. 책을 쓰는 동안 나를 진단한 정신과 전문의는 내가 사람들에게서 도움을 받는 방식까지 하나하나 관리한다고 짚어주었다. 이런 점 때문에 내 주변 사람들은 자신들이 불필요하다는 느낌을 받는다고도 했다. 그런데 사실 나는 바로 그 순간에 누군가가 내 문제에 개입해주기를, 잠시나마 확실하게 나를 맡아주기를 절실히 바란다. 단지 내가 신경증을 고칠 수 없다는 게 안타까울 뿐이다.
　이처럼 우리는 늘 매사를 고려하면서도 지독하게 이기적이다. 나는 불안의 이런 면이 정말로 끔찍했다. 내가 끔찍하게 자신에게만 몰두하는 사람처럼 느껴졌다. 나는 지인들의 생일을 잊었고, 선물을 고를 에너지나 관심도 없었다. 그러면서도 불안이 밀려오는 순간에 내가 나 자신보다 사실 지인들의 안녕을 더 걱정하고 있다는 점을 확인시켜주고 싶었다. 비행 공포증은 아이들을 걱정하게 했고 강박장애는 종종 사랑하는 사람들이 손을 씻지 않아 죽을 수도 있다고 걱정하게 만들었다.

때로는 8만 7,462가지 잡생각이 서로 경쟁하듯 사방에서 나를 잡아당겨서 머릿속을 0으로 만들었다. 나는 물리적 고통이 뒤따르는 그 수많은 생각과 싸우거나 애써 잊으려 하지 않았다. 그저 무감각해졌다. 수만 가지 생각이 나를 집어삼킬 것 같을 때 꼼짝하지 않은 채 허공을 바라보고 있으면 어느 순간, 마침내, 생각들이 모두 사라지곤 했다. 이제야 알았지만 그때 나는 얼어붙은 거였다. '얼어붙기'는 강한 불안에 대처하는 흔한 대응기제 중 하나였다. 아무런 희망이 없을 때, 마치 도망칠 곳 없는 동물이 포식자가 눈치 채지 못하기를 바라며 죽은 척하듯 말이다.

그러다보니 나는 불안의 소용돌이에 시달릴 때 종종 그 상태 그대로 머물기를 간절히 바랐다. 이런 생각은 정말 짜증나지만, 달리는 기차를 세우기가 너무 힘드니 차라리 내버려두는 식이었다. 때로는 내가 극단적인 상황을 즐기는 게 아닌가 싶을 정도였다.

그런데 정말 희한하게도 불안은 때로 안전한 기분이 들게 한다. 미친 행동을 계속하게 만드는데, 내게는 그게 너무 친숙하고 능숙하다. 대부분의 불안한 사람들이 그럴 것이다. 불안은 현란한 점멸등이 번쩍이는 파티다. 나는 내가 실제로 뭔가를 달성하리라고 자신했다. 불안할 때면 종종 커피를 더 많이 마셔 불안을 부채질하고, 이메일을 보내 기존 계획을 더 복잡하게 만들었다. 나는 토요일 밤마다 트집 잡을 사람들을 찾아다니는 무리 같았다. 무엇 때문에, 무엇을 위해 싸우는지는 모르겠지만 불안의 소용돌이에 휘말리면 고분고분 침착해지고 싶지 않다는 저항감이 높아졌다. 만약 우리가 행동하기를 멈춘다면, 대체 누가 이 난장판을 책임진단 말인가?

십대를 대상으로 한 어느 연구 결과는 불안이 연결 과잉 때문이라고 밝힌다. 즉, 두뇌가 지나치게 많이 소통한다는 거다. 그래서 지나치게 반추하고 끊임없이 문제를 생각하면서도 해결책을 적극적으로 찾으려 하지는 않는다.

정신과 전문의이자 오스트레일리아 자살예방재단 책임자인 데이비드 호건 박사는 인간의 두뇌가 기본적으로 문제 해결 기기라고 말했다. 무엇이 틀렸는지 찾고, 이를 고치려고 이런저런 궁리를 한다. 안타깝게도 불안한 사람들에게는 문제가 현재에 있지 않고 미래에서 투영된다. 그러니 물리적으로 문제를 해결할 수 없다.

반추는, 적어도 그때만큼은 뭔가를 하고 있다는 느낌을 받게 한다. 아무것도 모르고 아무것도 안 하고 있으니 뭐라도 하는 쪽이 낫다. 그리고 나 역시 궁극적으로는, 혼자 조용히 앉아 있기보다 뭐라도 하는 게 낫다는 쪽이다. 행동은 두려움에서 시선을 돌리게 한다. 조디 피코는 이를 날카롭게 지적했다. "불안은 흔들의자와 같다. 우리에게 뭔가 할 일을 주지만, 멀리 데려가주지는 않는다."

사랑하는 사람들은 절벽 끝에 선 나를 안쪽으로 안전하게 끌어당기려고 한다. 그러나 그들이 조금이라도 머뭇거리거나 신중하게 다가오면 나는 거부한다. 미친 듯이 밖으로 뻗어나가고자 하는 에너지 앞에서 그들이 머뭇거리면 내 욕구가 더욱 강화될 뿐이다. 만약 내가 걱정만 하고 행동하지 않는다면 누가 내 불안을 돌봐주겠는가?

적어도 내 머릿속 소용돌이 속에서 불안은 문제가 아니라 해결책이다. 불안은 정신 나간 나라는 배가 계속 떠 있을 수 있도록 해준다.

그렇다면 가엾은 연인이 불안을 마주했을 때, 즉 다른 사람들과 잘 지내지 못하거나 둘의 상태가 그 어느 때보다 복잡하거나 두 사람이 모두 불안으로 휘청거릴 때면 무엇을 해야 할까?

첫째, 상태가 좋지 않을 때면 불안한 사람의 내면에 자리하고 있는 누군가에게 모든 결정권을 맡긴다. 나는 상태가 좋지 않을 때 나를 가장 잘 아는 친구 릭과 교류한다. 정말 심각할 때는 주말 공황도 겪었지만, 나를 잘 아는 친구와 보내는 시간은 완벽하다.

또 하나, 사랑하는 사람이 불안에 시달릴 때 당신이 할 수 있는 간단한 일은 그들이 흔들릴 때 인내심 있게 그 자리에 머무는 것이다. 한쪽이 미친 듯이 동요해도 견고하고 확실하고 든든하게 머물러주기. 당신의 인내심과 침착함이 상대의 두려움과 선명한 대조를 이루다보면 불안은 곧 지나가고 상대는 현실로 돌아올 것이다.

불안한 사람을 곁에 둔 사람들에게
전하고픈 말

　불안한 사람들을 가족이나 연인, 친구로 둔 사람들에게 약간의 조언을 남기고자 한다. 먼저, 불안한 사람들이 상대방이나 환경을 통제하고자 하는 욕구와 여러분을 통제하려 드는 욕구를 혼동하지 말기를 바란다.

　우리 불안한 사람들이 안절부절못하며 초조하게 침대 주름을 펴고, 한밤중에 화장실에 가는 당신에게 수도꼭지를 잘 잠갔는지 재차 확인하고, 약속을 꼭 지켜달라고, 전화하겠다고 했으면 전화를 해달라고 요구할 때는 혹시라도 뭔가가 잘못되어서 함께하는 시간이 엉망이 되는 경우를 미리 통제하고 싶은 것일 뿐이다. 한마디로 여러분의 일거수일투족을 통제할 생각은 전혀 없다는 것이다.

　물론 나는 사랑하는 사람이 인자하고 단호하게 "내가 지켜줄게, 베이비"라며 강한 모습을 보여주기를 갈망한다. 심지어 내가 스스로를 고립시키고, 멍해지고, 도망치고, 브래지어도 입지 않은 채 달리고, 사람들을 밀어내고, 그 외의 온갖 추한 행동을 할 때조차 그래줬으면 좋겠다.

그러나 추하게 망가지는 와중에 드러나는 적나라한 모습을 타인에게 완벽하게 이해해달라고 부탁하기란 너무 과한 일이라고 생각한다. 우리 불안한 사람들은 자기방어에 호전적이다. 해결책을 빼앗기고 싶어 하지 않는다. 그리고 우리는 상당히 매혹적으로 사람들을 밀어낸다. 나는 다른 사람들이 나를 감당할 수 있을지 시험한다. 그게 전부다. 어쩌면 그들의 인내심이 어느 정도인지 시험한 것인지도 모른다. '제발 그냥 결정해! 제발 내가 불안에 휩싸일 때 단단하게 붙잡아줘! 제발 내게 딱 잘라서 한 블록만 걷고 오자고 말해줘! 그리고 저녁으로 나초를 요리하자고 말해. 나초를 먹고 싶으니까 꼭 나초를 먹자고! 뭘 먹고 싶으냐고 묻지 마!' 이 모두가 다른 사람에게는 매우 혼란스럽고 부담스러운 시험일 수 있었다.

그래서 나도 가끔은 이들을 도와주어야 한다고 생각한다. 이건 책임감이다.

오래전, 연애 초반에 남자 친구가 전화를 걸었던 어느 토요일에, 나는 불안에 갇혀 있었다. 기분이 온통 엉망이고 혼란스러워 그를 밀어냈지만 그는 단호하게 반드시 같이 낚시를 하러 가야겠다고 말했다. "나는 꼭 너랑 낚시를 가고 싶어." 그는 내게 주소를 알려주며 준비는 자신이 다 해둘 테니 30분 안에 오라고 했다. 나는 마지못해 알았다고 했고 내 불안은 수화기를 내려놓기도 전에 사라졌다.

그는 약속한 시간에 야구 모자를 쓰고 맥주 한 캔을 들고 나타났다. 우리는 테이크아웃 매장에서 베이컨 에그 롤을 샀고, 슬라이스 치즈가 사르르 녹는 걸 보는 순간 나도 모르게 흐느끼게 되었다. 나는 틀렸고 그는 옳았다. "지금껏 내가 먹어본 베이컨 에그 롤 중에 최고야." 우리는 작은 물고기 두 마리를 잡았다가 다시 놓아주었다.

남자 친구와 낚시를 하는 동안 불안이 사라졌다. 온전한 확고함이 있었기 때문이다. 모든 것은 결정되어 있었다. 남자 친구와 함께한 소소한 일정도 확실했다. 그는 낚시를 가고 싶다는 확실한 욕망이 있었고 내 기분에 의존하지 않았다. 견고함은 무엇이든 도움이 된다. 그가 나를 단단하게 붙잡아준다는 느낌을 받았고, 불안을 진정시키는 데는 그걸로 충분했다.

좀 더 솔직하게 말하자면, 그가 나를 도울 수 있었던 이유는 나도 그를 돕겠다던 약속을 지켰기 때문이다. 사실 내가 그날 불안에 시달렸던 이유도 그가 약속한 시간보다 세 시간 늦게 계획을 세우고 전화했기 때문이었다. 물론 그건 아무 일도 아니었다. 그러나 연인에게 무슨 일이 일어났는지, 내가 전화를 해야 하는 건지 더 기다려야 하는지 모르는 불확실성과 주말 공황, 그리고 불안한 나 자신을 바라보는 또 다른 불안감이 나를 아래로, 아래로, 한없이 끌고 내려갔다. 처음에는 남자 친구에게 사실대로 말하지 못하고 그냥 공황이 왔다고만 말했다. 나는 그에게 책임을 돌리지 않고 그저 아프다는 신호만 보냈다. 그가 용감하게 나를 집 밖으로 이끌려고 할 때 나는 그의 노력이 헛되지 않게 하겠다고 다짐했다.

시간이 지난 후에, 내가 그때 왜 그렇게 불안했는지 설명할 수 있었다. 물론 내게 필요한 것을 정확히 인지하고 책임감 있게 상황을 매번 조정해나가는 경우는 드물었다. 그렇지만 특히나 마음이 어수선한 날이면 이때를 기억하려고 노력한다.

공황발작과 불안 발작에 대처하는
나만의 방법

어느 토요일, 쇼핑몰에서 쇼핑을 하고 있었다. 토요일 오후의 쇼핑몰답게 적당히 복잡하고 적당히 시끌벅적했다. 낯선 사람들과의 적당한 접촉은 마음을 진정시키는 데 효과가 있다. 어수선한 상황에 명상을 하는 것은 힘든 일이지만, 온몸의 세포가 바짝 긴장하면서 나를 좀 더 가깝게 끌어당기는 느낌이었다.

나는 러닝화 매장을 발견하고 곧장 들어가 점원에게 신발을 보여달라고 부탁했다. 신발 사이즈는 모른다고 말했다. 그러면 점원이 발 사이즈 측정기를 가져와서 발 치수를 재겠지. 점원은 그렇게 했고, 그는 내 발에 새겨진 수많은 달리기 흔적을 알아보았다. 점원이 건네는 말은 다 좋았다. 그는 내 발을 재는 동안 자신은 공학을 전공했고, 여자 친구와 매주 화요일 저녁마다 마라톤을 하고 피자를 먹는다는 식의 이야기를 늘어놓았다. 딱 그 정도의 접촉이 나를 기분 좋게 했다.

〈국제신경과학저널International Journal of Neuroscience〉에서 발표된 연구 결과에 따르면 불안장애를 앓는 사람이 마사지를 받으면 코르티솔 수치가 약 31퍼센트 감소하고, 세로토닌과 도파민은 같은 수치만큼 증가한다. 특히 두피 마사지가 효과가 있다고 밝혀졌다. 뇌의 혈액순환을 개선하고 머리 뒤쪽과 목의 긴장감을 풀어주기 때문이다.

나도 알고 있다. 타이 마사지는 최고다. 시원하다. 확실하다. 돈이 적게 든다. 저렴한 숍에서 받는 타이 마사지는 내가 외부와 밀접하게 연결된다는 느낌을 준다. 짤랑대는 음악도 없고, 흰색 로브와 슬리퍼도 없다. 특별하거나 세련된 척하지도 않는다. 특별하고 세련된 느낌은 내가 이 상황을 즐거워해야 한다고 강요하는 듯해서 불안해진다.

마시지 숍은 저렴하고 음울한 분위기를 풍길수록 좋다. 내 단골 숍은 시드니의 킹스 크로스 골목에 있다. 바깥에서 마약쟁이들이 담배꽁초를 두고 싸우는 소리가 다 들린다. 올이 풀린 낡은 비치 타월이 침대에 깔려 있고, 카세트 플레이어에서는 명곡 메들리가 흘러나온다. 가끔 끊기는 와이파이는 내 상태와 더 잘 어울린다.

만약 당신이 숨이 차고 식은땀이 흐르고 심장박동이 빨라지는 경우가 잦다면, 이런 증상을 어떻게 생각하는지 한번쯤 떠올려보자. 나는 의외로 이런 상황이 흥미로웠고, 때로는 불안 발작 증상과 비교해볼 수도 있었다.

편도체에 위협 또는 위험 신호가 전달되면 뇌는 맞서 싸우거나 도망치라는 반응을 보낸다. 우리처럼 불안한 사람들은 당연히 그 스위치가 남들보다 유난히 예민하다.

그러나 당신도 알다시피, 우리의 편도체는 진짜 위협과 가짜 위협을 구분하지 못한다. 그러니 편도체가 감지한 위협이 야생 동물의 습격처럼 진짜든 내일 회의를 걱정하는 생각들이 만들어 낸 가짜든, 우리 몸은 똑같은 반응을 보인다. 동공이 팽창하면서 더 많은 빛을 받아들이고, 시야를 넓혀 탈출 전략을 세우는 식이다. 그러니 가까운 시야는 흐릿해질 수밖에 없다. 또한 몸은 쉽게 도망치거나 싸울 수 있도록 많은 산소를 들이마시기 때문에 가슴이 죄어든다.

그런데 만약 실제로 도망치거나 싸우지 않으면 산소 수치가 계속 높아진다. 어지러워지는 이유는 이 때문이다. 이때 심장박동이 빨라지면서 온몸 구석구석으로 산소를 보내면 심장발작이 오는 듯한 기분까지 느끼게 된다.

다음으로 몸이 과열되는 것을 막기 위해 땀을 흘린다. 혈압이 오르고 근육이 긴장한다. 그러면서 혈관이 수축하고 더 많은 혈액이 주요 근육으로 흐른다. 손과 발이 갑자기 차갑게 느껴지는 건 이 때문이다. 이어 소화기관이 멈추면서 영양소와 산소가 모두 팔다리와 근육으로 흘러간다. 입이 마르고, 속이 울렁거리고, 메스꺼움과 설사 증세가 나타나는 건 이 때문이다.

위에서 열거한 신체 증상들을 다시 찬찬히 읽어보자. 어지러움, 호흡곤란, 근육 경직. 모두 공황발작 증상이다.

불안한 사람들은 이런 증상을 머리에서 일어나는 정상적인 생물학적 반응으로 보지 않고, 실제로 뭔가 끔찍한 참사가 일어났으며 주변에 계속 위협 요인이 있다는 증거라고 받아들인다. 불안과 유사한 증상을 실제 불안으로 착각하고, 그 때문에 나타나는 증상을 불안해한다. 불안 민감성anxiety sensitivity은 특정 감각을 불안하게 여겼던 경험이 연상되어 불안해지는 것을 말한다. 예를 들면 공공장소에서 토할지도 모른다는 두려움이나 걱정, 또는 공황장애가 오지 않을까 하는 두려움 때문에 실제로 구토 증상을 느끼는 것이다.

내 불안 발작이 때로는 신체 반응을 오해한 경우라고 생각하면 묘하게 안도감이 든다. 시간이 흐르면서 아주 가끔은 이런 내 모습이 귀엽게 느껴지기도 한다. 체육대회에서 얼굴이 빨개진 아이를 지켜보는 심정이랄까. 당신도 그랬으면 좋겠다.

마음속 괴물을
달래고 어르기

　　이십대 초반에 겪은 극심한 불안장애 이후 다시 마음을 추스르기까지 1년 가까이 걸렸다. 학업을 계속할 수 없어서 정신 근육을 키우는 훈련을 하는 한편, 내 질병에 대해 깊이 공부했다(인터넷 검색이 아니라 진짜 책을 읽고 서툴게나마 연구를 했다). 정규직 근무를 견디질 못해 웨이트리스로 일했는데 분주하고 산만한 상황에서는 오히려 이 일이 좋았다. 일을 할 때는 여덟 시간 동안 나에 대해 떠올리지 않고 집중할 수 있었다. 필요하다면 도망칠 수도 있었는데, 못 견디겠다 싶으면 동료에게 쟁반을 맡기고 카운터 뒤로 달려가면 됐다.

　　그때 한 남자 손님이 내게 강박장애와 관련된 책을 주었다. 그의 손에는 붉게 벗겨진 발진이 있었는데, 자신에게 강박장애가 있어서 하루에도 몇 번씩 몸을 씻는다고 말했다. 나는 누군가 말을 걸 때 속내를 전혀 숨기지 않았고, 특히나 내게 자신의 비밀을 털어놓을 때는 더욱 그랬다. 나는 그에게 무슨 말인지 알아듣는다고 내비쳤고 그는 다음 날 내게 책을 가져다주었다. 《아홉,

열 다시Nine, Ten Do it Again》라는 책이었다.

그 책은 마치 진짜 같은 몇 가지 사실을 내게 알려주었다. 예를 들어 강박장애 환자들은 전 세계 어느 곳에서도 비슷한 비율인 1.2퍼센트를 유지하는데, 심지어 칼라하리 사막처럼 깊은 곳에서조차 그렇다고 했다. 또 이 책이 주장한 가설 덕분에 고대 문화에서는 강박장애자들이 추방되기는커녕 공동체의 요직을 맡게 되었다고 한다. 실제로 강박장애의 특징 중 하나인 안전과 위생에 대한 지나친 주의력은 그 당시 매우 요긴했을 것이다.

약 20년 전, 수년간 침팬지 무리를 연구한 동물학 박사 다이앤 포시를 다룬 다큐멘터리가 있었다. 정신질환자들의 사회에서 침팬지 연구가 어떤 역할을 할 수 있는지에 관심을 보인 연구자들이 이 다큐멘터리를 다양한 형태로 인용했다. 모든 침팬지 무리에는 불안하고 우울한 몇몇 개체가 있는데, 이들은 종종 집단에서 배제된 채 밀려난다. 포시는 이 불안한 침팬지들을 무리에서 떨어뜨리면 어떤 일이 벌어지는지 관찰했는데, 6개월 후 놀랍게도 침팬지 무리는 전멸했다.

이 연구는 불안한 침팬지들이 무리에서 생존의 중심축을 이루었음을 시사한다. 단절된 침팬지들은 집단에서 가장 멀리 떨어진 나무에서 잠을 잤다. 이들은 극도로 예민하고 빈틈없이 촉각을 곤두세우며, 아주 작은 소음에도 깜짝 놀라 주의를 기울이기 때문에 밤새 깨어 있는 시간이 많았다. 우리는 이런 증상을 불안이라고 부르지만, 원시 시대로 돌아가 생각해보면 이들은 공동체의 조기 경보 시스템이나 다름없었다.

《광기의 리더십》을 쓴 나시르 가에미 박사는 역사상 가장 뛰어난 리더들에게는 대부분 불안증이 있었다고 주장한다. "세상이 혼란스러울 때는 정신질환이 있는 리더들이 가장 뛰어난 기량을 보인다. 위기의 폭풍우 속에서 제정신인 사람들은 길을 잃지만 비정상인 사람들은 우리를 항구로 데려다준다." 평생 기분 장애의 고통 없이 무탈하게 살아온 이들은 지독한 스트레스나 어려움을 버틸 준비가 되어 있지 않다는 게 그의 설명이다. 실제로 2008년 이후 일부 논평가들은 글로벌 금융 위기의 주요 원인이 정치인들과 금융가들이 멍청하거나 불안을 느끼지 못했거나 또는 둘 다였기 때문이라고 지적했다.

엘리자베스 워첼은 자신이 쓴 획기적인 책《프로작 네이션》에서 우울증에 대해 이렇게 밝힌 바 있다. "나는 평생 단 하나만을 원했다. 이 고통의 목적을 깨닫는 것이다."

나 역시 불안이 우리 영혼을 제멋대로 고문하는 데는 나름의 이유가 있다고 굳게 믿는다. 고통이 줄어들 때도 그럴만한 이유가 있다. 우리는 안다. 그렇지 않다면 여자들은 출산의 고통을 견딜 수 없고, 남자들은 전쟁에서 싸울 수 없을 것이다. 우리가 지극히 목적 지향적인 A형의 기질을 타고났다는 사실도 불안을 증폭시킬 수 있다. 목적 지향적인 사람들은 겉보기에 온통 소모적이고 무의미한 불안을 참아낼 수 없다.

창의성과 위대한 업적과
불안의 상관관계

일부 진화론에 따르면 양극성 장애 역시 나름이 목적이 있다. 조울증이 전 세계에서 비슷한 수치로 발병하는 유전적 특이 사항임을 생각하면 조울증에는 아마 중요한 비밀이 있을 거라고 말하는 인류학자들의 논문이 많이 발표되었다. 대니얼 네틀은 《강렬한 상상력Strong Imagination: Madness, Creativity and Human Nature》에서 조울증은 인간 게놈에 필수라고 말했다. 강렬한 기분을 경험해본 사람들이 가상 세계를 만들 수 있고, 또 그만큼 위험을 감수하며 경계를 시험할 수 있다. 그는 과거에는 조울증이 인간에게 깊은 통찰과 창의성을 가져왔으리라고 설명하며 배타적인 공동체에서 미지의 세계로 용감하게 모험을 떠나는 식으로 유전자가 강화되었다고 말한다. 그들은 성장과 생존을 개선할 수 있는 새로운 기술을 가지고 돌아왔으며 네틀에 따르면 이런 양극성 행동이 일부 문화에서는 존중되거나 숭배를 받았다. 영미권에서는 미친 사람 취급받는 이들이 이뉴이트 족과 시베리아 문화권에서는 치료자나 영적 지도자로 칭송받는 식이다.

물론 이런 사실에 거만해져서는 안 된다. 내가 양극성 장애라고 확신하는 주변 사람들에게, 내게는 아무 문제가 없고 오히려 인류의 선택을 받은 몇 안 되는 구원자라고 말한다면 오히려 내 주장이 완전히 틀렸다고 증명하는 꼴이 될 것이다.

결국 내가 하고 싶은 말은, 구글을 검색하든 공부를 하든 당신의 불안이 어떤 종류인지 구체적으로 확인해봤으면 좋겠다는 점이다. 위대한 업적을 이룬, 당신만큼이나 불안에 시달리며 살았던 위인들의 삶을 공부하는 것도 좋다. 예술, 정치, 사업 등 분야를 막론하고 창의적인 재능과 불안의 연관관계는 꽤나 잘 알려져 있다.

실제로 시인들이 양극성 장애에 시달릴 가능성은 일반 사람들보다 30퍼센트가량 높다고 밝혀졌다. 2012년 〈진화신경과학 프런티어Frontiers in Evolutionary Neuroscience〉에 발표된 한 연구는 불안한 사람들의 아이큐가 더 높은 경향이 있다고 밝혔다. 같은 해에 120만 명의 환자와 그 가족들을 추적 조사한 다른 연구에 따르면 댄서, 사진작가, 작가 등 예술 분야에 종사하는 사람들에게 양극성 장애가 더 흔했다.

불안한 위인들과 위대한 창의성을 연구하기만 해도 '왜'를 알아내는 데 도움이 된다. 일례로 정치철학자 존 스튜어트 밀은 스무 살 무렵, 18개월 동안 지독한 신경쇠약에 시달렸다. 그렇지만 그는 프랑스 역사가들을 파고들고 워즈워스의 시를 읽으며 자신의 인생에 가느다란 빛 한 줄기가 비치고 있음을 깨달았다. 그 덕분에 자신의 감정을 더 잘 조절할 수 있었고, 내면의 감정에 닿을 수 있었다.

루마니아의 철학자이자 지독한 불면증에 시달렸던 E. M. 시오랑은 인간의 위대함은 잠을 자지 않는 사람들을 통해 드러난다고 주장했다. 그는 세상과 어긋난 기묘한 시간에 독자적인 창의성이 넘쳐흐른다며 "잠을 잘 자는 사람들에게서 신기하거나 풍부한 아이디어가 나온 적이 있었나?"라고까지 했다.

나는 문화웹진 〈브레인 피킹스〉를 팔로우하면서 정신이 번쩍 드는 걸 느꼈다. 심각한 불안증에 시달린 것으로 잘 알려진 소설가 아나이스 닌은 자신의 일기장에 필요한 순간에 차고 넘치는 강렬한 열정이 얼마나 중요한지를 기록했다. "무언가는 늘 과잉에서 태어난다. 위대한 예술은 극한의 공포, 극한의 외로움, 극한의 속박, 불안정에서 태어난다."

대니얼 스미스 역시 〈뉴욕타임스〉 베스트셀러 《몽키 마인드》에서 자신의 불안이 예술가에게 필요한 중대한 역할을 한다는 사실을 깨달은 후 눈에 띄게 안정을 되찾았다고 밝혔다. "불안은 부끄러운 일이 아니다. 숭고한 소명이다. 불안은 다른 이들보다 진정한 본성을 더 잘 수용하게 하고, 더 날카로운 시선과 더 예민한 촉각으로 보고 느끼게 한다."

프레데리크 그로는 《걷기, 두 발로 사유하는 철학》에서 광기 어린 도보 여행자였던 니체의 음울했던 통찰을 이렇게 소개한다. "어떻게든 나를 염려하려고 안달하는 이들이 황량함, 질병,

냉대, 수치로 고통받기를 소망한다. 그들이 끝까지 자기비하와 패배의 비참함을 모른 채 살지 않기를 소망한다. 나는 그들에게 어떤 연민도 느끼지 않는다. 오늘날 누군가의 가치 유무를 증명할 수 있는 유일한 방법은 고통을 견뎌낼 수 있는지 여부에 달려 있기 때문이다."

내게 괜찮다고
말해준 문장

　나는 웨이트리스로 일하던 시절에 케이 레드필드 재미슨의 《조울병 나는 이렇게 극복했다》를 읽었다. 그녀가 양극성 장애와 맞서 싸운 이야기 중 특히 이 문장이 시선을 사로잡았다. "중국인들은 괴물을 정복하기 전에 먼저 그것을 아름답게 만들어야 한다고 믿는다."

　중국 속담이기도 한 이 격언은, 먼저 우리 안의 괴물을 아름답게 만들자고 단호하게 말한다.

　우리가 불안에 사로잡히는 의미와 이유를 제대로 이해한다면 불안을 아름다운 감성으로 만들 수도 있다고, 나는 진심으로 믿는다. 목적이 분명하고 창의적이고 대담하고 풍부하고 깊이 있는 것들은 늘 아름답다.

　《조울병 나는 이렇게 극복했다》에서 재미슨은 삶의 최종 목표가 변화가 아닌 받아들임이라는 것을 깨닫는다. 이 메시지는 긍정심리학보다 족히 15년은 앞서 등장했는데, 아래 글을 보면 그녀가 얼마나 대담하고 진실한지 알 수 있다.

나는 이미 오래전에 폭풍 없는 삶, 가뭄이나 죽음의 계절이 없는 세상을 꿈꾸기를 포기했다. 인생은 너무나 복잡하고 만물은 끊임없이 바뀌기 때문에 결코 그렇게 될 수 없다. 나 역시 변덕스러운 기질을 타고나서, 본질적으로 통제할 수 없는 힘을 억제하려는 노력 자체가 어색하기만 하다. 사람들에게는 추진력이 되면서도 한편으로는 발목을 잡는 요소가 늘 있기 마련이고, 그 힘은 손목에서 시계를 풀 때까지 남아 있을 것이다.

이것은 하루의 끝에서 안절부절못하는, 냉혹하고 강한 설득과 광적인 열정이 모여드는 개인적인 순간들이다. 이것들이 당신 자신의 인생을 알리고, 천성과 자신의 일에 변화를 주며, 사랑과 우정에 마지막 의미와 색깔을 부여할 것이다.

재미슨은 그저 동요하는 마음을 체념하고 받아들이는 데 그치지 않았다. '개인적인 순간'에 찾아온 폭풍 같은 합병증을 받아들이며 인생의 목적을 발견했다. 중국의 격언처럼, 그녀 안의 괴물은 결국 아름답게 변화되었다.

양극성 장애 진단으로 고심하던 시기에, 이 문장은 내게 괜찮다고 말해주었다. 폭풍과 적막, 광기에도 저마다의 가치가 있다고. 동요하는 시간은 결국 무언가를 이끌어낸다고.

이후로도 양극성 장애에 관해 조사하면서 내가 경험했던 독특한 순간들이 지독하게 외롭고 동떨어진 기분을 만들기도, 또는 유난스럽고 다소 특별한 사람이 된 것처럼 만들기도 한다는 걸 깨달았다. 내게 찾아온 특별한 순간을 어정쩡한 연민과 흥미로운 시선으로 바라보는 것도 좋은 선택이 될 수 있다고 믿는다. 이제 이 시간들 중에서도 귀엽고 아름다운 순간을 찾아내는 한편, 겸손함을 잃지 않으려 한다.

당신이 심하게 동요하거나 암담하다고 여겨지는 순간이, 어쩌면 당신 안의 괴물을 아름답게 바꿀 기회의 순간인지도 모른다. 혹시 귀엽고 아름다운 순간이라는 말이 조금 모호할까 봐, 내가 생각하는 그러한 순간들을 소개하고자 한다.

첫째, 나는 잠자리에 들기 전에 항상 샤워나 목욕을 해야 한다.

둘째, 나는 친구들과 식사 약속을 잡을 때 장소를 몇 번이나 바꾼다. 모든 친구들이 가장 좋아할 장소라는 확신이 서지 않으면 며칠을 고심하고, 식당에 일찍 도착해 테이블 위치도 보통 한 번 이상은 바꾼다.

셋째, 나는 잠자리에 들기 전에 서너 번은 화장실에 가야 한다. 지금도 불면증과 관련된 몇 가지 고집스러운 행동을 하고 있는데, 그 덕분에 내가 불완전하다고 인정하게 된다.

넷째, 모든 것을 지나치게 연구한다. 차 없이 거의 5년을 지낸 후 최신형 차를 구입할 때도 세상에서 가장 친환경적인 옵션을 고르기 위해 그야말로 토할 때까지 찾아다녔다. 생산 당시의 탄소비용 대 주행 시 탄소비용을 살펴보는 것을 포함해, 상상할 수 있는 모든 환경적 요소를 검토했다. 어쩔 수가 없다. 이게 나니까. 이 지나친 열성 덕분에 오스트레일리아 정부가 발표한 친환경 자동차 가이드에서 허점을 찾아내기도 했다. 나는 정부 부서에 즉각 이를 지적했고, 이들 역시 내 지적을 인정하고 고마움을 표현했다. 맞다, 내가 옳았다.

다섯째, 생애 첫 소파를 사는 데 3년이 걸렸다. 당연히 이 소파가 지구상에 있는 모든 소파 중 기능이 가장 좋고, 무독성이고, 가장 친환경적인 옵션인지 확인했다. 참고로 스티브 잡스는 8년이 걸렸는데 그의 아내인 로렌에 따르면 두 사람이 최고의 디자인과 철학에 맞는 소파를 찾기 위해 10년 가까이 토론을 했단다. 나도 그랬다.

여섯째, 나는 때로 위험하고 무모한 행동을 해야 직성이 풀린다. 이를 '폭탄 던져넣기'라고 하는데, 예를 들면 나는 마흔네 살인 지금도 가끔 나무 위에 올라가곤 한다.

일곱째, 누가 물건을 잃어버리면 내가 꼭 찾아줘야 한다. 찾을 때까지 쓰레기통을 전부 뒤지고 해변의 모든 모래알을 샅샅이 헤집는다. 심지어 2주 뒤에 그 물건의 위치를 떠올리기도 한다.

마지막으로, 6개월 이상 한 곳에 정착할 수가 없다. 내 소지품은 현재 창고에 7년째 보관되어 있다. 당연히 이게 문제라는 걸 안다. 거주지를 주기적으로 바꿔야 하는 내 집착을 비뚤어진 자부심이라고 욕해도 좋다. 왜? 이게 나 자신이니까.

단언컨대,
나를 이끈 것은 불안이다

작가들을 위한 축제 자리에서 열정을 사업으로 바꾸는 방법에 대해 강연을 한 적이 있다. 마지막 질의응답 시간에 사십대 중반으로 보이는 한 여성이 내게 질문을 했다. "작가님은 개인 블로그에서 어떻게 불안장애를 앓게 되었는지 언급하셨지요. 그런데 저는 그렇게 심각한 불안장애를 가진 작가님이 어떻게 이렇게 사회생활을 하고, 사업을 하고, 공개 강연을 하는지 이해할 수가 없어요. 어떻게 그럴 수가 있죠?"

나는 지금까지 커리어를 쌓아온 모든 중요한 순간마다 내 불안이 강력한 동력이 되어주었다고 대답했다.

단언컨대, 나를 이끈 것은 불안이다. 내면의 신호등이 매 순간 내게 '가시오' 또는 '멈추시오'라고 말해주었다. 불안이 목을 조를 때면 이건 내가 할 일이 아니라는 걸 알 수 있었다. 끈질긴 불안과 이를 자각하는 버릇은 하루하루 크고 중요한 결정을 내리는 데 도움을 주었다.

나는 불안이 우리를 성공으로 이끈다고 생각한다. 불안은 우리가 시동을 걸 수 있도록 뒤에서 밀어준다. 공포가 우리를 옴짝 달싹 못 하게 만들 때조차, 결국은 불안 때문에 그 상황을 못 견 디게 만들고 새로운 방향으로 나아가게 이끈다.

지난 2009년, 〈마스터셰프 오스트레일리아〉 시리즈 첫 회에 서 공동 사회를 맡은 적이 있다. 신기하게도 초반에는 불안이 폭 발하며 내 귀에 대고 도망치라고 소리를 질러대지 않았다. 촬영 하는 8개월 내내 불안이 내 목을 조였고, 사회자 자리는 나를 위 태롭게 만들었고, 방송계에 만연한 몇 가지 제약으로 쌓인 불만 과 지루함이 곧 폭발할 것 같았는데 말이다. 시간이 지나면서 불 만은 점점 더 강해졌고 결국 나는 잠자기를 그만두었다. 눈 밑이 거뭇하게 죽었고 녹화 중에 섭취하는 단 음식 때문에 살이 쪘다. 첫 시즌의 기록적인 시청률 앞에서 나는 매일 조금씩 무너지고 있었다.

결국 최종 결선 촬영 날, 나는 아주 적절하게 폭발했다. 공동 사회자 세 명과 함께 쓰던 컨테이너 분장실에서 나는 제시카 래 빗처럼 코르셋을 잘록하게 조인 드레스를 입어야 했고, 그 드레 스는 살찐 가슴을 더 부각시켰다.

프로듀서는 분장실로 들어와서 낯부끄러운 멘트를 하라고 계 속 지시했다. 나를 생각 없이 말하는 멍청한 여자로 만들어버릴 내용이었다. 나는 우리를 지나치게 몰아붙이는 프로듀서에서 발 끈해서 불만을 쏟아냈다. 다른 진행자들도 모두 수면 부족으로 기절할 것 같았다. "우스꽝스러운 드레스를 입고 가발을 쓴 빗자루 같잖아요. 그런데 당신 손짓 하나에 그 바보 같은 대사까지 떠들어대야 하나요?"

나는 컨테이너 벽을 주먹으로 내리쳤고, 높은 사람들이 나를 진정시키기 위해 불려왔다. 나는 세트장을 박차고 나와서 당시 내 명상 스승이었던 팀을 찾아갔다. 무척이나 창피했다. 이런 행동은 난생처음이었다. 팀이 웃음을 터트렸다. "완벽하네요. 이제 어떻게 되는지 한번 봅시다."

아니나 다를까, 하루가 지나자 정신이 단호하고 명료해졌다. 나는 다음 시리즈 진행을 그만두었다. 그리고 숲으로 들어가 나만의 사업을 구상했다.

이렇듯 불안은 내게 이득을 준다. 특별한 질감을 자랑하는 전천후 선수 전문 트랙은 내가 가장 높이 뛰어올라 바를 넘을 수 있도록 완벽한 바닥재가 되어주었다. 내 불안은 근육을, 열정을, 투쟁심을 자극했다. 모든 것에 관심을 두도록 만들었다. 만약 식품회사들이 우리에게 엉터리 음식을 사게 유도하더라도 내가 신경 쓰지 않았다면, 음식물 쓰레기들이 지구를 뒤덮는 데 무심했더라면, 원고 마감일과 사업 마감 기한을 지키기 위해 하루 열일곱 시간씩 일할 동기를 얻지 못했을 것이다.

사업을 확장시키고 글을 쓰는 동안 매일 새벽 네 시에 일어나지 못했다면 나는 책을 내지 못했을 것이다. 진심이다. 새벽 네 시에 일어난 덕분에 내가 하는 여러 가지 일을 섬세하게 조율할 수 있었다. 그리고 내가 모든 일을 최고로 만들 때까지 안달하며 노력하지 않았다면 내 책은 팔리지 않았을 것이다. 대중은 진심이 있을 때와 없을 때를 기가 막히게 알아챈다. SNS는 그래서 대단하다.

불안이 치솟을 때 깊고 어두운 심연으로 내려가는 법을 몰랐다면, 창의적인 위험을 감수하는 방법 또한 몰랐을 것이다. 나는 삶의 몇몇 단계에서 불안장애로 모든 것을 잃어본 적이 있기에 물질에도 초연할 수 있었다. 실제로 나는 돈에 신경 쓰지 않는다. 돈을 쓸 시간도 없고, 솔직히 말하자면 돈이 있으면 불안해지기 때문이다. 내가 중대한 갈림길에 섰을 때 조금의 망설임도 없이 다른 길을 선택할 수 있었던 것도 돈에 초연했기 때문이다. 잃을 게 없으니 몇 번이고 인생을 재정립할 수 있었다.

종종 한밤중에 조증이 폭발하면 황홀한 눈물을 흘리며 가장 친밀하고도 공감대를 자아내는 글을 포스팅할 수 있다는 것도 깨달았다. 내 조증은 조금만 길들이면 나를 세상과 연결되도록 만들고, 이 과정에서 새로운 사업 모델을 떠올릴 수도 있다.

물론, 이 말을 지나치게 이상적으로 받아들여서는 안 된다. 《잘못은 우리 별에 있어》의 저자 존 그린은 어느 학회에서 강연자로 나서서, 불안으로 인한 신체 증상을 완화시킬 수 있는 명상이나 다른 방법을 시도하지 않고 불안을 그저 천재성으로 몰아가는 시도는 위험하다고 경고했다. 미국 드라마 〈홈랜드〉에서 주인공인 캐리는 약을 끊고 나서 테러리스트의 정체를 파헤쳐 미국을 구해낸다. 아무래도 그녀가 이 일을 해결하기 위해서는 조증의 기질이 필요했을 것이다.

존 그린은 1년 전 자신이 겪은 비슷한 일을 이야기했다. 그는 오랫동안 책을 글을 쓸 수 없는 이유가 약 때문이라고 생각해 약 복용을 중단했다. 이 실험은 당연히 성공하지 못했다. 그는 약을 먹지 않았던 기간 내내 말이 되는 문장을 전혀 쓰지 못했다. 그는 강연 말미에 최고의 작품을 쓰기 위해서는 자신의 만성적인 문제를 낭만으로 포장하는 대신 제대로 대처하는 편이 낫다고 강조했다.

글레넌 도일 멜튼은 다소 다른 입장이다. 그녀는 항우울제를 복용했다가 중단했다가를 반복한다. 그녀에게는 창의력을 북돋는 절박한 우울증이 필요했다. 그녀에 따르면 "약을 먹을 때는 '글을 쓰지 못하면 죽어버리고 말겠어'라는 기분이 들지 않는다. 일상의 기쁨과 의미를 잃었을 때는 이를 돌려받기 위해 텅 빈 백지에 의미와 기쁨을 창조해야 한다. 말하기 조심스럽지만, 그때의 절박함은 내 글을 훌륭하게 만들어주는 게 사실이다."

불안이 가져오는 날카로운 예민함과 창의력을 어느 선까지 허용하면 문제가 되고 위험해지는가는, 한 끗 차이다. 나도 선불리 대답할 수 없다. 나 역시 동요와 창조 사이의 외줄에서 위태로움을 즐기고 때로는 넘어지기도 한다. 그러나 나 자신을 책임져야 하니 민감한 티핑 포인트에 이르면 선 안으로 들어와야 한다. 이럴 때는 약을 복용하거나 전문가의 도움을 받거나 휴식을 취한다. 어린아이들이 손님들 앞에서 잔뜩 흥분한 채 기발하지만 당황스럽게 에너지를 마구 뿜어내면, 결국 울음을 터트리기 전에 부모가 알아서 달래야 하는 것과 같다.

나는 강연장에서 질문을 던진 여성에게 이렇게 대답했다. 나역시 때로는 어디까지가 괜찮고 어느 수준부터 주의해야 하는지 확실하게 알지 못하며, 언제 자제해야 할지도 모른다고. 그러나 이 또한 나의 숙제라고. 일단 불안이라는 불꽃으로 불을 붙였다면 불길을 약하게 만들어 가능한 한 오래 불이 타오를 수 있게 해야 한다고.

불안이
흥분이 되는 순간

생물학적 측면에서 불안과 흥분은 매우 닮았다. 불안과 흥분은 둘 다 내 심장을 빠르게 뛰게 하고 뱃속을 울렁거리게 한다.

그래서 나는 가능한 한 불안을 흥분으로 받아들이려고 한다. 벼랑 끝에 서서 새로운 일에 뛰어들기 직전에 자주 불안을 느낀다. 그런데 잠시 멈춰서 곰곰이 생각해보면 내가 느끼는 감정이 흥분일 수도 있겠다고 깨닫는다. 만약 이 감정을 흥분이라고 생각하면? 상황이 엄청나게 재밌어진다. 흥미를 느껴 관련 연구를 찾아보니, 이런 증상에도 명칭이 있음을 알게 되었다. 바로 '불안의 재평가'다.

2013년 하버드대학교 연구원들은 "나는 신난다"라고 크게 외치는 것만으로도 뇌가 불안을 흥분으로 인식하고, 불안을 유발하는 활동의 성과가 높아진다는 사실을 발견했다. 지난해에 발표된 또 다른 연구는 사람들에게 '마라톤 연습하기'와 '중요한 프로젝트 마감하기' 같은 서로 상반되는 목표를 동시에 세우게 했다. 이어서 한쪽 참가자들에게는 "나는 신난다"라고 큰 소리로 세 번 외치게 하고, 다른 참가자들에게는 자신의 이름을 세 번 말하도록 했다. 불안을 흥분으로 재평가한 참가자들은 목표 완수까지 주어진 시간이 더 많다고 느꼈다.

타이거 우즈는 "초조하지 않은 날이 바로 내가 그만두는 날이다. 나는 긴장이 무척 심하다. 그건 곧 신경을 쓴다는 의미다"라고 했다. 그렇다! 역사상 가장 훌륭한 야구선수라 불리는 빌 러셀은 경기 전에 1,128번이나 불안으로 구토를 했다고 알려졌고, 동료들은 이를 좋은 신호로 받아들였다. 그에게 불이 붙었기 때문이다.

실제로 많은 스포츠 영웅, 전쟁 영웅, 정치 지도자, 예술가 들은 불안으로 숨이 막혔던 순간을 선명하게 떠올린다. 그렉 노먼은 많은 점수 차로 앞서고 있었지만 한 번 숨이 막히는 바람에 선두를 내주고 결국 경쟁자의 품에서 울음을 터트렸다. 토머스 제퍼슨과 간디 역시 사회공포증에 시달렸다. 바브라 스트라이샌드는 숨이 막혀서 27년 동안 라이브 공연을 할 수 없었다. 칼리 사이먼은 무대에 오르기 전 불안을 잊기 위해 핀으로 피부를 찔렀다.

아델 역시 극심한 무대 공포증과 공황발작에 시달렸다. 그녀는 자신의 불안에 대처하기 위해 또 다른 자아를 만들어냈고, 투어 공연을 제한했다. 관객들이 무서워서 비상구로 도망친 적도 있으며 또 다른 콘서트에서는 청중에게 분수토를 하기도 했다.

배우 엠마 스톤은 이와 비슷한 상황에서 연기가 자신을 도와

주었다고 말했다. "연기의 즉각성에는 분명 뭔가가 있다. 다른 생각을 할 수 없고 그저 눈앞의 상황에만 집중해야 한다. 연기는 나를 일종의 고승처럼 만들었다. 연기를 하는 동안만큼은 필연적으로 '지금 이 순간에 무슨 일이 벌어지는가?'만 생각할 수밖에 없기 때문이다."

다시 말하지만, 불안을 등에 업고 비상하는가 목이 졸리는가 영웅이 되는가 겁쟁이가 되는가 하는 것은 종이 한 장 차이다. 전설적인 복서 마이크 타이슨의 트레이너는 기자들에게 이렇게 말했다. "영웅과 겁쟁이는 똑같은 감정을 느낍니다. 다만 영웅은 두려움을 이용하고 겁쟁이는 도망치지요. 중요한 것은 어떤 행동을 선택하느냐입니다." 맞다, 당신이 어떻게 하느냐가 가장 중요하다.

나는 정말 두려운 일을 할 때면 불안에게 자리를 허락한다. 그러면 수학 시험도, 운전면허도, TV 출연도 잘해낼 수 있다. 불안이 자신을 드러내도록 내버려두면 덜해진다. 그리고 이건 제법 신나고 재미있는 일이 될 수도 있다.

물론 나를 포함한 대다수 평범한 사람들은 불안을 느낄 때 대개 진정하라거나 침착하라거나 긴장을 풀라는 말을 듣게 된다. 하지만 당신도 이런 조언이 별 도움이 된 적 없다는 걸 알지 않을까?

하버드대학교의 연구에 따르면 대부분 사람들의 두뇌는 불안에서 침착으로 옮겨갈 때보다 불안에서 흥분으로 뛰어넘을 때 에너지를 덜 쓴다. 불안할 때 그놈의 "긴장 풀어"보다는 지금 너무 신난다고 자신을 속이는 것이 더 쉽다는 뜻이다. 그런데 놀라운 것은 불안이 재평가된다고 해서 실제로 덜 불안해지거나 심박수가 줄어들지는 않는다는 점이다. 그 감정의 본질은 불안이고 그저 흥분으로 재포장된 것이기 때문이다. 그렇더라도 잠깐의 속임수로 불안을 흥분으로 바꿀 수 있다면, 그래서 스트레스를 덜 받고 주어진 일을 잘 마무리할 수 있다면 충분히 매력적인 방법이지 않을까?

걱정은 인간의 기본 설정이다

　이 책을 막 쓰기 시작할 무렵, 나는 자가면역질환으로 울렁거리는 몸을 치료하기 위해 인도 코임바토르의 아유르베다 클리닉에서 한 달간 훈련을 시작했다. 아유르베다는 고대 인도식 건강요법으로 감각을 심오하고 직관적으로 키워준다고 알려져 있는데, 특히 판차카르마 치료가 하시모토병에 효과가 있다는 말을 들었다. 참고로 요가를 비롯해 내가 좋아하는 여러 명상법과 수많은 식이요법이 5,000년도 더 된 이 전통에서 유래한 것이다.

　당시 나는 '세상에서 가장 정통한' 아유르베다 클리닉을 찾기 위해서 엄청나게 조사를 했고, 좀 더 편안하게 배울 수 있는 스파식이 아닌 가장 금욕적인 코스를 선택했다. 심한 병을 앓고 있는 현지인들과 같은 클리닉에서 지냈고, 담당 의사와 테라피스트도 매일 배정받았다.

　이 클리닉은 결코 엄숙하지 않았다. 대신 불안 버튼을 일일이 누를 수 있도록 맞춤형으로 제작된 세트장 같았다. 목욕도, 이동도, 인터넷도, 독서도 할 수 없었고, 저녁마다 모기가 들끓는 곳에서 테라피스트가 녹두 가루와 미지근한 물로 나를 씻겼다. 화장지도 수건도 TV도 에어컨도 수영장에서 마실 수 있는 다이키리 칵테일도 없었다. 섹스를 생각하는 것조차 금지되었다. 어차피 이런 상황에서는 전혀 생각나지도 않았지만.

나는 클리닉에 3주간 머물며 온갖 육체적, 심리적 고통을 겪었다. 우기가 몰려왔고 모기는 끊임없이 나를 물어뜯었다. 곰팡이가 벽을 타고 번졌다. 나는 매일 나무로 된 싱글 침대에 누워 있었고, 감지 않은 머리를 낡은 넝마로 둘둘 만 채 천장에 달린 선풍기를 멍하니 바라보았다. 축축한 습기 속에서 매일같이 울부짖었다.

어느 날 내게 배정된 의사가 다가와서, 조금만 마음이 불편해도 도망치고 싶어 하는 내 성향에 대해 질문했다. "우리는 모두 어머니의 고통 속에서 태어났는데 왜 항상 행복하기만을 바랄까요? 고통은 우리 일입니다."

그 말을 듣자 몇 년 전에 트위터에서 본 알랭 드 보통의 글이 생각났다. "행복은 일반적으로 15분 이상 지속되기가 불가능하다. 우리는 다른 무엇보다도 걱정을 하는 생명체의 자손이다."

정말이다. 역사상 위대한 걱정꾼들은 코뿔소가 돌진해오는 것을 가장 먼저 발견한다든지, 캠프장에 호랑이가 침입할 것을 대비한다든지, 하루 종일 모은 잡초가 모두 독초는 아닐까 불안해한다. 우리 몸은 비록 교외 라운지룸에, 사무실에, 이케아 가구로 채운 침실에 있어도 유전자에는 그 공포가 새겨져 있다.

불안도 마찬가지다. 불안은 고통스럽다. 무엇과도 비슷하지 않다. 지극히 내밀하고 고독하다. 지구상에 이 강렬한 날카로움을 이해해줄 사람이 아무도 없을 것 같은 압박감에 짓눌린다. 소용돌이치는 생각은 너무나도 강렬하게, 마치 '한바탕 독감을 앓고 난 뒤의 퀴퀴한 침대 시트' 같은 찜찜한 기분을 남긴다. 어린 시절부터 해온 온갖 생각이 단번에 휘몰아친다. 아무도 그렇게 많은 생각을 한번에 한다는 걸 이해할 수 없을 정도다. 그래서 누군가가 "무슨 일이죠? 무엇 때문에 불안해하나요?"라고 물으면 설명할 길이 없다.

또한 불안은 우리 모두가 잘 알고 있는 인간 본연의 고통과 닮아 있다. 절박한 상황에서 감지되는 불안은 거의 원초적인 느낌에 가깝다. 에드바르드 뭉크는 공황발작 중에 〈절규〉를 그렸다. "나는 불안으로 떨면서 그 자리에 서 있었다. 그리고 자연을 관통하며 끝없이 이어지는 절규를 느꼈다." 맞다, 불안은 내게도 꼭 이런 기분이다. 원초적인 핵심에서 벗어나 흉측하게 밖으로 분출된다.

또한 불안의 고통은 너무도 독특해서 우리 내부에는 이를 이해할 수 있는 메커니즘이 없다. 허기로 인한 고통은 음식을 먹게 한다. 갈증은 마시게 한다. 흔해빠진 두려움은 도망치거나 저항하거나 행동하거나 수정하게 한다. 이것들은 모두 기분 좋은 결말을 끌어내며 고통에 가치를 부여한다. 배가 부르고 갈증이 해소되고 안전함을 느끼는 식이다.

그러나 불안은 해결책이 없다. 오히려 피하려 할수록 우리를 더 불안하게 만든다.

한마디로, 걱정은 우리의 기본 설정값이다. 우리 인간은 필요하거나 원할 때조차 잠들지 못하는 지구상 유일한 생명체다. 우리는 필연적인 죽음을 깊이 고민하는 능력, 아니, 고민하는 성향을 가진 유일한 생명체다.

불안을 잊으려는 나에게
해주고 싶은 말

몇몇 사람들을 만나는 자리에서《결함이 주는 선물The Gift of Imperfection》을 쓴 휴스턴대학교의 학자가 화제에 올랐다. "브레네 브라운의 글을 꼭 읽어보세요. 그리고 TED에서 'The Power of Vulnerability(연약함의 힘)'을 한번 찾아보세요. 2,500만 명이 넘게 보았답니다. 당신도 그녀를 좋아하게 될 거예요."

사람들은 내게 이렇게 말했고, 브레네라는 사람이 대체 누구인지 궁금해진 나는 곧장 구글에서 그녀를 검색했다. 알고 보니 그녀는 인간의 연약함과 쉽게 무너지는 본성을 철저히 연구한, 매우 저명하고 유명한 학자였다. 그녀가 제안한 '성심성의껏 인생을 살아가는 사람들을 위한 대담하고 흥미로운 청사진'은 꼭 나 같은 사람들을 위한 것이었다.

나는 그녀에게 더 나은 삶을 위한 책을 쓰고 있는데 인터뷰를 할 수 있겠느냐고 물었고 그녀는 2,378분 만에 답장을 보내 흔쾌히 후락했다.

마침내 시드니 교외에서 그녀를 만났을 때, 우리는 각자 삶과 불안을 이해하기 위해 해왔던 온갖 희한한 일들을 비교하며 시간 가는 줄 모르고 대화를 나누었다. 그녀는 '평온을 위한 기도'에 대해 많이 이야기했다.

"나는 기분이 불편할 때면 스피너링을 돌리면서 만트라를 반복해요. 분노보다 차라리 불편을 선택하자고 되뇌면서요."

프로이트는 우리가 느끼는 불안이 바깥의 위협(돌진하는 동물, 골목에서 마주치는 위험한 사람들, 상한 음식 등)에만 대응하는 것이 아니라 내부로부터 느끼는 위협과 성장을 향한 욕구에도 반응한다고 믿었다. 그래서 불안은 우리가 삶의 방향을 바꾸거나 다시 생각해보게 이끄는 신호이기도 하다고 주장했다. "어찌됐든 우리는 불안 속에 머물러야 해요." 브레넌 또한 이렇게 말하며 불안에 조금이나마 대처하기 위해 설탕과 카페인을 끊었다고 했다.

어떻게 불안의 고통 속에 아무렇지 않게 머물 수 있을까? 우리는 종종 이런 말을 하지만 그래서 실제로 불안할 때 어떻게 해야 하는지는 모른다. 평범한 오늘 하루에 감사 어쩌고, 천사카드 어쩌고 하는 이야기들을 도무지 참아줄 수가 없다.

대신 우리는 내면의 불안과 대화를 나눌 수 있다. 어이, 안녕! 내 오랜 친구, 오늘은 네가 좀 더 힘든가 봐. 오늘 엄청 화가 났네. 네가 내 명치 끝에 딱 매달려 있는 것 같아.

아니면 자신의 신체에 불편함을 느끼고, 자기 몸을 관찰하는

데 흥미를 가질 수도 있다. 얼굴과 목이 점점 경직되고, 골반과 다리가 굳어가는 것을 느낄 수도 있다.

한없는 외로움에 젖어 혼자 마음껏 울 수도 있다.

옥수수칩이나 초콜릿, 생귀리를 먹으며 불안감을 몰아내려는 자신을 바라볼 수도 있다. '나는 게으르고 탐욕스러운 음식 중독자가 아니야. 그저 불안한 위장 안으로 음식을 눌러넣을 뿐이야.'

우리는 자신이 틀렸다는 걸 알면서도 내버려둘 수 있다. 나는 종종 틀린 선택을 하지만, 잘못이 드러나기 전에 이에 대해 설명하고 싶어진다.

실제로 나는 최근에 한 실수 때문에 엄청난 창피함을 느끼고 몸을 수천 번쯤 꼰 적이 있다. 잘못을 인정하자니 수많은 사람들을 실망시키고 바보처럼 보일 것 같아 두려웠다. 그 생각을 하자 수치심이 두 배 더 심해졌다. 정말 절실하게 수만 가지 변명을 늘어놓고 싶었다. 그러나 그러지 않았다. 나는 몸이 의자에 들러붙을 정도로 오래 앉아 있다가 결국 말했다. "내가 완전히 잘못 생각했네요. 정말 미안합니다." 그러자 놀라운 일이 일어났다. "괜찮습니다. 진심으로 미안해한다는 걸 알았으니까요."

우리는 시간을 낭비할 수 있다. 물론 불안에 떠느라 삶을 낭비하고 있다는 느낌은 나 같은 불안 종족에게는 최악이다. '나는 꼭 생산적인 일을 해야 해! 효율적으로 살아야 해! 침대에서 태아처럼 웅크린 채 멍하니 있거나 망연자실해서는 안 돼! 시간이 흐르고 있잖아! 친구들이, 나보다 어린 사람들이 곧 나를 앞지를

거야!'

이제 그만, 생산적이지도 않고 아무 일도 일어나지 않는 시간을 느끼고 즐기고 흘려보내자.

이제 그냥 지켜보는 연습을 해보자. 피터 크레이머는 《프로작에게 든다Listening to Prozac》에서 우리가 복용하는 약이 불안뿐 아니라 우리의 영혼까지 몰아낸다는, 분란의 소지가 많은 주장을 했다. 실제로 불안 때문에 약을 먹다가 어느 순간 매사에 움츠러드는 기분을 느꼈다는 사람도 있다. 중요한 뭔가를 하고 싶은데 약이 이를 가로막는 기분이라고 했다. 그래도 불안 속에서 조금만 더 오래 머물러보자. 조금만 더, 조금만 더. 그리고 어떻게 되는지 지켜보자.

나 역시 내게 명상을 가르쳐준 스승 팀의 조언을 따라, 마음을 가득 채운 오물과 진흙탕 속에서 머물렀다. 단순히 나만 혼자 이렇게 고군분투하는 게 아니라는 사실이 마음에 들었다. 이건 불안한 우리 모두에게 주어진 과제였다.

물론 쉽지 않았다. 당신도 마찬가지일 거라고 생각한다. 누구도 당신에게 지금 느끼는 불안에 그대로 머물라고 말해준 적이 없었을 테니까. 그래도 한번 해보자.

하이킹을 할 때
내가 생각하는 것들

《나는 설탕을 끊었다I Quit Sugar》를 막 탈고했을 무렵, 나는 시드니 외곽의 숲속 막사에서 살고 있었다. 시드니에서 보내는 시간이 점점 길어지면서 그곳에서 공개 강연을 하고 온라인 사업도 시작했다. 그즈음, 그리스 이카리아 섬에서 취재 중이던 〈내셔널 지오그래픽〉 블루존 팀으로부터 세계 최장수 사람들의 생활 습관을 취재하는 데 함께해달라는 제안을 받았다. 팀원들과 나는 곧장 친구가 됐고, 삶의 원칙에 대해 토론하고 산악바이크 경험을 공유했다. 그들과 일하는 것은 무척 흥미로웠다.

첫 번째 동행 취재를 마친 뒤 우리는 다음 만남을 기약하며 헤어졌고, 나는 스페인으로 떠나 암석 투성이인 황폐한 풍경을 만끽하며 5일간 도보 여행을 했다. 예닐곱 시간 정도 걸으면 다음 마을에 도착하도록 여행 계획을 짰다. 가끔 여관이 보이면 그곳에서 아침으로 오믈렛 두 개와 커피를 먹었다. 내 작은 장바구니에는 칫솔, 치약, 귀마개, 물 한 병, 오이 하나, 오렌지 하나 또는 토마토 몇 개, 지도, 휴대전화, 그리고 프랭클의 책이 들어 있었다.

걷는 동안에는 아무도, 아무것도 보이지 않았다. 어떤 날은 하루 종일 당나귀 한 마리를 보는 게 전부였다. 걷는 내내 혼잣말을 하고 생각을 펼쳤다. 머릿속을 가득 채운 아이디어들은 길 곳곳을 떠돌았다. 생각을 잡아두거나 기록하거나 SNS에 공유할 필요는 없었다. 기온은 섭씨 40도에 육박했고 러닝화는 울퉁불퉁한 길을 걷는 데 별 도움이 되지 못했다. 배가 고프고 목이 말랐고 길을 잃었고 두려웠다. 그런 날은 사실 프랭클의 책을 읽기에 딱 좋았다.

나는 온통 너덜너덜해지고 수없이 밑줄이 그어진《죽음의 수용소에서》를 안달루시아의 버스 정류장에서 우연히 발견했다. 오스트리아의 정신과 의사 빅터 프랭클이 쓴 이 책의 안쪽에 찍힌 도장을 보니, 1976년 어느 도서관에 보관돼 있던 책이었다. 프랭클은 독일의 강제수용소에서 3년을 보냈는데, 그중 일정 기간은 강도 높기로 유명한 노동을 하며 살아남은 홀로코스트 생존자였다. 그는 수용소에서 풀려난 뒤 9일 만에 이 작은 책을 써낸 것으로 알려졌다.

나는 시에라네바다를 하이킹하면서《죽음의 수용소에서》를 읽었다. 오후마다 그늘진 장소를 찾아 한두 장씩 넘겼다. 물론 내가 하이킹을 하는 도시와 프랭클이 갇혔던 강제수용소에는 공통점이 거의 없다. 하지만 그가 자신처럼 야만적인 취급을 당하며 감금돼 있었던 사람들뿐 아니라 다른 사람들하고도 널리 공유하고자 했던 근본적인 메시지는, 고통은 그 강도가 어느 정도든 도망칠 대상이 아니라 파고들어야 할 대상이라는 점이었다는 걸 책을 읽는 내내 절감했다.

프랭클은 강제수용소에서 살아남은 사람과 그렇지 못한 이들을 구분 짓는 독특한 자질이 무엇인지 관찰하고 기록했다. 그는 간신히 살아남은 죄수들은 내면을 잘 가꾼 사람들이었다고 결론 내린다. 사실 수용소에서는 예민한 사람, 극심한 환경을 버티지 못하고 산산조각 날 것 같은 사람일수록 생존 가능성이 크다. 이들은 천성적으로 고통에 저항하지 않고, 외부 상황이 심각해질수록 내면으로 파고드는 경향이 있기 때문이다.

반대로 환경을 탓하고 외부 요인이 바뀌기를 기대하는 성향이 강한 사람들은 목숨을 잃었다. 이들은 더럽고 불쾌한 환경에도 영향을 받았다. 외부에 집착하고 매달릴수록 진이 빠졌을 것이고, 어떤 위로나 긍정의 말로도 도움을 받지 못했을 것이다.

프랭클은 강제수용소에서의 경험을 통해 고통은 삶의 목적이라고 결론 내렸다. 아니, 사실 더 나아가서 삶의 목적은 '잘 고통받는 것'이라고 했다. 도망치지 않고 고통 속으로 뛰어들어 사유하고 성찰하며, 그 과정에서 의미를 찾는 것이 우리가 살아가는 이유라는 것이다.

이 깨달음을 하이킹에 적용할 수 있을까? 하이킹은 한쪽 발을 모래로 붙들고 다른 발은 앞으로 나아가지 못하게 하며 도시에서는 경험하기 힘든 방식으로 나를 가라앉혔다. 다섯 시간쯤 지나자 이 고통스러움에 온몸의 세포 하나하나가 빨리 하이킹을 중단하라고 아우성쳤다. 어쩌면 당신은 이 불편감을 거부하고 싶고, 윙윙대는 파리를 못 참아 치미는 분노를 마구잡이로 폭발시키고 싶고, 예상했던 메뉴대로 식사를 하고 싶다는 조급한 충동 때문에 괴로울 수도 있다. 온종일 불평불만을 중얼거릴 수도 있다.

물론 벙커로 들어가서 멍하니 있을 수도 있다. 그래도 무슨 일이든 벌어진다. 몸의 자연스러운 움직임에 자연스럽게 기대 아무 생각도 하지 않고 침착하게 머무는 것이다. 혹시 진지하고 무심하고 의식적이고 반항적인 생각을 계속하다가 이대로 토할 것 같다는 수준에 이른 적이 있는가? 제대로 물을 마시고 밥을 먹고 싶다면 무엇보다도 현재에 집중해야 한다.

나는 6개월에서 12개월 간격으로 하이킹을 떠났고, 하이킹 도중 이런 감정이 올라오면 생각을 멈춘 채 그저 풍경의 일부가 되었다. 섬세한 감각의 흐름에 몸을 맡기다보면 그 느낌이 전해진다.

하이킹은 고통을 거부하지 않고 자연의 일부가 되는 가치를 깨닫게 해준다. 불안도 마찬가지다. 둘 다 나를 내면 깊숙이 들어가도록 이끌어준다는 점에서, 하이킹과 불안은 상당히 닮았다고 말할 수 있다.

행복 추구가
위험할 수 있는 이유

"대부분의 사람들은 행복을 추구하지만, 성장은 고통을 통해서 온다."

데이비드 브룩스가 쓴《인간의 품격》에 이런 구절이 있다.

물론 행복은 즐겁다. 하지만 나는 내 '진하고 깊은' 불안을 들여다보는 일이 훨씬 더 즐겁다. 나는 단 한 번도 행복을 만끽하는 유형으로 살았던 적이 없다. 개인적인 기쁨을 최우선으로 추구하는 일은 늘 공허하게만 느껴졌다. 파티장처럼 행복이 집약된 장소에 있으면 오히려 더 어색해졌다.

내게 행복은 고통을 피하기 위해 추구하는 무엇 같았다. 그러나 행복이 내게 삶의 의미를 깨닫게 해주는 경험의 부산물이라면 얘기가 달라진다.

이를 주제로 한 연구들이, 삶의 의미를 고민하고 내면으로 파고들기 좋아하는 우리 같은 사람들이 그렇지 않은 이들보다 더 행복한 경향이 있다고 결론 내리는 것을 보면 참 아이러니하다. 정말로 무수한 연구들이 이 주제를 연구했다. 특히 애리조나대학교에서는 이를 주제로 대형 연구를 진행해 그 결과를 논문으로 발표했다. "우리는 이 연구 결과가 상당히 흥미로웠다. '걱정 말고 행복해지자'라는 관점에서 본다면 삶을 가볍게 바라보고 서핑을 즐기는 사람들이 더 행복하고, 인간의 실존에 대해 깊게 고민하는 사람들은 불행해진다는 결과가 나올 거라 예상했기 때문이다."

연구진은 내면을 파고들어 탐구하는 기질이 더 깊은 수준의 행복을 만든다고 추측했다. 인간은 삶에서 의미를 찾고 만들어내면서 동력을 얻는 존재이자, 타인과의 원만한 관계를 갈망하고 필요로 하는 사회적 동물이기 때문이다.

오스트레일리아의 대표적 심리학자이자 《굿 라이프The Good Life》의 저자 휴 맥케이는 행복 추구를 삶의 전략으로 삼아서는 안 된다고 강하게 주장한다.

내게는 '행복 추구'가 정말 위험한 개념으로 보인다. 지나친 행복 추구 때문에 현대 사회에는 슬픔을 두려워하게 만드는 질병이 생겨났다. 나는 딱 1년만 행복이라는 말 대신 '전체'라는 단어를 써보라고 권하고 싶다. 스스로에게 '이 일이 나의 전체에 영향을 주는가?'라고 묻는 것이다. 그러면 당신이 비록 힘든 하루를 보냈더라도 '예스'라고 대답할 수 있을 것이다.

일을 하지 않고
치유될 수는 없다

　루이스 해이는 호텔 뷔페에서 소시지 세 개를 담고, 그 옆에 스크램블 에그를 듬뿍 올렸다. 여기에 말린 자두를 정확하게 세 개 더했다. 그는 내 손을 잡고 대화를 나누는 사이사이, 이 환상적인 식사를 한 입씩 먹었다. 소시지, 계란, 말린 자두. 소시지, 계란, 말린 자두. 그가 식사하는 모습이 무척이나 즐거워 보였다.

　나는 영성과 자기계발 분야의 세계적 권위자인 루이스에게 이메일을 보내 오스트레일리아 강연 투어를 하러 올 때 만나고 싶다고 부탁했다. 당시 나는 숲속 움막에서 지냈고, 더 나은 삶을 사는 지혜에 관해 대중 강연을 하는 유명 사상가들을 인터뷰하며 근근이 먹고살고 있었다.

　당시 루이스는 여든다섯을 바라보고 있었다. 반평생 전에 혼자 암을 치료했고 1980년대에는 에이즈 환자들을 돕는 고귀한 삶을 살기 시작했으며, 1984년 《치유: 있는 그대로의 나를 사랑하라》를 썼다. 이 책은 전 세계적으로 5,000만 권 이상 팔려나갔다. 그녀는 해이하우스출판을 경영하며 디팩 초프라, 웨인 다이어, 도린 버츄, 개비 베른스타인 등 이 분야의 여러 전문가를 대표하는 인물이 되었다.

루이스는 나를 만난 자리에서 자신 역시 상당히 힘든 시간을 보냈다고 털어놓았다. 자신의 성공과 암 투병기에 특별히 다른 점이 있지 않으며, 그저 사소하고 '올바른 행동'을 많이 했을 뿐이라고 했다. 나는 근육을 키우는 만트라에 대해 이야기했다. 한 번에 작은 실천 하나, 또는 사소한 변화 하나로 더 건강하고 만족스러운 습관을 만들어내고, 이를 통해 나 자신을 치유한 과정을 털어놓았다. 그러자 그녀는 할머니처럼 푸근하게 내 손을 토닥이며 격려해주었다. "맞아요. 나한테는 그게 전화 받기와 이메일 열기였지요." 이 말은 곧 그녀가 매일 아침 눈을 뜨자마자 곧바로 일을 한다는 뜻이었다. 루이스는 일을 선택했고, 끈기 있게 해냈다. 시간은 그녀가 가야 할 곳, 그녀에게 어울리는 곳으로 데려다주었다.

"일을 통해 성취감과 보람을 느끼지 않고 마음을 치유받을 수 있다고 생각하는 사람이 있다면 아주 잘못 짚은 겁니다." 그녀가 웃으며 말했다.

이제 나는 누구와 마주앉아도 이 삶에 대해 이야기할 수 있다. 그렇다, 우리는 심지어 이 책을 읽고 마음속 불안한 괴물을 아름답게 만드는 아이디어에 대한 영감을 주고받을 수도 있다. 또는 소매를 걷어붙이고 일을 할 수도 있다.

솔직히 말해서, 당신이 이 책을 여기까지 읽었다면 선택의 여지가 거의 없다는 것도, 지름길이 없다는 것도 잘 알 것이다. 죽이 됐든 밥이 됐든 당신은 이미 여정을 시작했고, 당신만의 일을 해야만 한다. 이건 누구도 대신 해줄 수 없다.

내 경험상, 동요하는 마음으로 산다는 건 평생을 커다랗고 얕은 대접에 물을 담아 머리에 이고 걸어가는 것과 비슷하다. 당신은 물이 넘쳐흐르지 않도록 무척 조심스럽게 걸음을 옮겨야 한다.

그러니 천천히 부드럽게, 흔들리지 않게 걷는 법을 배워야 한다. 매 순간 주변을 세심하게 살피고, 한쪽이 조금이라도 기울거나 균형이 살짝 어긋나기만 해도 곧장 바로잡을 수 있도록 대비해야 한다. 이렇게 살기 위해서는 섬세한 감각과 꾸준한 노력이 필요하다. 만약 포기하고 휘청거린다면 물이 출렁일 테니까. 그때 재빨리 몸을 바로잡지 못한다면 물이 다 쏟아질 테고, 당신은 가진 것을 전부 잃지 않겠는가? 다시 물가로 돌아가서 물을 채워야 하는 건 무척이나 피곤한 일이다.

흔들리지 않게 걸으려면 한 번에 아주 조금씩만 앞으로 나아가야 한다. 당신이 걷는 길에는 여러 시나리오와 환경, 당신의 삶의 여정에 별 도움이 안 되는 사람들이 있을 것이다. 그들은 당신이 삐걱거리거나 휘청거리게 만든다. 길이 비뚤어졌을 수도 있다. 나는 늦은 밤에는 바에 가지 않는다. 너무 시끄럽고 정신없는 사람들 틈에 있을 수가 없어서. 그곳의 정신없는 에너지는 나를 자꾸 혼란스러운 길로 이끈다.

　내 삶에 책임을 진다는 건 나에게 주어진 물그릇을 잘 지키는 일과 같다고 생각한다. 우리는 반드시 노력해야 한다. 때로는 경계하고 때로는 안정감을 유지하면서, 물그릇에 가득 찬 물을 자신과 사랑하는 사람들에게 쏟아버리지 않도록 조심해야 한다.

모든 좋은 것은
쉽게 얻어지지 않는다

　《위대한 개츠비》의 작가 F. 스콧 피츠제럴드는 "좋은 것들 중에 힘들지 않은 것이 없다"고 했다.

　그렇다. 혼자 힘으로 걷고 노력하고 시도하는 데는 시간이 걸린다. 좋은 것들 중에 하룻밤 사이에 바뀌는 것도 없다. 내가 이렇게 강조하는 이유는 불안과 함께하는 삶을 아름답게 바꿔줄 자신만의 건강 습관을 만들려면 시간이 필요하고, 그 시간 동안 당신의 여정이 지연되는 게 당연하기 때문이다.

　약물이나 자기계발서는 훨씬 빠른 길이 있다고 장담한다. 나도 안다. 나도 성격이 엄청나게 급하니까. 조급해서 더 빨리 초조해졌고, 그래서 뭘 하나 시도하더라도 굳이 이렇게까지 긴 시간을 들일 가치가 있나 수시로 확인해야 했다. 이걸 꼭 해야 하나? 좀 더 빨리 성공할 수는 없나?

　나와 비슷한 사람들을 조사하던 중 가수 브루스 스프링스틴은 〈본 투 런〉을 녹음하는 데 무려 6개월이 걸렸다는 사실을 알게 되었다. 가수이자 시인인 레너드 코헨은 역사상 가장 완벽한 서정적 창작물이라고 평가받는 〈할렐루야〉를 쓰는 데 5년 넘게 걸렸다. 오스트레일리아 음악가인 폴 켈리도 〈투 허 도어To Her Door〉를 7년 동안이나 완성하지 못했다. 오스트레일리아 작가이 자 여러 상을 받은 케이트 그렌빌은 자신의 아름다운 작품《비 밀의 강The Secret River》을 완성하기까지 초고를 열여덟 번이나 수 정한 것으로 유명하다.

창의적인 거북이들을 알게 되면서 나 역시 중요한 일을 할 때 면 다른 사람들보다 오랜 시간이 걸렸다는 걸 깨달았다. 예술 학 위를 따고 이 책을 쓰기까지 두 번의 시도를 하는 데 7년 반이 걸렸고, 삼십대 중반에 잡지와 TV 일을 그만둔 뒤로는 무슨 일 을 해야 할지 몰라 2년을 백수로 보냈다. 설탕 끊기 프로그램으 로 돈을 받아도 되겠다고 인정하기까지 18개월가량 무료로 프로 그램을 제공했다. 이 책의 주제인 내 불안의 여정은, 나 스스로 불안을 통해 내면의 아름다움을 찾아냈다고 말할 수 있는 수준 에 도달하기까지 30년은 걸렸다고 봐도 될 것이다.

나와 비슷한 사람이 또 있다. 작가인 개비 베른스타인. 나는 루이스 헤이를 통해 그녀를 소개받았고 친해졌다. 개비는 몇 년 전 칸디다균을 치료하기 위해 혼자 설탕을 끊은 경험이 있다. 그 녀의 말에 따르면 설탕을 끊은 후 정신이 믿을 수 없이 맑아져, 일이든 개인 생활이든 모든 면에서 치유되는 듯한 기분을 느꼈 다고 했다. 나 역시《나는 설탕을 끊었다》를 출간한 경험이 있다보니 그녀와 더 빨리 친해질 수 있었다.

우리는 이스트 빌리지의 채식 레스토랑인 '안젤리카 키친'에서 대화를 나누었다. 그녀는 스스로를 모든 일에 사력을 다하는 통제광이라고 설명했다. 일하는 모습이 겉으로 드러나는 타입은 아니지만, 매 순간 올바른 판단을 내리려고 노력하며 자기 속도를 벗어나지 않도록 잘 조절하는 타입이었다. 그녀는 기도와 요가 등 자신이 하고 있는 여러 생활습관을 소개해주었고, 자신에게 가장 중요한 신념은 '일단 가보는 것'이라고 했다.

개비는 성공의 90퍼센트는 일단 해보는 데 있다고 생각했다. 어떤 날은 기분이 거지 같아도 꾸역꾸역 요가 수업에 참여했는데, 일단 요가 매트까지 갔다면 절반은 성공한 셈이라고 했다.

나는 개비의 말에 전적으로 동의한다. 나도 그렇게 한다. 선택한 길을 가는 와중에 불안과 마주하고도 지속하기란 정말 쉬운 길이 아니다. 나만의 길을 갈 때는 매 순간 발걸음이 무겁다. 되돌아가서 새로운 방법을 찾고, 더 나은 전문가를 만나고 싶다는 유혹에 끊임없이 시달린다.

불안이 소용돌이칠 때면 집 밖으로 나가야 한다고 생각하는 것만으로도 고통스럽다. 운동을 하기 위해 동기부여를 하는 것과 똑같다. 운동은 어떻게 하든 도움이 된다. 그러니 아무리 귀찮고 고통스러워도 해야 한다. 신발끈을 묶고 문 밖으로 나가야 한다. 딱 15분 동안 딱 한 블록만 걷더라도. 그러나 일단 걷기 시작하면 알게 된다. 시간이 지날수록 고통과 둔함은 옅어지고 더

183

걷고 싶어진다는 걸. 걷다보면 발걸음이 점점 더 가벼워지고 활력이 생긴다. 일단 가보는 시도는 이렇게 앞으로 계속 나아갈 수 있는 충분한 힘을 준다. 알다시피, 대부분의 여정이 마찬가지다.

뜬눈으로 밤을 새고 나서 다음 날 TV에 출연해야 할 때도 마찬가지다. 잘할 수 있을까를 걱정하느라 미리 스트레스를 받지 않는다. 일단 방송국으로 가기만 하면 일이 잘 풀릴 거라는 것을 아니까. 방송국으로 가는 길에 공원 벤치에 앉아 잠깐이라도 명상을 하면 조금이나마 마음가짐을 다잡을 수 있다.

설탕을 끊는 일도 마찬가지였다. 2011년 1월, 나는 영원히 설탕을 끊겠다는 다짐 대신 2주만 '일단 해보자'고 생각했다. 짧은 목표는 내가 일단 시도하는 데 도움이 되었다. 서서히 기분이 나아지고 피부가 좋아지면서 뾰루지와 주름도 옅어졌다. 이 즐거움은 물 흐르듯 자연스럽게, 하지만 점차 완벽하게 나를 계속 시도하게 했다.

명심하자. 일단 시작하는 게 중요하다. 그러면 나머지는 자연스럽게 흘러갈 것이다.

사랑하는 사람 앞에서
마음껏 나약해지기

미국 여류 소설가인 아나이스 닌은 불안이 사랑을 죽일 수도 있다고 지적했다. "물에 빠진 사람이 당신을 붙잡을 때 느낄 법한 감정을, 불안한 사람들은 자주 느낀다. 그들은 당신을 돕고 싶다가도 자신이 먼저 극심한 공포에 질린 탓에 오히려 당신 목을 조를지도 모른다."

이 말을 들었을 때 무릎을 치지 않을 수가 없었다.

나 역시 불안의 소용돌이에 빠져 있을 때 다른 사람들이 어떤 표정을 짓는지 본 적이 있다. 그래서 나는 내가 의지했거나 내 상태를 이미 보았던, 내가 사랑하는 많은 이들이 빨리 내게서 멀리 떨어져 안전해지도록 하고, 나는 그대로 물에 빠지는 쪽을 택했다. 내 혼란스러움이 그들의 목을 조를까 봐 나는 늘 두려웠다. 그래서 대개는 내가 먼저 그들에게서 멀어졌다.

내 불안은 사랑을 죽이지 않고 오히려 자라게 했다. 불안은 우리가 최고의 사람이 되도록 도와주는 밑거름이 될 수도 있다. 우리가 불안을 싸워 이겨야 하는 존재로 생각하고 한없이 파고들고 때로는 불안 안에서 한없이 머물기만 할 때, 불안은 우리를 취약하기만 한 존재로 만든다. 이것이 불안의 실체다.

불안할 때 자멸하려는 성향은 세상으로부터 고립되게 한다. 나는 주변 사람들에게서 빠져나와 내가 좀 더 봐줄 만한 사람이 될 때까지 숨어 있는 데 아주 능숙했다. 십대 후반에 처음 공황 발작을 겪은 후, 도저히 통제 불가능한 폭식증 때문에 유럽으로 떠나 1년간 숨어 지낸 적이 있다. 숲속 움막에서 18개월을 지내면서 친구들에게서 나를 지워버렸다. 몇 년 동안이나 인간관계를 피하면서, 직원들에게도 나를 감당하기 힘들 테니 재택근무를 하겠다고 일러두었다. 이게 그들을 위한 일이라고 스스로를 합리화했다.

그러나 한편으로는 이렇게 도망 다니지 않고 정면으로 맞서고 싶었다. 나는 연인에게, 친한 친구에게, 심지어 비교적 낯선 사람에게조차 내 문제를 털어놓는 연습을 했다. 그럴 때면 진눈깨비 섞인 강풍 아래 알몸으로 서 있는 기분이 들었다. 새로 사귄 연인에게는 먼저 내 우스꽝스러운 잠버릇을 털어놓았다. 치부가 완전히 드러나는 기분이었다. 도대체 누가 매일 밤마다 자기 전에 입술에 테이프를 붙이겠는가?

하지만 그게 핵심이었다. 사랑하는 사람 앞에서 취약해지는 것은 연인에게 줄 수 있는 가장 훌륭한 선물이었다. 브레네 브라운은 자신의 취약함을 먼저 드러내는 것은 아무것도 장담할 수 없는 상황에서 상대에게 '당신을 이렇게 진심으로 사랑한다'고 먼저 고백하는 것과 마찬가지라고 했다. 잘될지 안 될지 모르는 관계에 기꺼이 진심을 쏟고 마음을 전함으로써 자신의 내면에 상대방이 머물 수 있는 근사한 공간을 내어주고, 둘이 최고의 파트너가 되는 것이다.

나는 내가 앓고 있는 다양한 신경증을 지인들에게 털어놓았다. 나는 언제나 타인의 문제를 해결해주는 큰 언니, 큰 누나 역할을 하고 있었지만 이 훈련을 계기로 이런 관계에서 벗어나기로 결심했다. 크리스마스에 나는 지인들의 선물을 사는 대신 해변가 아래에 있는, 소나무 베니어판으로 지은 허름한 판잣집을 빌렸고 지인들은 내가 먼저 가장 맘에 드는 방을 고를 수 있도록 배려해주었다. 내가 고른 방은 소음이 가장 작고, 주방과 온수탱크의 진동이 가장 적게 느껴지는 방이었다. 친구들은 더 이상 야단법석을 떨며 나를 애지중지하려 들지 않았다. 그런 친구들이 너무나 사랑스럽다.

음식으로
불안을 막는 법

　불안은 우리를 약해지게 만든다. 싸우거나 도망가려 하는 반응은 스트레스 호르몬인 코르티솔을 항상 '켜짐' 상태로 만들고, 무엇보다 소화계와 생식계 기능을 떨어뜨린다. 그래서 불안한 여성들은 다낭성난소증후군과 임신 문제에 위장 질환까지 토로한다. 붓기, 소화불량, 속쓰림, 설사, 변비…… 때로 이 모든 증상이 한꺼번에 나타나기도 한다. 코르티솔이 상승하면 핵심 영양소들의 흡수율이 저하되는데, 특히 두뇌에 필수적인 비타민B군, 오메가3, 아연, 철분, 마그네슘이 그러하다.

　불안은 또한 우리를 뚱뚱하게 만든다. 골밀도가 낮아지면서 골다공증을 일으킨다. 불안과 염증이 결합하면 악랄한 연동 효과가 나타난다. 비만, 제2형 당뇨병, 심장병 같은 소위 오늘날의 대사질환은 모두 염증 때문이다. 스트레스가 많고 불안한 사람들에게 이런 질환의 발병률이 높은 이유도 그 때문이다.

　불안은 이 모든 병을 유발할 수 있다. 물론 모든 결과는 쌍방통행이다. 나쁜 습관이 불안을 일으킬 수도 있다. 그렇다면 어떻게 조절할 수 있을까? 명상과 걷기가 위장을 건강하게 만들 수 있다. 하지만 보다 구체적인 방법은 다음과 같다.

첫째, 설탕을 끊는다. 스트레스를 받으면 설탕이 당기는 것은 포도당은 우리 몸이 좋아하는 에너지원이기 때문이다. 하지만 지나치게 섭취할 경우 만성염증을 일으키는 화학 반응이 폭포수처럼 일어난다. 설탕은 장내 세포의 균형을 엉망으로 망쳐놓는데, 모두 알다시피 균형 잡힌 박테리아는 우리 면역 체계에 중대한 역할을 하며 정신 건강에도 직접적인 영향을 미친다. 그러니 반드시 식단에서 당분을 줄여야 한다. 가급적이면 세계보건기구의 일일 권장량인 6~9작은술까지 줄인다. 나 역시 하시모토병을 치료하기 위해 그렇게 했다.

최근에는 양극성 장애와 요산 수치의 연관성이 밝혀졌다. 스위스 바젤대학교 연구팀의 실험 결과 설탕, 좀 더 구체적으로는 과당이 요산 배출을 저해했고, 저당 식단을 섭취한 환자들은 증상이 개선되었다.

둘째, 진짜 음식을 먹는다. 팩에 포장되지 않은 신선식품을 먹으라는 뜻이다. 이 말은 설탕을 끊으라는 말과도 일맥상통하는데, 설탕을 끊으려면 필연적으로 가공식품을 끊어야 하기 때문이다. 가공식품의 80퍼센트 이상이 설탕을 함유하고 있다. 〈미국 정신건강의학 저널American Journal of Psychiatry〉에 발표된 한 연구 결과에 따르면 채소, 과일, 고기, 생선, 통곡물로 구성된 식단이 불안을 감소시키는 데 영향을 주는 것으로 밝혀졌다. 또 다른 연구는 스트레스를 받을 때 정크푸드를 먹으면 몸에 위험한 영향을 미치는데 남성보다 여성이 더 큰 영향을 받는다는 사실을 밝혔다. 스트레스가 적은 여성들이 정크푸드를 먹을 때 건강에 미치는 영향은 불안한 여성들보다 모든 영역에서 미미했다.

셋째, 하루에 채소와 과일 5~9인분을 먹는다. 불안을 잘 느끼는 십대들 중 녹색 채소를 더 섭취한 아이들에게서 불안 수치가 낮아진 것으로 나타났다. 매 끼니마다 3인분쯤 되는 채소와 과일을 섭취하고 여기에 단백질, 지방, 탄수화물을 추가하는 식으로 시작하면 하루에 9인분까지도 충분히 섭취할 수 있다. 나는 9인분 섭취를 달성하기 위해 아침 식사는 무조건 채소를 먹는다.

넷째, 요거트와 발효 식품을 먹는다. 프로바이오틱스 식품들이 소화기관의 건강을 개선한다는 증거는 꽤 많이 있다.

다섯째, 보충제를 섭취한다. 이 부분에 대해서는 의견이 분분하지만 의사나 식품 전문가에게 도움을 받아 필요한 부분에서 몇 가지 테스트를 하고 조언을 얻어보기를 권한다. 오늘날의 토양은 과거에 비해 마그네슘이 부족하기 때문에 많은 사람들이 마그네슘 결핍 증상을 보인다. 그런데 마그네슘은 우리의 몸과 마음을 진정시키는 데 반드시 필요한 성분이다. 비타민D와 비타민 B6과 비타민 C도 마찬가지다. 아연도. 그리고 갑상선 수치도 한번쯤은 검사해보아라. 거듭 강조하지만 가장 좋은 방법은 전문가에게 상담을 받는 것이다.

많은 선택지는
아무것도 주지 못한다

　〈코스모폴리탄〉 퇴사 후, 나는 멘탈 붕괴로 곧장 곤두박질 쳤고 이 시간은 이후의 삼십대 시절 내내 이어졌다. 이전까지는 매일같이 도시 곳곳을 누비며 광고주들을 만나고 성과에 집착하며 스트레스를 받느라 카페에 느긋하게 앉아 있던 사람들이 부러웠지만, 이제 내게도 그렇게 지낼 시간이 생긴 것이다.

　나는 이 기간 동안 내 질병을 부인하고, 의사를 피하고, 매일 아침 카페에 앉아서 난해한 낱말 퍼즐을 맞추거나 〈더 뉴요커〉 과월호를 읽으며 시간을 대충 보내기로 했다.

　결과적으로 이건 굉장한 아이디어였다. 나는 아침 10시 반이면 느긋한 시간을 보내겠다며 집을 나섰다. 그러나 해변가의 카페 거리에 도착하자 뭔가가 나를 붙잡았다. 어느 카페에 가야 할지 정할 수가 없었다. 선택지가 너무 많았다. 어떻게 결정하지? 가장 좋은 카페는 어디지? 온갖 생각이 익숙한 기세로 밀려들었다. 나는 모든 카페의 장단점을 목록으로 만들어야 했고, 결국 끌리는 곳으로 결정하겠다는 결심을 취소했다. 의사결정을 내릴 때 직관과 이성 사이에서 적절한 균형을 잡는다는 게 내게는 너무 힘든 일이었다. 이런 간단한 결정은 망설임 없이 해야 하는 거 아닌가 싶어 너무 불안해졌다. 다른 사람들은 다들 그렇게 한다고, 어느 카페를 고를지와 같은 사소한 결정 하나를 하기 위해 재고 따지는 게 얼마나 소위 '선진국스러운' 짓인가 하는 죄책감이 덧씌워졌다. 그래, 아프리카에는 굶어죽는 아이들도 있는데 내가 고작 이런 걸 가지고, 하는 생각 말이다. 머릿속에서 온갖 생각이 무리를 지어 곪아가고, 심장이 쿵쾅거리며 공황이 밀려왔다. 결국 나는 길 한복판에서 완전히 멈춰버렸고, 꼼짝도 할 수 없었다.

나는 이후로도 카페에 가려고 십여 차례를 더 시도했지만 결과는 항상 정보 과다로 인한 끔찍하고 질척한 진흙탕 행이었다.

두세 번 정도는 카페에 혼자 앉는 데 성공했다. 그런데 이 두 번의 성공을 위해서도 행운의 여신과 게임을 해야 했다. 만약 코너에 있는 카페를 지나갈 때 시간이 짝수라면 그곳에 앉고, 아니라면 지나간다는 식이었다. 그다음엔 또 머릿속이 멈췄다. 커피는 뭘로 하지? 롱 블랙? 아니면 카푸치노? 어떻게 결정하지? 선호도라는 건 어떻게 생기는 건가? 사람들은 어떻게 자신이 바닐라보다 초콜릿을 더 좋아한다는 걸 알게 될까?

슈퍼마켓의 치약 코너에서도 마찬가지였다. 스피어민트? 아니면 미백 치약? 나는 정말 몰랐다. 당신이 부디 내 심정을 이해해주기를 지금도 진심으로 바란다.

알고 보니《뇌는 어떻게 결정하는가》의 저자 조나 레러 역시 나와 완전히 똑같았다. 나와 다른 점이 있다면 그는 결정 전문가라는 것뿐이었다. 나는 즉시 그에게 연락해 인터뷰를 요청하고, 왜 이런 사소한 결정이 우리를 불안하게 만드는지 물었다. 그는 우리가 이런 결정을 대단히 중요한 일인 것처럼 스스로를 속이기 때문이라고 말했다. "이른바 드럭스토어 체험학습이라고 부르지요. 우리는 선택지가 많으면 무의식적으로 '지금 이 선택이 정말로 중요하다'고 생각해버립니다. 평범한 생활용품을 고를 때도 말이죠."

여러 신빙성 있는 연구들이 이 논제를 뒷받침한다. 가장 유명한 연구는 컬럼비아대학교 심리학과 교수인 쉬나 아이엔가의 실험으로,《선택의 심리학》은 내가 이 주제에 집착하게 만든 명작이다. 그녀는 소비자들이 어떤 잼을 고르는지를 관찰한 실험에서 잼의 종류가 스물네 가지로 너무 많으면 오히려 선택을 못 하고 구매를 포기한다고 밝혔다. 오히려 선택지가 여섯 가지일 때 잼을 구입한 소비자들이 열 배나 많았다.

오늘날의 삶은 당연히 너무나 거대하고 어수선하다. 마치 드럭스토어 매장 같다. 기업들은 선택을 통해 우리가 스스로의 정체성을 규정한다고 말한다. 선택이 우리에게 자유를 준다고 현혹한다. 하지만 이 말은 우리가 아는 가장 터무니없는 헛소리라는 것을 기억하자.

불안할 때 결정을 내리는 것은 오히려 선택을 망치게 한다. 불안한 사람들은 대개 의사결정을 하는 데 서툴다. 그리고 대부분의 의사결정 과정은 불안감을 고조시킨다.

게다가 주변 사람들이 우유부단하거나 호들갑을 떨거나 애매한 태도를 보인다면, 어떤 식으로든 불안이 커지게 마련이다. 나역시 느긋한 유형과 함께할 때 힘들어지는 편이다. 평소 약속을 잘 지키지 않는 누군가와 확실하지 않은 약속을 한다거나("아, 내가 토요일에 다시 연락해줄게.") 직원들이 느긋하고 한가해 보여서 내가 결정을 내려야 하는 상황이 생긴다거나 어떤 영화를 볼지, 피자 델 두오모에 어떻게 가는 게 좋을지 등에 대해 아무도 의견을 내지 않으면 나는 말 그대로 돌아버린다.

물론 이 모든 불안을 나의 통제광적인 성향과 모든 것이 제자리에 있어야 만족하는 욕구 때문이라고 몰아갈 수도 있다. 그러나 다른 이들의 욕구를 함께 고려해야 하는 일은 말 그대로 소용돌이치는 선택지가 두 배로 많아진다는 것이다. 내게 의사결정은 불안을 야기하는 핵심 방아쇠다.

이처럼 결정이 우리를 당황하게 만드는 데는 이유가 있다. 첫째는, 생물학적 특징 때문이다. 선택지를 마주하면 뇌에 있는 두 의사결정 센터가 줄다리기를 한다. 선사시대에 많이 쓰던, 충동적인 결정을 내리는 대뇌 변연계와 오늘날 미래를 예측하는 데

관여하는 신피질이다. 불안을 느끼면 신피질이 특히 활성화되기 때문에 둘의 줄다리기는 훨씬 더 공격적이 된다.

〈미국국립과학원회보Proceedings of the National Academy of Sciences〉에 발표된 최근의 연구 결과에 따르면 불안은 '신경억제'를 감소시키는 경향이 있다. 신경억제란 하나의 신경세포가 다른 세포의 활동을 억제하는 과정을 말하는데, 여러 선택지를 꼼꼼하게 살펴보고 결정을 내리게 하는 핵심 기능이다. 불안이 심할수록 신경억제는 줄어든다. 실제로 일부 환자의 불안증을 치료하는 데 쓰이는 약물은 신경억제를 증강시켜서 의사결정을 좀 더 쉽게 내리는 데 도움을 준다. 보았듯이 우리의 고난은 과학적인 인과관계로 설명이 가능하다. 이 얼마나 달콤한 위안인지!

선택은 불안에 시달렸던 수많은 역사의 위인들에게 기가 막힌 실존주의적 고민을 제시해왔다. 키르케고르는 "가능성이 없다면 불안도 없다"라는 유명한 말을 남겼다. 아무리 작은 결정도 무한한 가능성이 있다는 것이다. 이 무한함을 마주하면 우리는 결국 모든 것의 끝은 죽음이고 모든 것이 무의미하다는 진실과 마주하게 된다. 이러한 자각에는 방치, 고독, 거부당하고 사랑받지 못한다는 아주 현실적인 위협과 가능성이 자리하고 있다. 전부와 무無가 한꺼번에 존재한다고 생각하면 당연히 머리가 아프다.

키르케고르는 불안이 자유라는 무한한 가능성 때문에 생긴 현기증이라고 여겼다. 우리는 모든 것을 선택하고 싶다. 그러나 우리의 정체성을 만들어내는 무한하고 무제한적인 선택지에서 하나를 포기하고 하나를 골라야 한다. 이 거대한 실패의 위험을 알고 있기 때문에 우리의 마음은 불안으로 가득 찬다. 이 선택이 틀렸으면 어쩌지? 양극성 장애를 앓던 이십대에 나는 6개월 동안 독일 철학자 마르틴 하이데거의 이론을 공부했다. 하이데거는 불안을 '가능성의 불가능성'이라고 했다. 나는 수수께끼 같은 그의 글을 읽으며 겨우 살아냈다.

당신의 불안과 고통은 지극히 당연한 것이다. 이제 그 근원을 알았으니 대담해지자. 선택의 어려움을 피할 수 있는 기발한 방법들을 찾아내자.

내 인생에
확실한 몇 가지가 있다면

　빅토르 위고는 나체로 글을 썼다고 한다. 또 그는 글을 쓰기로 마음먹으면 밖에 나가지 않기 위해 집사에게 자신의 옷을 숨기도록 지시했다. 그는 선택을 제한하고 중요한 일에 집중할 줄 알았다. 나는 이 사실을 알고 나서 내게도 집사가 있었으면 좋겠다고 생각했다.

　2004년 미국 심리학자인 배리 슈워츠는 이것이 선택의 역설이라고 했다. 쉬나 아이엔가가 했던 잼 실험과 비슷하게, 그는 더 많은 선택이 우리에게 더 많은 자유를 주긴 하지만 사실 어느 정도 제한이 있을 때 더 행복하다고 주장했다. 솔직히 선택지가 전혀 없을 때 궁극의 자유를 느낄 수 있다. 아이엔가가 연애결혼을 한 부부와 중매결혼을 한 부부를 비교 연구한 결과, 초반에는 연애결혼을 한 부부가 더 행복했지만 10년, 20년 후에 다시 추적했을 때는 중매결혼을 한 부부가 두 배 가까이 더 행복한 것으로 밝혀졌다.

　내가 포르노 스타에 대한 글을 쓰기 위해 뉴욕으로 갔다가 포기하고, 페루에 가서 산을 오르고, 집에 돌아와서 하시모토병 진단을 받았던 시절, 휴대전화와 평소 무척 아꼈던 낡은 토요타 하이럭스 서프와 역시 똑같이 아꼈던 산악자전거를 몽땅 도둑맞은 적이 있다.

설상가상으로 그때 내 컴퓨터가 뻗었다. 멈췄다. 사망했다. 한밤중에. 이 모든 일이 전부 3일 만에 일어났다. 그리고 내가 살던 거리만, 2주씩이나 전화가 끊겼다. 그래서 도둑맞은 사건을 해결하기가 거의 불가능해졌다. 참고로 당시 나는 걷지도 못할 만큼 쇠약해져 있었다. 내 자동차 보험이 도난 2주 전에 만료되었다는 사실을 알아차리는 데 3주가 걸렸다. 이렇게 말도 안 되는 불운이 계속 이어졌다.

내가 거리 끝에 있는 공중전화로 겨우 전화를 걸어서 명상 스승인 팀에게 이 상황을 털어놓았을 때 그는 웃음을 터뜨렸다. "당신은 지금 아무것도 선택할 수 없는 상황에 처해 있군요. 얼마나 잘됐습니까?"

"전혀요!" 나는 화를 내며 말했다.

이때 나는 탈진과 질병, 초라해지는 커리어 때문에 미친 듯이 싸우고 끊임없이 추락하면서도, 아드레날린을 쥐어짜면서 쉬지 않고 일을 했다. 스카이다이빙, 포뮬러 원 레이싱, 웨이크 보딩에 도전하고, 솔로몬제도에서 하는 다이빙에 대한 특집기사를 썼다. 이 시기에 했던 모든 일을 통해 분명 바깥에서 답을 찾고자 했고, 나 자신과 내가 진심으로 찾고자 했던 모든 것에서 멀어지고 싶었다.

이 당시를 언급하는 또 다른 이유는 이 시기가 재난으로 끝났기 때문이다. 솔로몬제도에 있을 때, 제도까지 오던 비행기 세대가 모두 고장이 났다. 나는 5일 동안 섬에 발이 묶여 있었다. 이곳에는 인터넷도 없었다.

사실 선택지가 없는 상황에 처한다는 팀의 말이 무슨 뜻인지 금방 이해할 수 있었다. 그리고 그게 얼마나 다행인지도 깨달았다. 내게 선택지는 하나뿐이었다. 가만히 있는 것. 고치고, 참견하고, 밖에서 답을 찾아 헤매기를 포기했다. '넌 이제 아무것도 못 해. 누구랑 연락도 못 해. 너는 선택의 여지가 없어. 그냥 여기서 멍하니 있는 것밖에 할 게 없어.'

선명하게 떠오른 이 메시지에, 나는 그만 흠칫 멈췄다. 적어도 한동안은 믿을 수 없이 자유로워지는 기분이었다. 이제 또다시 선택지가 없는 상황이 닥친다면 나는 예전의 그 명확한 메시지를 떠올리며 스스로에게 "얼마나 잘된 일이야!"라고 상기시킬 것이다. 우스꽝스러운 상황 덕분에 해야 할 일이 정해졌다고 안도하며 순응할 것이다.

물론 아무런 선택지가 없는 현실에 처하는 상황이 모두 극단적이라고 할 수는 없다.

일요신문에 잡지 칼럼을 쓸 당시 나는 유명하거나 대단히 성공한 사람들이 어떻게 더 나은 삶을 만드는지에 대해 인터뷰했다. 그러다보니 그들 중 많은 사람이 지겨운 아침을 먹는다는 것을 알아차렸다. 리처드 브랜슨은 과일 샐러드와 뮤즐리를 먹었다. 매일. 유명 블로그 '젠 해비츠Zen Habits'를 운영하는 리오 바바우타는 밀가루가 없는 에스겔 시리얼을 두유와 먹었다.

또 많은 성공한 사람들이 매일 똑같은 옷을 입었다. 오바마 대통령은 집무실에 있을 때면 매일 똑같은 스타일의 수트를 입었다. 그는 라이프스타일 매거진 〈베니티 페어〉에서 "알다시피 나는 늘 회색이나 푸른색 수트를 입는다. 내가 뭘 먹고 입을지까지 매번 결정하고 싶지 않다. 중요한 다른 결정이 너무 많기 때문이다"라고 밝혔다. 똑같은 회색 티셔츠를 스무 장이나 가지고 있는 페이스북 CEO 마크 저커버그는 매일 아침마다 무엇을 입고 먹을지 결정하는 게 어리석은 일이며 너무 많은 시간을 허비하고 싶지 않다고 말했다. 아인슈타인 역시 같은 이유로 같은 회색 수트를 여러 벌 구입했다고 한다. 스티브 잡스 역시 검은색 터틀넥과 청바지, 스니커즈 복장을 고수했다. 헨리 데이비드 소로는 이렇게 말한다. "우리는 소소한 것들로 인생을 낭비하고 있다. 단순하게, 단순하게 살아라."

조너선 필즈는 자신의 저서 《불확실성Uncertainty》에서 성공한 창작자 수백 명을 연구하고, 그들만의 차이점을 발견해냈다. "행복한, 성공한 기업가들은 창의적인 업무만 제외하고 삶의 모든 것을 의례적으로 만들었다." 성공한 창작자들은 매번 삶의 사소한 사항들을 간소화하는 식으로 예측 불가능한 상황을 최대한 배제했다고 설명했다. "아침 식사 메뉴, 어디서 커피를 마실지 같은 것은 사소한 사항이다. 여기에 신경을 쓰다보면 의사결정을 하는 데 필요한 에너지가 낭비된다."

행동심리학자들은 이를 의사결정피로라는 개념으로 설명한다. 우리가 의사결정을 내릴 때 근육에 힘을 준다는 것이다. 우리는 매번 어떤 결정을 내릴 때마다 크건 작건 근육을 쓰게 되고 결과적으로 피로해진다. 실제로 〈미국국립과학원National Academy of Sciences〉에 발표된 한 연구가 이를 증명한다. 수감자의 가석방 여부를 결정하는 심사위원들의 판단력을 조사한 결과, 오전에 일찍 심사를 받을수록 가석방될 확률이 높다고 밝혀졌다. 오후로 갈수록 너무 많은 결정을 내리다보니 근육의 힘이 바닥났다는 것이다. 결정해야 할 것이 많아질수록 선택은 점점 더 힘들어지고 혼란스러워지며 스트레스를 받게 된다. 그러니 가능한 많은 선택을 자동화하는 것이 해결책이 될 수 있다.

행동심리학자들은 이런 개념을 '확실성의 닻을 내린다'고 표현한다. 가능한 많은 닻을 내릴수록 당신은 그 자리에 굳건하게 서서 창의성을 충분히 발휘할 수 있다. 창의성과 아이디어가 어디로 날아가지 않는다고 확신할 수 있다면 얼마든지 흔들려도 대처할 수 있고, 창의적인 결과물을 낼 수 있다.

그러니 우리는 확실성을 가져야만 한다. 명령형으로 말하는 이유는 꼭 그래야 하기 때문이다. 무엇보다도 이 세상을 살아가는 데는 많은 순간 확실성이 필요하다. 살아가면서 얼마나 많이 흔들리고 떠도는 느낌을 받는가. 흔들리는 와중에도 딛고 설 단단한 땅이 있다는 건 참 든든한 일이다.

나는 틀에 박힌 행동과 따분함을 견디지 못하는 사람이었다. 늘 새로운 것에 끌렸고, 일주일에 두 번 이상 똑같은 길로 출근하는 것도 못 견뎠다. 그러나 모닝커피를 마실 카페를 못 정하던 특별할 것 없는 과거를 생각하니 단골을 만들어볼까 싶어졌다. 실제로 세계 곳곳의 내 단골 장소에는 나 외에도 다른 유목민 단골들이 엄청 많다는 걸 깨달았다. 종업원들은 우리가 뭘 주문할지 미리 알고 있었고 우리는 편안하게 각자의 일에 집중할 수 있었다(참고로 나는 종이컵이 아닌 유리잔에 롱블랙을 마셨고 뜨거운 물 한 잔이 꼭 있어야 한다). 가끔은 노트북에서 고개를 들어 서로에게 목례를 하기도 했다. 카페 외의 다른 단골 장소로는 뉴욕과 런던, 노던 비치, 킹스크로스에 있는 공공도서관과 서점이 있다. 나는 더 나은 일을 하기 위해 편도체의 근육을 아껴두었고, 사소한 일상을 단순하게 만들기 시작했다.

불안한 사람과 위대한 창작자들이 크게 다르지 않다는 말은 지나친 비약이 아니라고 생각한다. 선택지의 숫자를 줄이면 누구나 어느 정도는 자유로워질 수 있다.

생각은 오전에,
행동은 오후에

성공적인 삶을 사는 사람들을 인터뷰할 때면 항상 마지막 순간에 개인적으로 가장 좋아하는 삶의 원칙이 뭐냐고 묻는다. 몇몇을 제외하고는 모두 한결같았다. "아침 일과를 미리 정해놓습니다."

아침 일과를 미리 정해두는 것은 아주 튼튼한 확실성을 갖는 방법 중 하나다.

루이스 해이도 "기상 직후 한 시간이 가장 중요하다"라고 말했다. 그녀는 우선 하루를 시작하게 된 것에 대해 감사 기도를 하고, 기지개를 켜고 차를 마시고 다시 침대로 돌아가서 책을 읽는다. 그녀는 커다란 침대 헤드를 책을 읽기에 가장 좋은 각도로 조절해두었다.

리오 바바우타의 첫 일과는 물을 마시고 쿠션을 가볍게 정리하고 30분 동안 영감을 주는 글을 읽고 쓰는 것이다. "이메일을 확인하거나 SNS를 하기 전에 자리에 앉아서 글을 쓴다. 무엇을 쓰는지는 중요하지 않다. 새로 읽은 책이든 블로그 포스팅이든 누군가가 보낸 이메일 답변이든, 아무 방해도 받지 않고 그저 쓴다."

《나는 4시간만 일한다》의 저자 티모시 페리스도 매일 아침을 쓰기로 시작한다. "내 불안을 종이에 새기면 그날 하루는 더 적은 스트레스로 더 생산적인 일을 할 수 있다."

벤저민 프랭클린은 늘 새벽 다섯 시에 "일어나 씻고, 선한 마음을 다진다. 그날 할 일을 고민하고 그날 필요한 결심을 한다. 현재 하는 일을 점검한 다음에야 아침을 먹는다." 매일 아침 그는 자문했다. "오늘은 무슨 좋은 일을 할까?" 이 말은 내가 명상을 할 때마다 인용하는 격언이기도 하다.

스티븐 킹도 매일 엄격한 일과를 지켰다. 비타민과 차 한 잔 또는 물 한 컵을 마시면서 아침을 시작했다. 아침 8시에서 8시 30분 사이에 늘 하는 방식으로 책상을 정리한다.

만약 당신도 하루하루가 불안하다면 아침 일과를 정해보길 권한다. 다시 한 번 말하지만, '만약에'나 '그러나' 같은 건 없다. 시간이 없다는 생각을 버리는 것이 우선이다. 우선 30분만 일찍 일어나서 딱 30분만 집중해보자. 일단 한다! 뭐라도 한다!

나는 항상 아침 6시에 일어난다. 타협은 없다. 그리고 뜨거운 물과 레몬을 먹는다. 목욕을 한다. 그런 다음 곧장 스니커즈를 신고 밖으로 나간다. 현관문 옆 바구니에는 늘 스포츠 브래지어와 초록색 반바지가 들어 있다. 나는 매일 옷을 챙겨 입고 밖으로 나선다. 할까 말까, 이걸 입을까 저걸 입을까 같은 고민은 없다. 전날 밤에 어떤 운동을 할지 이미 정해뒀기 때문이다. 아침에는 30분 걷기만 해도 완벽하다. 요가, 바다 수영, 서핑 등은 일기예보와 그날의 일정에 따라 결정한다.

나는 어떤 운동이든 할 수 있는 만큼만 한다. 차를 타고 체육관에 가거나 공원을 달리지 않는다. 장비나 쓸데없는 물병도 챙기지 않는다. 그런 건 오히려 꾸물거리게 만들 뿐이다. 게다가 결정할 것이 많아진다. 걷고 나서는 명상을 한다. 걸었기 때문에 머릿속이 고요해지고 명상할 준비가 자연스레 된다. 햇빛을 쬐면서 명상하면 비타민D도 흡수할 수 있다. 비가 오면 집에서 한다. 결정은 이미 해놓았다.

여기까지 하는 데 약 한 시간이 걸리고, 요가도 하면 좀 더 걸린다. 그런 다음 샤워를 하고 하루를 시작한다. 보통은 단골 카페에 가서 창의성이 필요한 업무를 한다. 만약 아침을 먹는다면 전날 밤에 미리 준비해둔다. 그러면 결정할 것이 또 하나 사라진다.

나는 6년째 이 일과를 지키고 있다. 매일. 하루도. 빠짐없이. 여행을 갈 때는 여행 일정에 맞게 조정한다. 공항으로 가는 택시에서 명상을 한다. 호텔에서 계단을 오르내리는 걸로 걷기를 대신한다. 외국에 도착하면 그곳에 머무는 동안 커피를 마실 카페를 정한다. 구글에서 '근처의 좋은 카페'를 검색하거나 노트북 너머로 고개를 드는 유목민들을 찾아, 나와 같은 마음을 가진 낯선 사람들과 유대감을 형성한다.

이 외에도 사소한 의사결정을 줄일 수 있는 몇 가지를 좀 더 소개해보겠다.

슈퍼마켓에 가면 늘 구입하는 화장지와 냉동 콩, 참치 캔을 구매한다. 치약도 마찬가지다. 아니, 그냥 대량으로 사둔다.

나는 흔히들 하는 말로 '남자처럼' 쇼핑한다. 내게 어울리는 옷 스타일, 브랜드, 사이즈를 찾으면 낡아서 못 입게 될 경우를 대비해 똑같은 것을 여러 벌 산다. 마트에서 산 똑같은 심리스 속옷을 8년째 입고 있는데, 그 속옷은 옷장에 일곱 벌이 더 있다. 옷을 최소한만 가지고 있어 수트케이스 두 개면 다 들어간다. 선택지를 좁히면 아침에 고민할 일이 줄어든다. 회색 고무줄 팬츠와 T백 브래지어, 흰색 민소매 셔츠면 된다.

자주 '좋다'고 말한다. 나는 취향이 확고하기 때문에 내게 다가오는 누구에게나 좋다고 말한다. 친구가 저녁에 펍에서 식사를 함께하자고 해도 좋아, 자신이 좋아하는 배우가 출연하는 영화를 함께 보자고 부탁해도 좋아. 나는 나처럼 단단한 확신을 가진 사람들에게 중력처럼 끌린다.

나는 추천도 자주 받는다. 추천인이 누구인지는 중요하지 않다. 예를 들어 TV를 사야 하는데 뭐가 가장 좋은지, 앨버리 워동가에 가야 하는데 어떤 호텔이 가장 좋은지를 미리 알아본 사람에게 물으면 선택지를 줄일 수 있다. 그러자면 온라인에 질문을 남기는 걸 부끄러워해서는 안 된다. 낯선 사람들이 '불면증에 가장 좋은 약이 뭐냐'고 남기는 질문에 답을 다는 사람들은 대개

다방면에 관심이 많다. TED에서 "왜 우리는 나쁜 결정을 내리는가"를 주제로 강연한 심리학자 대니얼 길버트는 인간에게는 인지 편향이 있기 때문에 나를 위한 결정을 내릴 때 오히려 나쁜 쪽을 선택하는 경우가 있다고 했다. 그러니 때로는 전혀 모르는 사람이 가장 나은 결정을 내려줄 수도 있다고 믿는 것도 제법 도움이 된다.

매번 고민해봤자
뭐가 달라지겠니

스스로 아무것도 선택하지 않음으로써 의사결정의 번거로움을 피할 수도 있다. 만약 결정을 최소하기로 마음먹었다면, 특별한 '표징' 또는 다른 사람들의 열의에 따라 매사가 자연스럽게 흘러가도록 내버려두면 어떨까? 아까도 말했듯 나는 단호하고 구체적인 초대를 받으면 그냥 '좋다'고 말하는 편이다. 대부분은 나를 결정장애에서 벗어나게 해줄 뿐 아니라 생각보다 만족스러운 경우도 많기 때문이다.

아빠는 여름 휴가철 캠핑 장소를 결정할 때 종종 이 방법을 썼다. 지도를 펴놓고 막내를 불러와서 아무데나 찍어보라고 했다.

"잘했어 막내, 이제 결정했다. 우리는 어디 보자…… 더보로 갈 거야!" 아, 이런 스릴이라니! 물론 막내가 한 번 만에 엘 카발로 블랑코 놀이공원을 가리킬 확률은 희박했다. 그래서 매년 떠나는 가족 여행은 보통 가족들이 여행지로 잘 선택하지 않는 곳이 걸리곤 했다. 예를 들면 카우라나 워넘불 같은 곳. 과거에는 항구 도시였던 이곳에 최근 근사한 놀이공원이 생겼다는 말은 전해들었지만 25년 전 내 기억 속에서는 그렇게 멋진 곳이 아니었다. 어느 해에는 땅이 쩍쩍 갈라지는 가뭄에 진다바인 외곽의 염소 농장을 방문하기도 했다. 바람과 사정없이 날리는 흙먼지 때문에, 우리는 매일 저녁 아버지가 전자레인지에 데워주는 음식으로 식사를 할 수밖에 없었다.

"매번 고심한들 뭐가 달라지겠니?" 아빠는 지도를 접으며 철학자처럼 말했다. 아빠가 옳았다. 막냇동생이 어디를 가리키든, 우리는 늘 결국 콩팥 모양의 수영장이 있는 캠핑장에 머물렀으니까.

아마 당신이 나와 비슷한 성향이라면 아빠가 했던 과감한 찍기 방식이 위험하게 느껴질 수 있다. 어쩌면 '직관을 따른다'는 개념 자체를 이해할 수 없다고 느낄 것이다. 불안한 사람에게 직관은 혼란스러운 난장판이기 때문이다. 우리는 자신이 무엇을 원하는지 모른다. 우리 같은 부류에게는 머리만 있고 직관은 거의 없다. 다행히 내게는 직관을 따를 수 있게 해주는 나만의 방법이 하나 있다.

동전을 던진다. 그리고 결과를 확인하기 전에 내가 어떤 결과를 바라는지 기분을 살핀다. 그러면 앞면이 나오든 뒷면이 나오든 이 결과는 하늘의 뜻에 따른 것이라고 믿게 되어, 어떤 결과가 나오든 최대한 받아들일 준비를 할 수 있고, 의사결정을 내리는 데 필요한 근육도 쉽게 할 수 있다.

가장 힘든 부분은 앞이 나왔는지 뒤가 나왔는지 미리 확인하지 않는 것이다. 이 훈련을 잘해서 어떤 결과가 나와도 괜찮다는 사실을 받아들이는 데 익숙해져보자.

완벽한 결정은
결코 없다

　많은 행동연구를 조사하면서 흥미로운 사실 하나를 알게 되었다. 우리는 어떤 결정을 내리는 것이 결정하지 않는 것보다 더 불안하다고 생각하지만 사실은 그 반대라는 것이다. 연구 결과에 따르면 우리가 뭔가를 결정했다가 그 결정이 나쁜 선택이었다고 판명되면 대부분은 결과에 집착하지 않는다. 그러나 결정 자체를 내리지 못해서 행동하지 못했다면 그 결과는 끈질기게 우리를 쫓아다니며 후회하게 만든다. 우리는 모두 합리화의 달인이다. 이랬다면, 저랬다면 어땠을까 하는 무한한 가능성이 온갖 혼란과 불안을 초래한다.

　〈코스모폴리탄〉에서 일하던 어느 날, 다음 달 표지 시안 두 개를 가지고 편집장에게 갔다. 초록색 드레스를 입은 안젤리나인지, 검은색 드레스를 입은 안젤리나인지. 편집장은 훌륭한 의사결정자였다. 고민하느라 갈등할 시간에 빠른 결정을 내렸다. "이 두 개를 두고 고심하고 있다면 둘 다 좋은 선택이라는 뜻이죠? 하나가 정말 별로였다면 사라도 알았을 테니까요." 맞다, 장담할 수 있었다.

"그러면 아무거나 하나 고를게요. 뭐, 어느 쪽이든 상관없어요." 편집장은 세세하게 근거를 설명하지 않았지만, 나는 여러 번 이 일화를 소개했다. 이분법적인 선호도를 기준으로 이야기하자면 검은색과 초록색을 좋아하는 사람들은 대략 50대 50일 것이다. 물론 관심 집단을 점점 좁히면 검은색이 좀 더 인기가 있을 수도 있다. 54퍼센트가 선호한다는 식으로.

요점은 그게 아니다. 의사결정의 요지는 '일단 결정한다'는 거다. 일단 검은색 드레스를 골랐다면, 당신은 그걸 최고의 선택으로 만들면 된다.

실제로 편집장은 검은색 드레스를 골랐고 나는 사무실로 돌아와서 그 결정을 전했다. "검은색 드레스 너무 좋아요." 표지가 결정돼서 가장 안도했을 예술 팀은 선택된 사진에 최고로 어울리는 디자인과 색상으로 포맷을 만들어냈다. 아트 디렉터는 검은색 드레스에 배경은 청록색, 발행인 란은 형광 주황색으로 배치했다. 아트 디렉터는 들떠 있었고 편집팀은 열정적으로 기사 제목을 뽑았다. 다양한 부서의 손길을 거치면서 검은 드레스를 입은 안젤리나가 서서히 빼어난 표지로 변해갔다. 잡지 매대를 지나갈 때 내 안에서 뭔가가 만족스럽게 해소되는 기분이 들었다.

완벽한 결정은 결코 없다. 우리가 완벽하게 만들어나갈 뿐이다. 미국의 유명 코미디언인 루이스 C.K.도 나처럼 의사결정이 초래하는 절망감을 누르려고 씨름했다. 그는 70퍼센트 규칙을 만들어 어떤 결정이 70퍼센트 정도 옳다고 느껴지면 그대로 진행했다.

일단 결정을 내려서 다른 선택지들이 사라지고 나면, 당신의 만족도는 80퍼센트로 올라간다. 결정해야 하는 고통이 완전히 끝났기 때문이다. 80퍼센트에 도달하면 이제 일을 한다. 알고 있는 지식을 발휘해서 이번에는 만족도를 85퍼센트 수준까지 끌어올린다. 그러고 나면 여기까지 해냈다는 안도감에 만족감이 또다시 90퍼센트까지 올라간다. 이 정도면 충분하지 않을까?

우리는 결정을 내릴 때도 불안하지만, 결정하지 않고 가만히 있을 때도 불안하다. 그렇다면 그냥 결정하는 편이 낫지 않을까? 선택지를 충분히 검토했다면 아무래도 좋다. 당신의 선택을 믿고 계속 나아가자.

완벽해지면
불안하지 않을 줄 알았다

　혹시 자신이 통제광이라고 생각하는가? 주먹이 하얗게 될 때까지 삶을 꽉 움켜쥐고 있다고 생각하는가? 자신에게 약간이라도 완벽주의적 경향이 있다고 생각하는가?

　내가 먼저 대답하겠다. 네, 네, 또다시 네.

　불안한 사람들은 초조하다. 간섭한다. 신경 쓴다. 해결하려 하고, 고치려 하고, 결론을 찾으려 한다. 나는 그렇다. 당신도 동의하는가?

　앞서 말했듯이 의사결정은 불안을 일으키는 핵심 도화선이 된다. 조금만 더 깊이 생각해보면 그 이유가 다른 사람들은 모두 완벽한 결정을 내린다고 믿기 때문이라는 걸 알 수 있다. 그러나 그런 사람은 존재하지 않는다. 존재하지 않는 것을 움켜잡으려고 애쓰는 것만으로도 어떤 사람은 충분히 공황상태에 빠질 수 있다. 우리는 절대로 최고의 선택을 할 수 없다. 최고의 선택을 하겠다고 결정을 미루고 다른 사람들의 이목을 신경 쓸수록, 우리는 내면이 아닌 바깥으로 손을 뻗고, 더 움켜잡으려고 애쓰고,

더 분주해지고, 더 통제하려 든다.

나는 한때 내 삶을 통제하고 보다 완벽해지려고 애를 쓰면 불안을 느끼지 않을 거라고, 불안으로부터 안전하게 보호받을 거라고 스스로를 설득했다. 하지만 더 지독한 결과가 찾아왔을 뿐이다.

8학년 영어수업 시간에, 선생님이 은유법에 대한 숙제를 내주신 적이 있다. 지난주에는 유추에 대해서 공부했었다. 늘 그렇듯이 나는 이 과제 역시 무척이나 진지하게 받아들였고, 다소 고상하게 "강은 흘러간다"고 적었다.

강이 흐르는 것은 삶의 필연이다. 눈썹이 먼지로부터 눈을 보호하기에 적합한 방향으로 자라고, 겨울이 견디기 힘들어질수록 봄이 다가오고, 공기 중의 물방울이 무지개를 만들어낸다는 것만큼이나 확실한 이치다. 나는 이런 명제를 활용해서 숙제를 했다.

일부 사람들은 강둑에 통나무를 쌓아올리거나 다른 차단물을 설치해서 댐을 쌓으려 한다. 물이 다른 방향으로 흘러야 한다고 생각하기 때문이다. 하지만 강물은 차단물 뒤에서 점점 더 수위를 높여가고 결국 둑을 무너뜨리고 계속 흐른다. 강물은 자신이 어디로 흘러야 하는지 알고 있다. 골짜기의 깊은 골을 따라 커다란 바위 틈새로 파고드는 강물은 우리보다 위대한 존재다. 훨씬 커다랗고, 훨씬 지혜롭다.

차단물 뒤에서 계속 흐르는 강은 마침내 쾅! 하며 쌓여 있던 통나무더미를 엄청난 힘으로 밀어낸다. 대단한 파괴력이다. 그러고 나서 아무 일 없었다는 듯이 다시 흐른다. 우리가 서둘러 다른 설치물로 막기 전까지.

연인의 아주 사소한 부분까지 참견하거나 약간의 갈등도 피하려는 사람들, 아무도 원하지 않는 식사를 강요하는 사람들이 있다. 친구들이 계속 약속을 취소해도 신호를 무시하고 계속 다음 약속을 잡는다. 거절하면 할수록 요구는 더 강해진다. 요구하고 거절하고, 다시 요구하고 거절하고를 반복하다보면 어느 순간 빵! 터져버린다.

나는 과제를 완성하고, 반 친구들 앞에서 발표할 때는 댐을 만들 때 통나무로 만들지 말고 아늑하고 작은 뗏목을 만들어 그걸 타고 강물이 흐르는 대로 유유자적 흘러가자고 발표했다.

나는 이 과제로 B점를 받았다. 25년 후 페이스북을 통해 당시 선생님과 연락이 닿았고, 현재 그녀가 일하는 뉴욕 소호로 찾아가 같이 식사를 했다. 나는 25년 전 과제에서 평균 이하의 성적을 받았지만 내 과제가 정말 괜찮다고 생각했다는 얘기를 전했다. 나와 선생님은 그날 밤늦게까지 강물의 흐름과 삶의 동시성에 대해서 대화를 나눴다. 25년 전의 과제가 이날 우리를 만나게 했다. 완벽주의자인 열세 살짜리 소녀가 25년 만에 교사에게 성적에 대해 말하고자 했던 것이 바로 유추라고 생각한다.

덜 정돈된 상태가
더 편안할 때

　내가 열아홉 살 때, 피렌체에서 프랑스로 히치하이킹을 하
던 중 니스에서 소매치기를 당한 적이 있다. 가방, 여권, 신분증,
현금, 신용카드도 모두 털렸고 남은 것은 입고 있던 옷밖에 없었
다. 아이러니하게도 이 일은 내 인생 최고의 경험으로 꼽힌다.

　나는 소매치기를 당한 후에도 아무렇지 않게 해변에서 속옷
차림으로 오후를 보냈다. 다행히 주변 사람들이 맥도널드에서
점심을 사주었다. 파리로 향하는 야간열차를 타고 당당하게 1등
석에 앉았다. 자정 즈음에 승무원에게 걸렸지만, 어차피 무임승
차로 잡힐 거라면 잠시나마 일등석에 앉는 것이 나쁘지 않았다.
당연히 나는 제시할 신분증이 아무것도 없었는데, 승무원은 어
쩐 일인지 내 말을 믿어주었고 잠시라도 눈을 붙이라며 내 어깨
를 두드려주었다.

　파리의 오스트레일리아 대사관은 200달러가 없으면 새 여권을
발행해줄 수 없다고 했다. 은행은 여권이 없으면 200달러를 인출
할 수 없다고 했다. 이메일과 인터넷과 휴대전화가 없던 시절이

었다. 그럭저럭 일이 해결되기까지 2주가 걸렸고, 그동안 나는 지하철을 무임승차하며 은행과 대사관을 몇 번이나 오가야 했다.

그 2주 동안 나는 이방인처럼 떠돌아다녀야 했지만, 내 인생을 통틀어 불안에 시달리지 않았던 몇 안 되는 시기이기도 했다.

어쩌면 내 말이 반反직관적으로 들릴 수도 있다. 당시 나를 두렵게 하는 일들이 목까지 차오른 상태였으니까. 내가 까다롭게 조정할 수 없는 숙박 예약이며 미리 계획할 수 없는 식사까지, 사방이 불확실투성이었다.

나는 매일 밤 유스호스텔에 기어들어가 아무 침대에서 잠을 잤다. 슈퍼마켓에서 음식을 훔쳤다. 노점에서 과일을 팔던 노인이 내게 복숭아와 바게트를 준 적도 있는데, 아마도 내 상황을 눈치 챘던 것 같다. 복숭아와 바게트는 저녁 만찬이 되었다. 나는 뤽상부르 공원에 앉아서 음식을 먹으며 세상에서 제일 행복한 소녀가 되었다. 나는 여기저기 돌아다니며 시간을 때우고, 매장에 들어가서도 마음이 가벼웠다. 파리에 온 기념으로 저 귀여운 티셔츠를 살지 말지 고민하지 않아도 됐기 때문이다. 사진도 찍을 수 없었다. 어떻게 할 수가 없으니 수동적이 되었다. 나는 2주 동안 그저 지나가는 사람이었다. 내 불안은 그 무엇도 붙잡을 수 없었다.

비행 중 난기류가 발생했을 때도 비슷한 느낌을 받았다. 내게는 아무 책임이 없고 할 수 있는 일도 전혀 없으니 그저 의자에 깊숙이 앉아서 이 시간을 즐겼다. 몇 가지 수술을 하기 위해 몇 차례 병원에 갈 때도 마찬가지였다. 상황을 개선하기 위해 할 수 있는 일이 없었고, 내 더러운 손은 아무것도 붙잡지 못했다.

내 경험과 비슷한 맥락에서, 몇몇 연구 결과는 제2차 세계대전 이전에 신경증을 앓던 영국인들의 불안이 폭격 이후 오히려 감소했음을 증명한다. 1950년대에 독일에서 실시한 연구 결과 또한 강제수용소에서 신경증을 앓던 포로들에게서 같은 결과가 나타났다고 밝힌다.

〈뉴요커〉에 따르면 약간의 환각제가 OCD 환자들에게 좋을 수도 있다는 가설이 있다. 환각제는 두뇌의 기본 모드를 차단하고, 반복 또는 통제되는 행동 패턴과 사고 패턴을 방해한다고 증명되었기 때문이다. "조금 덜 정돈된 상태가 더 나은 두뇌가 있다."

비상 상황은 우리를 현재에 머물게 한다. 불안 또한 현재에 머문다. 지금 당장의 어려움을 야기하는 과잉 집중은 우리를 공황에서 빠져나오게 한다. 할머니의 죽음이나 사랑하는 배우자가 남긴 유산에 관심 가지면서 불안해할 수는 없다.

앞에서 언급했듯 오랜 불안은 한 가지 일만 처리한다. 당신은 현재에 머물면서 불안해할 수는 없다. 공포물을 보거나 재난을 당한 상황에서 불안해할 수도 없다. 마음을 달래며 걷거나 심호흡을 하면서 불안해할 수도 없다. 그러니 아주 잠깐이라도 현재에 충분히 몰입해보자.

외부로부터 강요를 받는 상황일 때도 불안을 완화할 수 있다. 《시간을 멈추는 법》의 작가인 매트 헤이그는 파리에 여행을 갔을 때 어떻게 광장공포증이 약해졌는지를 말해주었다. 파리 여행은 그의 여자 친구가 생일선물로 준비해준 것이었는데, 이전에 헤이그는 집 앞 슈퍼에 우유를 사러 나갈 때조차 공황발작에 시달리곤 했다. 그러나 공포가 한계점을 넘어섰는데도 괜찮다는 걸 확인했을 때 어떤 안도감이 들었다. "내 안의 괴물을 누르는 가장 좋은 방법은 더 무서운 녀석을 찾는 것이다."

내 경험도 비슷하다. 낯선 주변 환경은 판에 박힌 불안에서 나를 벗어나게 했다. 붙잡을 만한 것, 익숙한 것들이 주변에 없으니 당연하다. 나는 종종 침대보다 기차나 비행기에서 더 잘 잔다. 이런 곳에는 진동, 밝은 조명, 무료로 주는 위스키를 너무 많이 마시고 코를 골며 자는 승객 등 최악의 요소가 많아서 우리를 자극한다고 생각할지 모르겠다. 하지만 이 모든 상황이 너무 불쾌하고 통제할 방법이 없을 때 사람들은 그냥 현재에 굴복하고 만다.

어떤 면에서는 그렇기 때문에 내가 유랑자의 삶을 사는지도 모른다. 떠도는 삶은 끊임없이 나를 더 무섭고 통제 불가능한 괴물과 마주하도록 몰아가니까. 이렇게 나를 조절하고 방어하다보니 어느 순간부터 세 블록 떨어진 아파트의 수도꼭지 떨어지는 소리까지 알아차리는 일은 더 이상 일어나지 않았다. 2개월 후에 떠난다고 생각하면 매일 아침 일곱 시에 근처 아파트에서 흘러나오는 애프터셰이브 로션 냄새에 더 이상 스트레스 받지 않는다. 세상의 수많은 불안한 사람들이 떠돌아다니며 살았던 이유도 그래서가 아니었을까?

균형 잡힌
삶이라는 신화

'완벽한 순간 신드롬Perfect Moment Syndrome'이라는 말이 있다. 내가 〈코스모폴리탄〉에서 일할 때 한 직원이 만들어낸 신조어로, 삶이 반드시 특정한 방향과 비율대로 움직여야 한다고 믿는 사람들이 집착하는 증상을 일컫는다.

생일은 늘 행복해야 한다, 휴가는 늘 동남아에서 느긋하게 보내야 한다, 특별한 레스토랑에서 하는 데이트는 반드시 두 사람을 더 가깝게 만들어줘야 한다…… 이런 원칙이 조금이라도 흔들리면 못 견디는 사람들이 있다.

이쯤에서 균형 있는 삶이라는 신화를 짚어보고자 한다. 지난 수십 년 동안 우리는 머리가 굳어버렸고, 우리가 진실로 잃어버린 것이 일과 여가 사이의 황금 균형이라고 믿게 되었다. 분명 우리 삶은 완전히 어긋나 있다. 아무도 제대로 균형을 맞추지 못한다. 만약 이 마법의 비율을 완벽하게 맞출 수 있다면 불안을 다루는 방법쯤이야 식은 죽 먹기일 것이다.

나는 오래도록 삶의 균형에 대해 고민했다. 그러나 이 고민은 내게 또 하나의 강박으로 다가왔다. 마법의 비율 같은 게 과연 있나? 어떤 연구가 그걸 증명한담?

과학은 선택과 불안 사이의 연관성을 관찰하기에는 남성들보다 여성들이 더 낫다고 증명한다. 앞에서도 언급했듯이 어찌 보면 놀랄 만한 결과는 아니다. 커리어, 아이, 피트니스 센터에서 하는 로잉 머신까지, '모든 것을 가졌다'고 생각하면 '모든 것을 해야 한다'는 압박감도 함께 느끼는 쪽은 대개 여성이다. 여성들은 그 모든 것을 해낼 수 있어야 한다고 믿는다. 그것도 완벽하게. 그 결과 더 많은 스트레스를 받고 더 적은 행복을 느낀다.

영국의 트렌드 연구자인 마커스 버킹엄은 이 결과를 반대로 활용해, 가장 행복한 여자들의 행동은 어떻게 다른지 조사했다. 그가 내린 결론은, 가장 행복한 여자들은 너무 완벽하게 잘하려는 마음을 버리기 위해 노력한다는 점이다. 그녀들은 어수선하고 사방이 온통 어질러져도 개의치 않는다. 나는 이 새로운 결과가 마음에 들었다.

그의 말에 따르면 행복한 여성들은 매사에 균형을 이루기란 애당초 불가능하며 균형을 잡으려고 노력할수록 불안이 필요 이상으로 유발된다는 사실을 깨달았다. 어떻게 매사 완벽할 수 있겠는가? 당신이라면 회사에서 새로운 역할, 새로운 프로젝트를 맡아도 매번 욕조에 느긋하게 잠겨 있거나 아들과 그림 그리는 시간을 똑같이 할애할 수 있는가? 만약 넘치는 업무나 몸이 아픈 동료 때문에 일을 더 많이 해야 하는 상황이 생기면 손을 들고 "어, 잠깐만요! 난 못 해요! 요가 시간을 줄일 수가 없어요"라고 말하겠는가?

냉철하고 행복한 여성들의 상당수는 책무 쪽으로 저울이 기울더라도 결코 책무 때문에 자신이 좋아하는 일을 하는 시간을 희생하지 않는다. 혼란을 느끼더라도 그들은 누군가가 일을 줄여주기를 기다리지 않는다.

나는 이런 태도가 마음에 든다. 할 일이 많을 때면 하나씩 목록으로 적은 다음 우선순위를 정해보자. 아니면 우선순위 같은 건 생각하지 말고 일단 다 펼쳐놓은 다음, 가장 끌리는 쪽을 따르면 된다.

물론 당신이 오랫동안 불안하게 살았다면 이런 행동을 익히기가 무척 힘들 것이다. 그럴수록 주변 상황을 약간 어수선하게 둘 필요가 있다. 《무조건 행복할 것》을 쓴 그레첸 루빈은 더 나은 삶을 위한 제법 단단한 규칙들을 여럿 소개했지만, 그 전에 할 일이 있다.

그녀는 가끔은 모든 일을 반대로 해보라고 조언한다. 미국 드라마 〈사인필드〉의 조지 코스탄자도 이와 같은 이론을 적극적으로 주장한다. 평생 해온 방식이 틀렸다면, 당연히 평소 하던 것과 정반대로 하면 되지 않겠는가? 인도 철학자 구루 데브도 같은 말을 한다. "당신이 평소 하던 방식을 반대로 하라." 그만큼 일상에 새로움을 불어넣기 때문이다. 지금까지 왔던 길을 거슬러 올라가는 껄끄러움이 상황을 다른 관점에서 볼 수 있도록 해준다.

평소와 다른 방식대로 행동하면 당연히 그 순간에는 어색하고 힘들다. 하지만 이 시간을 마치 새로운 놀이를 하듯 즐길 수도 있다. 지금부터 몇 가지 쉬운 방법을 소개하겠다.

첫째, '잘못된' 시간에 한다. 쉽게 말하면 예전에는 이 시간에 결코 하지 않았을 행동을 해보는 것이다. 내 경우를 예로 들면 저녁 메뉴를 아침에 먹는다. 마늘을 곁들인 으깬 호박이라던가 렌틸콩과 구운 정어리, 또는 램찹. 항상 심야영화를 봤다면 화창한 날 조조영화를 볼 수도 있고, 장을 미리 봐둬야 안심하는 성격이라면 폐점 시간이 다 돼서 장을 보러 갈 수도 있다. 뭔가 잘못한 것 같고 조급하고 두려울 수도 있지만 그런 만큼 새로운 기분을 느낄 수 있다.

기상 직후 글을 쓰는 나는 가끔 저녁 9시가 넘어 글을 쓰는 것도 새로움을 준다. 날씨가 좋을 때는 와인 한 잔을 놓고 야외에서 글을 쓴다. 그러면 평소에는 잘 쓰지 않던 표현들이 훨씬 잘 떠오른다.

둘째, '거꾸로' 한다. 대표적인 것은 침대의 다른 쪽에서 자는 것이다. 평소 발을 두던 곳에 머리를 두고 자는 정도의 작은 변화는 짧은 휴가와도 같다. 아침에 일어나면 방 안 풍경이 다르게 보이면서 신선한 느낌을 받는데, 비즈니스 및 창의력 분야에서는 이 개념을 데자뷔라고 부른다.

이처럼 불안은 내게 울퉁불퉁한 매듭투성이인 실뭉치 같은 존재다. 생각과 의무와 사려가 얽히고설켜 한마디로 죽이 되어버린다. 이 실뭉치로는 아무것도 할 수 없다. 프란츠 카프카 역시 실뭉치를 언급하며 불안에 대해 설명한 바 있다. 그에게 불안이란 "내 몸속에 있던 털실뭉치가 혼자 감기더니, 온몸의 표면으로 한 가닥씩 뽑혀나가는 기분"이라고 표현했다.

엉켜버린 매듭의 시작점이 어디인지 찾기란 불가능하다. 그러나 우리는 여전히 털실의 시작점만 찾고 있다. 모든 감정을 포괄적으로 설명할 수 있는 시작점을 찾아내 당기기만 하면 엉킨 실뭉치를 깔끔하게 풀 수 있을 거라고 믿는다. 해결책이 직선 같은 거라고 확신하는 것이다. 동기부여가 될 만한 단 하나의 철학 또는 단 한 번의 성공적인 관계, 단 하나의 완벽한 직업이 이 모든 엉망진창을 바로잡으리라고 생각한다.

그러나 단언하는데 어떤 일도, 감정도 이런 식으로 풀리지 않는다. 아니고말고. 우리가 더러운 손으로 잡아당겨봤자 매듭은 더 세게 묶일 뿐이다. 유일한 해결책은 헝클어진 실뭉치를 두 손으로 잡고 한 번에 조금씩 느슨하고 부드럽게 푸는 것이다. 뭉치가 풀어지면서 느슨해지면, 매듭이 여전히 남아 있어도 이전처럼 단단하진 않다.

오랜 시간을 들여 한쪽을 모두 푼 다음에 다른 부분으로 넘

어간다. 이렇게 세심한 관리를 받은 후에야 털실의 한쪽 끝이
느슨하게 풀린다. 털실의 나머지 부분도 이렇게 완전히 풀 수
있다.

15분 만에
나만의 공간 만들기

　여러 치유 여정 중에 '공간 만들기'가 있다. 어디가 됐든 자신이 속해 있는 공간을 자연스레 넓히고 가득 채워버리고 싶은 욕구에서 한 걸음 물러나는 것이다. 위장이든 일기장이든 주말이든 옷장이든 상관없다. 창의적이고 불안한 사람, 스트레스가 많은 사람일수록 많은 여유 공간 또는 여가가 필요하다는 것이 공간 만들기의 필요성을 증명한다. 디폴트 네트워크(멍한 상태에서 뇌가 더 활발해지는 것을 말함-옮긴이) 상태로 상황을 이해하기 위해서다.

　"우리는 공간이 부족할수록 구루병처럼 흉측한 정신적 고통으로 괴로워하게 된다." 에세이스트 팀 크레이더는 〈뉴욕타임스〉에 이렇게 적었다. "공간은 삶에서 한 걸음 물러나 전체를 바라보는 데 꼭 필요한 조건이다. 뜻밖의 연결을 이어주고, 마른번개처럼 번뜩일 영감을 기다릴 수 있게 해준다."

　삼십대 중반, 멘탈이 붕괴되던 시기에 나는 아주 예민한 중국인 의사에게 진료를 받고 있었다. 의사는 나를 진료한 후 내게 비장이 꽉 막혔다며 법석을 떨었다. 그녀는 정신없이 부산스러웠고 목소리는 카랑카랑했다. 나는 그녀에게 어떻게 그렇게 닳아버린 에너지로도 체력을 건강하게 유지할 수 있는지 물었다(참고로 의사도 하시모토병을 앓고 있었다). 하시모토병과 피로감은 일종의 세트였다. 불안은 하시모토병과 피로 위에 올리는 일종의 아이싱 장식이다.

내 질문에 의사는 매일 한 시간 동안 환자를 받지 않고 진료실 침대에 누워 쉰다고 말했다. 그 시간 동안에는 아무것도 하지 않고 그저 누워 있다고 했다. 맞다, 그녀가 만들어낸 것은 '시간'이었다. 하지만 그 시간이 비어 있다면 시간은 공간이 되고, 조금이나마 몸을 펼 수 있는 그릇이 된다. "단 15분이면 충분해요. 어떨 때는 5분이면 됩니다." 그녀는 내게 말했다. "그저 어두운 방 하나면 충분하죠."

내 친구 중 아주 엄격하고 칼 같은 CEO가 있다. 그녀는 비서를 시켜 매번 약속이 있을 때마다 앞뒤로 15분을 비우게 한다. 그녀는 다음 약속 장소로 가기 전에 앞의 미팅에서 무슨 얘기가 오갔는지 복기한다고 했다. "그 15분은 내가 다음에 무엇을 해야 할지 인식하는 공간이 되어주거든."

나는 언젠가 가족들을 만나러 가기 위해 네 시간 동안 운전을 한 적이 있다. 쓸쓸하고 공허한 그 시간 동안 평소라면 부재 중 전화에 답을 하고 팟캐스트를 들었을 테지만 그날만큼은 아무것도 하지 않았다. 음악도 듣지 않았다. 양떼밖에 보이지 않는 먼지투성이 공간에서, 나는 시간을 '사용'하지 않고 그저 앉아만 있었다. 얼마쯤 지나자 새로운 생각들이 터져나왔다.

이것이 공간의 미덕이다. 우리 삶을 둘러싸는 것, 어딘가를 채우는 것은 바로 무無다. 어두운 방에서 취하는 짧은 휴식일 수도 있고 동네 한 바퀴를 산책하는 시간일 수도 있다. 아이들이 만화영화를 보는 동안 서재에 앉아 있는 조용한 순간이나 점심시간에 잠깐 들른 텅 빈 교회까지, 우리가 빈 곳에 있을 때가 뭔가를 볼 수 있는 때다. 쉴 수 있는 공간이 없다는 건 마치 영화관의 스크린을 코앞에서 보는 것과 마찬가지여서 전체를 바라볼 수 없다. 소음과 흐릿한 픽셀 속에서 우리는 자기 자신을 잃고 만다.

실제로 양극성 장애를 앓는 사람은 타인과 대화할 수 있는 공간을 머릿속에 만들기 위해 남들보다 아주 많이 혼자 있어야 한다. 그들은 시간이 필요하다고 말하지 않는다. 이건 태도이고 감정이다. 공간이 있다는 건 몸도 마음도 부드럽게 느슨해질 수 있다는 것을 의미한다. 시간이 없다는 것은 그만큼 압박을 느낀다는 뜻이다.

우리는 늘 더 많은 시간이 필요하다고 생각한다. 그러나 시간이 더 많다고 해서 불안으로 움츠러든 누군가를 도운 적이 있던가? 시간은 결코 압박을 해결해주지 않는다. 시간은 치약 뚜껑을 열어주지 않는다. 시간은 매듭을 느슨하게 풀어주지 않는다. 더 많은 시간이 생겨도, 우리는 그 시간을 더 많은 생각으로 채우기만 한다. 결국, 우리에게 필요한 것은 더 많은 공간이다.

그렇다면, 가장 손쉬운 방법으로 자신만의 공간을 찾는 방법을 알아보자.

첫째, 호흡이다. 호흡은 지금 당장 이 자리에서 실천할 수 있는 가장 쉽고 간단한 방법이다.

넷을 셀 동안 숨을 들이마신다. 숨을 끝까지 들이마시면 멈추고 셋을 센다. 부드럽고 일정하게, 다시 넷을 세며 숨을 내쉰다. 숨을 완전히 내뱉으면 멈추고 셋을 센다.

멈추고 셋을 셀 때 숨을 참는다기보다 호흡과 호흡 사이에 부드럽게 멈추고 가슴속에 공간을 넓힌다는 느낌으로 한다. 억지로 숨을 참지 않는다. 눈을 감고 1~2분 반복한다.

둘째, 미소 짓기다. 일단 자리에 앉아 살짝 눈을 감고, 편한 방식으로 명상을 시작한다. 명상이 부담스러우면 그저 앉은 채로 숨을 들이마시면서 위에서 언급한 대로 잠시 호흡을 멈춘다. 이런저런 잡생각이 떠오르면서 잠시 후에 처리해야 할 까다로운 업무, 아침에 주차장에서 만난 짜증나는 이웃을 못 본 척하느라 찜찜했던 기억…… 이 모든 순간에 다정하게 그리고 부드럽게 미소를 보낸다.

턱과 눈썹 근육과 관자놀이 부분이 느슨해지는 게 느껴지면 마음속에 단단히 쌓아올렸던 경계를 조금씩 풀어본다. 머릿속 공간에 집중하다보면 세상을 다정하고 관대하게 보게 된다.

1993년에 진행한 한 가지 유명한 실험에서 연구자들이 피실험자들에게 20초 동안 눈 주변 근육을 긴장시킨 채 억지 미소를 짓게 했다. 이 단순하고 간단한 행동만으로도 긍정적인 감정을 담당하는 뇌의 영역이 활성화되었다. 영국에서 진행된 한 실험에서도 과학자들이 미소를 받았을 때 고양되는 기분을 수치화했다. 그 결과 친구가 미소를 한 번 지어줄 경우 뇌에서는 초코바 200개에 해당하는 좋은 자극을 받는다는 것이 밝혀졌다. 아이의 미소 한 번은 무려 초코바 2,000개의 자극에 해당했다.

최근 독일의 한 연구는 미소를 짓게 하는 표정 근육에 보톡스를 주사하면 두뇌 행복 회로가 방해를 받는다는 결과를 냈다. 미소 근육을 마비시키면 우리가 더 슬퍼지고 불안해지는 셈이다. 우아하고 자연스럽게 나이 들면 실제로도 더 기뻐진다니, 참으로 다행이지 않은가? 그러니 바쁜 일상을 보내더라도 짬짬이 자신에게 달콤한 미소를 선물해보자. 아주 잠깐이라도.

소비 지상주의에
속지 않으려면

내가 아침 방송에 출연할 때 다니던 메이크업 스튜디오가 있다. 나를 담당했던 메이크업 아티스트는 자신이 불안한 데는 결단코 아무 이유가 없다고 말했다. "스트레스를 받지도 않는데 불안해요."

많은 이들이 비슷한 호소를 한다. 오늘날 불안은 우리의 뼈에 새겨져 있다. 임상이 아니기 때문에 원인을 파악할 수는 없다. 어린 시절을 거지같이 보냈다거나 감정 표현이 서툰 부모 밑에서 자랐다는 등 뭔가를 탓하는 것도 지친다. 그래도 불안은 언제나, 어디에나 있다.

불안은 이제 개인의 투쟁을 넘어선 무엇이 되었다. 불안은 그냥 '~한 것thing'이다. 이것이 우리 정신을 통째로 좌우한다고까지 말할 수는 없지만.

포럼에서 만난, 자의식이 매우 강한 이십대 여성 샤이는 일상에서 느끼는 불안을 호소했다. 그녀가 뭉뚱그려서 지칭한 그것은, 침투력만 놓고 보면 어떤 의학적인 신경증보다 괴롭다. "외상 후 스트레스 장애는 차라리 괜찮다. 하지만 다른 종류의, 불안을 유발할 만한 어떤 사건도 없는데 늘 예민하게 곤두서 있는 감각을 처리하기란 정말 힘들다."

세상은 점점 더 불안해진다. 구체적으로는 '현대인의 삶', 더 정확하게 말하자면 '서구 위주의 현대인의 삶'이 그렇다.

불안과 우울증과 관련해 지금까지 진행된 수많은 연구를 가장 포괄적으로 메타 분석한 퀸즐랜드대학교의 연구 결과에 따르면, 임상적 불안이 미치는 영향이 중동과 아시아 지역보다 미국, 유럽, 오스트레일리아, 뉴질랜드에서 유의미하게 높았다. 이것은 무슨 의미일까?

먼저 현대인의 생활이 어떤지 살펴보자. 분주하게 돌아가는 일상 속에서 뭔가를 반추하기에, 우리 삶은 너무 빠르다. 비행기에서 노트북으로 일을 하고, 운전을 할 때는 1분이라도 빨리 가려고 다른 차들 사이를 요리조리 빠져나간다. 길을 걸으면서 햄버거를 먹고 커피를 마신다. 최신 기술을 꿰뚫으며 두세 번의 업데이트만 거쳐도 기계가 구식이 된다고 여긴다. 프로젝트는 하루 만에 제출해야 한다. 점심시간에는 인터넷 쇼핑을 하고 어린아이들을 온갖 학원으로 실어 나르고, 온 가족이 파리로 런던으로 휴가를 간다. 다른 사람들이 다 그곳으로 가는 것 같으니까.

우리 세대만 해도 자투리 시간을 마음 놓고 즐길 수 있는 귀한 시간이라 여기며 짧은 휴식을 즐기는 사람이 있었다. 일부러라도 연락을 받지 않고, 메일을 살펴볼 기회가 있다면 보내기 전에 한 번 더 수정할 시간이라도 확보했다. 사랑스럽고 느긋한 작은 사치는 너무나 중요했다.

그러나 오늘날에는 많은 기술자들이 비행기 내에서의 와이파이 도입을 단계적으로 시도하고 있다. 우리를 자유롭게 해주려던 기술은 오히려 우리를 더 구속한다. 더 빨리, 더 많은 아이디어로, 더 효율적으로 처리해야 하는 시급한 업무들을 만들어낸다. 즉시 대답하지 못했을 때 할 수 있는 변명이 없다. 구글이 있는데. 시리도. 봇도. 뭔가를 놓쳤을 때 핑계를 댈 수가 없다. 어플에 스마트폰, SNS까지 자동으로 업데이트되니까. 우리는 스케줄을 조정할 시간도 없고, 우선순위를 정할 시간도 없고, 미친 듯이 달리면서도 이 일이 정녕 내 인생에 의미가 있는지 되돌아볼 시간도 없다.

실제로 우리에게 더 많은 시간이 생길수록 공간은 줄어든다. 시간 절약을 위해 생겨난 도구들이 얼마나 많은가? 우리는 하루 24시간 일주일 내내 '켜짐' 상태로 지낸다. 시간도 공간도 틈새 없이 채워져 있다. 심지어 버스 정류장에서 기다릴 때조차 우리는 스마트폰을 들여다볼 뿐, 잠시 긴장을 풀고 하늘을 바라보지 않는다. 새소리를 즐기거나 얼굴 위로 비치는 부드러운 햇살을 느낄 새도 없다.

만약 우리가 어떤 답이 정답인지 알고 깨닫기 위해 더 많은 시간이 필요하다면? 현대 사회에서 그 모든 기회와 아이디어를 놓치지 않기 위해서는 두뇌에 여러 탭을 심어두고, 온갖 과제와 책임과 생각 탭들을 오가야 한다.

문제는 이 모든 생각이 경쟁 구도를 이룬다는 것이다. 지나치게 많은 생각들이 뒤엉키는 바람에 우리는 한밤중에 일어나 밀린 생각과 아이디어와 업무 리스트를 꼼꼼하게 살핀다. 그러면서 우리는 더더욱 망할 과잉 흥분 상태가 된다. 우리는 흥분을 가라앉힐 필요가 있다.

문제는, 현대 사회는 극기를 성공으로 여긴다는 점이다. 만약 우리가 이 세상에서 행복이나 평온, 균형을 찾지 못했거나 제대로 느끼지 못했다면 그건 우리가 충분히 열심히 노력하지 않았기 때문이 되어버린다. 현대 사회는 정답이 외부에 있다고 주입하기 때문이다. 당신은 그저 더 열심히 노력하고 답을 구하는 수밖에 없다. 물론 답은 존재하지 않는다. 그러니 애초에 실패할 수밖에.

나는 젊은이들이 안쓰럽다. 지금의 젊은이들은 이 불운한 운명에 유난히 세게 얻어맞는 듯하다. 많은 사회학자들 또한 십대와 청년층 사이에서 불안이 증가하는 현상을 지적한다.

가장 손쉬운 해결책은 소비다. 음식, 물건, 연인, 멘토까지 모든 것을 살 수 있는 시대이다 보니 자존감이 추락할 때 우리는 신상 화장품을 사라는 말을 듣는다.《신경끄기의 기술》저자인 마크 맨슨은 이렇게 말한다. "우리에게는 대체 뭔지도 모르는 망할 물건들과 망할 기회들이 너무 많다. 오늘날에는 목적이 없어도 그저 끌리는 일을 더 많이 해보라고들 하는데, 그게 사람들을 더 불안하게 만든다."

거듭 말하지만 나는 청년들이 이를 날카롭게 인지하고 있다고 생각한다. 그리고 여기에 결정타가 있다. 이 모든 것이 우리를 바깥으로 내몰고, 진정한 자기 자신과 자신을 더 발전시킬 수 있는 갈망으로부터 멀어지게 하고, 심지어 우리를 서로 멀어지게까지 만든다. 《나 세대: 왜 오늘날 젊은 미국인들은 더 자신감 있고, 적극적이고, 독립적이면서 동시에 그 어느 때보다도 비참한가》의 저자이자 샌디에이고대학교 사회심리학자인 진 트웬지 박사의 말을 인용하자면 커뮤니티와 소속감 결핍은 불안을 야기하는 원초적 동력이다. 그리고 이런 상황을 너무 버겁다고 여기면 사회는 우리에게 장애 또는 질병이라고 진단을 내려버린다.

이게 사실이라면 우리가 삶을 마주하면서 불안을 깨닫게 되었다는 것만으로도 충분하다. 심지어 합리적이고 분별력 있다고 볼 수도 있다. 그러니까 우리는 언제나 그놈의 과잉 흥분 상태인 거다. 그리고 이건 절대 우리 탓이 아니다.

아유르베다로 구분하는
세 가지 성격 유형

　　고대 인도의 전승의학인 아유르베다에 따르면 불안은 질병
도, 장애도 아니다. 마음의 균형이 무너졌을 때 나타나는 증상에
불과하며 굳이 고치지 않아도 된다. 다시 균형을 잡기만 하면 된
다. 아유르베다는 제멋대로 날뛰는 불안을 따로 떼어놓고 보는
게 아니라 마음 전체로 살피는데, 이 방식은 내게 무척이나 유용
했다.

　　아유르베다는 우리의 몸과 성격을 세 가지 도샤 또는 유형으
로 구분한다. 바타, 피타, 카파가 그것이다. 우리 모두는 세 가지
도샤를 적당히 가지고 있지만, 그중에서도 가장 우세한 도샤가
있다. 한 가지 도샤가 너무 우세하면 몸과 마음의 균형이 깨지면
서 소화, 체중, 건강, 감정 등에 여러 가지 문제를 일으킨다. 좀
더 구체적으로 소개하면 다음과 같다.

　　바타 유형은 가볍고 유연한 몸과 크고 돌출된 치아를 가지고
있다. 눈은 작고 움푹 들어간 편이다. 식욕과 갈증이 불규칙한

편이고 소화와 흡수 기능에 문제가 생기기 쉽다. 잘 흥분하고 경계심이 높고, 심사숙고하기보다 빠르게 행동하는 편이다. 실수하는 경우도 잦지만 자신감이 강한 편이다. 이들의 힘은 바람으로, 게으른 것을 싫어하고 끊임없이 할 일을 찾는다. 변덕도 심하다. 또한 이 유형은 추위를 정말 싫어한다. 이들에게는 따뜻하고 소화가 잘되는 음식이 좋다.

피타 유형은 보통 체격으로, 체중이 지나치게 늘거나 줄어드는 일이 드물다. 시력이 좋지만 빛에 민감한 편이다. 이들은 식욕과 갈증이 강한 편이고, 배우고 이해하고 집중하는 능력이 탁월하다. 규율을 중시하고 비판적이며 완벽주의자인 경우가 많다. 쉽게 분노하고 판단하는 경우가 종종 있다. 이들의 힘은 불이다. 그래서 여름에 쉽게 지치고 짜증을 자주 낸다. 샐러드처럼 차가운 음식이 좋고 칠리와 매운 양념은 피하는 것이 좋다.

마지막으로 카파 유형은 체격이 크고 체력이 강하다. 큰 눈, 강한 치아, 굵은 곱슬머리를 지녔다. 피부는 두껍고 매끈하고 유분이 있으며 털도 많은 편이다. 소화와 신진대사가 느린 편이라 체중이 늘기 쉽다. 달콤하고 짭짤한 음식을 좋아하며 커피에 민감하다. 침착하고 한결같은 타입이다. 목소리는 깊고 듣기 좋으며 단조롭게 말하는 편이다. 이들의 힘은 흙으로 겨울이나 이른 봄처럼 날씨가 습하고 묵직할 때 쉽게 가라앉고 우울해진다.

세 유형 중에는 가장 흥분하기 쉬운 바타가 다른 두 유형에 영향을 미치는 편이다. 바타 유형이 흥분하면 주변 사람들이 불안해지는 식이다. 물론 자신의 도샤가 무엇이든 적절한 균형만 이루면 아무 상관이 없다. 바타는 불의 기질을 가진 피타에게는 산소, 흙의 기질을 가진 카파에게는 바람 같은 역할을 한다.

거슬리는 도시 소음, 커피와 설탕, 정신없이 쏟아지는 이메일, 에어컨 냉기, 차갑고 바삭한 음식(칩, 크래커, 샐러드 등), 멀티태스킹…… 이 모든 것이 바타에게 좋지 않지만 그중 최악은 정신없는 이동이다. 도로를 질주하는 미친 택시, 야간의 시외버스, 비행, 장거리 운전까지, 이 모든 것이 바타를 미치게 만든다.

여기까지 읽고 혹시 눈치챘는지? 우리는 모두 바타 기질을 가지고 있으며 누구나 기본적인 불안에 시달리고 있다. 나는 처음이 사실을 알고 나서 무척 실망했다. 나는 빠릿빠릿하게 움직이는 데 익숙했고, 그런 특성이 나를 규정한다고 생각했다. 나는 민첩하게 움직이는 것을 좋아하는 유형이다. 나는 급한 성격, 멀티태스킹이 가능한 업무 능력, 새로움을 추구하는 취향까지 나를 불안하게 만드는 여러 성격 요인에 애착을 가지고 있었다. 물론 성격이 느긋하고 여유로운 사람들에게는 이상한 소리로 들릴 것이다. 나 같은 사람들 중에서도 이런 성격을 대응기제로 삼는 이들은 많지 않으니까.

아유르베다 철학은 우리에게 동굴로 들어가라거나 스마트폰을 내려놓으라고 요구하지 않는다. 아유르베다 철학은 그저 우리가 정상 수준에서 벗어났을 때 바타를 길들여서 조금 더 균형 잡힌 상태로 되돌아갈 수 있도록 여러 가지 방법을 제시할 뿐이다.

내 경우, 바타를 길들이기 위해 다음과 같은 방법을 활용했다. 미리 언급하자면 아래의 행동들은 누적이 되기 때문에 많이, 자주 하면 할수록 쉽고 빠르게 안정감을 되찾을 수 있다. 요동치던 불안도 점차 가라앉힐 수 있다.

첫째, 에어컨과 선풍기와 바람을 피했다. 외출을 할 때 숄이나 점퍼를 들고 다니다가 서늘해진다 싶으면 곧장 몸에 둘렀다. 조끼도 자주 입는다. 어머니는 늘 조끼가 몸을 따뜻하게 지켜준다고 말씀하셨다.

예전에는 알지 못했지만 내 의지와 상관없이 어느새 찬바람에 노출되는 경우가 많았다. 내게는 봄이 썩 좋은 계절이 아니다. 봄바람은 나를 자주 흔들고 어그러지게 만들었으니까. 물론 의식하고 있다면 괜찮다. 비슷한 맥락에서 쇼핑도 자주 하지 않는다. 오늘날 많은 매장은 불안을 초래하는 바타와 불안의 소굴이나 다름없다. 에어컨과 소음과 밝은 조명과 선택지들이 수도 없이 널려 있다.

둘째, 초조할 때는 커피를 멀리했다. 커피에 대한 질문은 지금도 종종 받는다. "커피가 나쁜가요?", "꼭 커피를 끊어야 하나요?" 나는 아유르베다를 신뢰하기 때문에 날 때부터 전적으로 나쁘기만 한 것은 없다고 믿는다. 다만 커피 때문에 당신이 망가지느냐가 문제다. 커피가 정말 나쁜지 묻는다면 아마 그럴 가능성이 높다고 짐작해서가 아닐까? 나는 매일 롱 블랙을 마시지만,

상태가 좋지 않다고 느껴지면 자연스레 커피를 멀리하고 혹시 중독되려는 게 아닌지 확인하는 식으로 부신을 쉬게 한다.

셋째, 점심은 오후 한 시에 저녁은 오후 일곱 시에 먹으려고 노력한다. 저녁 약속이 있을 때는 친구들에게 늦어도 아홉 시에는 일어나야 한다고 말한다. 가급적이면 저녁 열 시 이전인 '카파' 시간대에 잠들려고 노력한다. 규칙적인 생활이 많은 문제의 해결책이 될 수 있다. 당신도 당신만의 시간을 정해보길. 바타 에너지를 진정시키기 위해서는 규칙이 필요하다.

넷째, 든든한 음식을 먹는다. 으깬 고구마, 요거트를 섞어 걸쭉하게 만든 근채류 수프나 포리지(곡물에 물과 우유를 넣어 끓인 죽의 일종-옮긴이) 같은 것들이다. 이런 음식은 우리 몸에 바타 에너지를 가득 채워 쉽게 들뜨지 않게 해준다.

다섯째, 오일을 먹는다. 나는 스튜와 카레에 코코넛 오일과 버터를 넣어 먹는다. 그리고 매일 밤마다 채소에 올리브 오일을 한 큰술 정도 뿌려 먹는다. 몸에 증상이 있을 때는 양을 좀 더 늘린다. 질 좋은 오일은 영양을 공급하고 우리 몸을 따뜻하게 한다고 밝혀졌다. 필수 영양소인 비타민, 미네랄, 단백질은 지용성이다. 그래서 그리스인과 이탈리아인들은 채소를 먹을 때 오일을 더하고, 프랑스인들도 음식에 버터를 넣어 먹는다. 우리에게는 충분한 영양을 주는 지방이 필요하다.

여섯째, 하루에도 몇 번씩 5~20분 동안 가만히 앉아 명상을 한다. 작은 벤치든 비어 있는 회의실이든 방이든 상관없으니 당신도 가능하다면 꼭 해보길 바란다. 더운 곳에서 요가를 하는 것도 좋다. 핫요가를 하면 정말 마음이 차분하게 가라앉는 걸 느낄 수 있다.

일곱째, 평일 밤 여덟 시 이후와 주말에는 SNS를 차단한다. 때로 바타가 증가해 불안이 밀려올 때면 모든 브라우저를 닫아버린다.

여덟째, 어지간한 곳은 걸어서 간다. 불안할 때는 자동차도 자전거도 피한다. 아유르베다에 따르면 걷기보다 속도가 빠른 것은 그게 무엇이든 우리를 폭주하게 만든다.

내버려두면
아무 일도 일어나지 않는다

오락은 우리의 비참함을 위로해주는 유일한 요소이지만, 때로는 우리를 가장 비참하게 만들기도 한다.

도시 외곽에 살던 어린 시절, 나는 전화기가 울리면 신이 나서 방방 뛰었고, 자동차 진입로로 차가 들어오면서 내는 부릉부릉 소리를 듣고 싶어서 안절부절못하느라 실제로 몸이 아플 정도였다. 나는 나무에 올라가서 몇 시간씩 기다리며 무슨 일이라도 벌어지기를 기다리곤 했다. '아무나 왔으면! 어떤 일이라도 일어났으면!'

집에 손님이 오는 경우는 두세 달에 한 번 정도로, 매우 드문 일이었다. 나는 손님들을 위해 소금을 잔뜩 넣은 스콘과 질척한 케이크를 구웠고, 무슨 옷을 입을지, 어른들과 무슨 이야기를 할지 미리 계획했다. 이 불안하고 불완전한 기대가 사라지는 일은 없을 거라고 생각했다.

프랑스 철학자인 블레즈 파스칼은 삼각형을 연구하고, 기계식

계산기를 발명하고, 폭넓은 종교 평론을 남긴 것으로 유명하다. 그런 그도 질병과 불안에 시달렸고 강박증으로 고생한 것으로 알려져 있다.

대단히 예민했던 파스칼은 모든 인간의 문제는 혼자 조용히 머물지 못하기 때문에 발생한다고 여겼다. "아무 일도 일어나지 않게 내버려두어라." 그가 이런 방법을 실제로 터득했는지는 잘 모르겠다. 그는 서른아홉에 사망했는데 사망 원인은 불안 관련 합병증으로 알려져 있다.

그가 살아생전 강조했던 '아무 일도 일어나지 않게 내버려두기'는 내게 너무나 힘든 도전이었다. 나는 지금도 불안이 올라오거나 안절부절못할 때면 스마트폰을 붙들고 SNS에 무슨 일은 없나 살핀다. 누가 내 페이스북 포스팅에 댓글을 달았나? 최근에 올린 인스타그램 스토리 조회 수는 몇이나 되지? 나는 가끔 주차요금 징수기에 돈을 넣지 않고 차에 오르면서 어떤 마음이 드는지 관찰하기도 한다. 위반 딱지를 받기 직전의, 마치 드라마 같은 긴장감 넘치는 상황이 벌어지는 것을 실제로도 즐기는 것이다. '무슨 일이 일어날 것 같은' 기분에 아주 단단히 중독됐다고 결론 내릴 수밖에 없다.

언젠가 오프라 윈프리의 상담사이자 라이프 컨설턴트인 마사 베크를 만난 적이 있다. 나는 그녀가 매달 오프라의 〈O 매거진〉에 발표하는 칼럼의 애독자였다. 그녀는 내가 만난 작가들 중 가장 재미있고 진정성 있는 사람이었다. 연한 붉은 머리카락에 초록색 눈을 가진 그녀는 작은 새를 떠올리게 했다. 종종거리고 돌아다니며 말은 빨랐지만 어떤 면에서는 섬세했다.

나는 맨해튼에서 지내는 동안 그녀에게 만나고 싶다고 요청했다. 당시 나는 삼십대 중반이었고 멘붕을 벗어나기 위한 과도기에 있었다. 체력이 좀 더 좋아졌고, 명상을 시작했다. 더 나은 삶에 대한 칼럼을 쓰고 있었고 더 나은 삶을 사는 유명인사들을 인터뷰하기 위해 뉴욕을 방문했었다.

우리는 허드슨 호텔에서 만났다. 그녀가 내게 건넨 첫마디는 "당신도 우리 '과'겠네요"였다. 내가 보낸 이메일을 보고 눈치챘다고 했다. 그녀는 나를 보고 몸을 너무 앞으로 기울이고 있는 건 좋지 않다고 했다. 그녀는 단숨에 나를 파악했고, 만나기도 전에 내가 극도로 예민하고 생각이 수시로 바뀌고 많은 사람들을 겁먹게 할 만큼 성질이 고약하고, 어쩔 수 없이 자기 성격을 인정하며 살고 있다는 걸 눈치채고 있었다. 참고로 나는 오랫동안 포악한 성격을 고치려고 수없이 노력했지만 때로는 그런 성격이 아름답다고 불릴 만한 가치가 있다는 점도 안다.

자신도 나와 같은 부류라고 은근히 일러주는 그녀의 성숙함과 지혜에 새삼 감탄했다. 마치 내게 손을 내밀며, 세상에서 가장 다정한 방식으로 "나도 알아"라고 위로하는 것 같았다.

항상 몸이 앞으로 쏠려 있거나, 손님들을 위해 열심히 질척한 케이크를 굽거나, 일요일 오후 욕실 바닥을 문지르는 동안 다른

246

사람들은 뭘 하는지 궁금해하는 것이 나쁘다고 생각하지 않는다. 우리는 인간이다. 호기심이 많고, 누군가에게 손을 내밀고 싶어 하는 건 당연하다.

그러나 뭔가로부터 도망치려 할 때 이런 기질은 전혀 도움이 되지 않는다. 지나치게 흥분한 상태일 때, 어떻게 해야 할지 몰라 초조해질 때도 그렇다. 너무 초조해져서 더 이상 혼자 있지 못하고, 그렇다고 아무 일도 일어나지 않도록 가만히 있을 수만도 없을 때 더욱 그렇다. 우리는 오직 선을 넘었는지 여부만 알 수 있다. 가만히 머물면서 안정되고, 자신만의 공간을 찾고, 자기 앞에 놓인 과제를 펼쳐놓고 변별력 있게 숙고하다보면 선을 넘었는지 아직은 괜찮은지를 느낄 수 있다.

명상은 내면에 집중하는 대표적인 프로그램이지만 외부로 손을 내미는 데 도움을 줄 수도 있다. 영국의 마음챙김 상담사인 리처드 길핀은《불안해소를 위한 마음챙김Mindfulness for Unravelling Anxiety》에서 불안한 사람들이 명상으로 진정되기를 기대할 때 흔히 하는 실수 중 하나가 명상은 문제를 잊고 외면하게 만들어준다고 생각하는 것이라고 지적한다. 세계 곳곳에 자리한 명상센터에는 무언가로부터 도망치려는 사람들이 가득하다. 이들은 유사 종교를 연상시키는 해시태그(#축복받은 #빛의전사 #유니콘 과무지개) 뒤에 숨어 현실을 피하려고만 한다.

"좀 더 현명한 방향으로 나아가는 방법이 있다. 침착한 상태일 때 내면에 감사하고, 불안한 상태일 때는 평소보다 자신을 더 친절하게 대하는 것이다." 당신이 리처드 길핀의 당부를 꼭 기억하길 바란다.

스스로 만드는
느긋한 세상

과거에는 우리가 지나치게 불안해지거나 흥분하지 못하도록 막아주는 제도가 있었다. 고용주들도 그 선을 지켜주었다. 예를 들면, 주말에는 일하지 않고 쉬었다. 집에서 전화를 받지 않아도 상관없었다. 컴퓨터가 없으니 24시간 내내 대기하지도 않았다. 회사가 지나치게 선을 넘으면 불만을 제기할 수 있었고, 상사나 인사과나 노조 등을 통해 문제를 해결할 수도 있었다. 주일마다 교회와 성당에서 철저하게 머리를 식혔고, 가게도 일주일에 하루는 문을 닫았다. 해외여행은 평생 한 번 있을까 말까한 경험이었다. 우리는 진심을 담아 천천히 쓴 편지로 연락을 주고받았다. 아무도 한 시간 이내에 답이 오기를 기대하지 않았다. 이런 일상이 확실성을 강화해주고 결정해야 할 것들을 줄여주어 심적으로 안정된 상태를 유지할 수 있었다.

그러나 오늘날에는 이런 경계가 거의 사라져버렸다. 정보와 의무가 쏟아진다. 힘든 시간이 찾아왔을 때, 우리는 몇 년만 지나면 이 시련이 지나가고 아름답고 좋은 날이 올 거라고 생각한다. 과거에 그랬듯이 이번에도 잘 극복할 수 있을 것이라고 믿는다. 우리는 여전히 이런 가치관을 가지고 살아가지만, 그런 날은 더 이상 존재하지 않는다.

뉴스를 보면 여전히 많은 사람들이 언젠가 강력한 지도자가 나타나서 우리를 위해 안전망을 설치해주고 우리를 보호해줄 거라고 믿는 듯하다. 과거에 그랬듯이. 하지만 그런 사람은 없다. 우리는 안전망을 직접 만들어야 한다는 사실을 미처 알지 못했다. 우리를 산만하게 만드는 요소를 차단하고, 번잡한 일을 줄이고, 피곤하게 쇄도하는 잡다한 정보를 끊고, 반성하고 고요함을 누릴 공간을 만드는 일을 얼마나 잘해내는지가 성공과 안녕, 행복의 새로운 지표가 되었다.

과거에 성공이란 정보를 얼마나 잘 모으는지, 《월드북백과사전》에서 훌륭한 참조사항을 많이 찾는지에 달려 있었다. 오늘날의 성공은 정보와 데이터를 얼마나 잘 차단하느냐에 달려 있다. 이를 깨달으면 이전보다 자유로워질 수 있다.

당신이 살고 싶은 넓고, 느긋하고, 고요한 세상을 당신 스스로 만들어야 한다. 이게 무슨 말일까? 내가 지금까지 인터뷰한 모든 사람을 통틀어 가장 성공한 사람들이 직접 확고한 기준을 만들어낸 몇 가지 사례를 공유할 테니, 가장 와 닿는 사례를 본인에게 적용해보면 어떨까.

이메일을 하루에 두 번만 확인한다. 《4시간》의 저자 팀 페리스는 오전 열 시와 오후 네 시에 이메일을 한꺼번에 확인한다. 자동응답을 설정해두면 메일을 보낸 사람들이 그걸 보고 답장 시간을 예상할 수 있다. 주변 사람들이 나는 항상 대기 상태라던 가 연락하면 곧바로 답장하는 사람이라고 여기게 만들지 말라는 것이다.

오전 열 시 규칙을 적용한다. 오전 열 시까지는 어떤 요구에도 응하지 않는 것이다. 다른 사람들이 뭔가를 요구할 때 무조건반 사처럼 즉각 반응하지 말고 당신에게 중요한 일을 먼저 하라는 뜻이다.

느린 곳에서 산다. 생활습관 노하우를 공유하는 커뮤니티인 '젠 해빗'을 창립한 리오 바바우타는 도시의 산만함에서 벗어나 기 위해 하와이로 이사했다. 소설가 피코 아이어는 맨해튼에서 일본 시골로 옮겨갔다. "그곳에서 나는 오로지 두 다리로만 더 오래, 더 쉽게 지낼 수 있었다. 영화관까지 걸어가는 시간은 매 번 이벤트가 되었다. 한 장소에 오래 머무는 것보다 내 기분을 더 좋고 고요하고 깨끗하고 행복하게 만드는 것은 없었다."

나는 시드니 북쪽 해안으로 이사를 왔다. 도시의 번잡함에서 벗어나 오지와 바다가 주는 치유 효과를 누리는 건 사실 큰 변화 이고 희생이었다. 이사를 오면서 친구들과 여러 모임에서 멀어 졌고, 하루살이를 시작했다. 나는 단지 이 책을 쓰기 위해 조사 와 취재에 집중하고자 이사를 했고, 이 결정은 내가 불안에 대한 책을 쓴다는 불안을 견뎌내는 데 큰 도움을 주었다.

디지털 기기 보관함을 마련한다. 저녁 여섯 시부터 다음 날 아침까지 휴대전화와 아이패드를 이 보관함에 둔다. 잠이 오지 않는다고, 또는 외롭다고 절대 한밤중에 SNS를 하지 않겠다고 다짐하는 것이다.

휴대전화를 집에 두고 외출한다. 나는 불안이 엄습할 때면 가끔 휴대전화를 집에 두고 외출한다. 요즘 같은 시대에 이건 대단히 반항적인 행동이지만 일주일에 한 번쯤은 휴대전화를 완전히 거부하는 것도 도움이 된다.

당신만의 방을 만든다. 몇 달에 한 번씩, 호텔 예약 사이트로 멀지 않은 곳에 저렴한 호텔을 예약하는 사람을 만난 적이 있다. 그녀는 주로 퇴근 후에 체크인을 했다. 목욕과 독서, 네일아트를 하고 룸서비스를 주문한 다음, 영화를 보고 숙면을 취한다. 그리고 다음 날 호텔에서 곧장 회사로 출근한다. 남편에게는 회사에서 밤새 야근을 했다고 말한다. 가족에게 거짓말을 했다는 죄책감이 살짝 들지만, 이를 상쇄할 만한 가치가 있다.

생각주간을 만든다. 빌 게이츠는 6개월 단위로 생각주간을 갖는다고 알려져 있다. 생각주간이면 실리콘 밸리의 동료들 사이에서 빠져나와 언덕 위의 작은 오두막으로 향한다. 잡다한 것은 모두 배제한다. 스킬 셰어 창립자인 마이클 칸자나프라콘도 생각주간을 직접 도입해본 소감을 이렇게 설명했다. "살면서 해야할 일의 목록을 만들고, 행복에 대해 많은 연구를 했다. 경력을 위해서가 아닌 진짜 나를 위한 자기계발에 집중했다. 숲으로 산책을 나갔고 유기농 음식을 요리하는 법을 배웠다. 평생 읽으려고 벼르기만 했던 책을 세 권 읽었다. 매일 요가와 명상을 하며 머릿속을 깨끗하게 비웠다. 몇 시간씩 앉아만 있기도 해봤고, 아침 해가 떠오르는 순간 그저 멍하니 아름다운 주변 환경을 바라보기도 했다."

자기만의 안식일을 만든다. 나는 〈내셔널 지오그래픽〉 탐험가인 댄 뷰트너가 '블루 존-세계에서 가장 오래 사는 사람들이 모인 곳'을 취재할 때 합류한 적이 있다. 그는 건강하게 오래 사는 삶의 아홉 가지 비결 중 쉬는 날이 가장 중요하다고 내게 꾸준히 일깨워주었다. 나는 목요일마다 쉬기로 하고, 매주 목요일마다 그동안 못 읽은 책을 읽으며 긴 독서 시간을 가졌다. 이 책도 목요일마다 썼는데, 그러다보니 내게 목요일은 안식일뿐 아니라 공간의 날도 되었다.

부재중 알림을 적극 활용한다. 이메일은 소환장이 아니다. 여행 중이거나 글을 쓰느라 집중해야 할 때, 나는 부재중 알림을 설정해서 이메일을 계속 확인할 필요가 없게 한다. 내가 없는 동안 그 문제가 해결됐는지 아닌지 어떻게 알겠는가? 우리는 우리 시간과 정보를 필요로 하는 사람이 내가 아닌 상대방이라는 사실을 자주 잊어버린다.

참고로 오늘날에는 많은 사람들이 성의 없이 이메일을 보낸다. 구글에서 쉽게 찾을 수 있거나 약간의 시간과 노력만 들이면 알 수 있는 질문을 이메일로 마구잡이로 물어본다. 불안한 사람들은 다른 사람들에게 대답을 해주고 도움도 주고자 하는 욕망에 지나칠 정도로 성실한 경향까지 있어서, 이런 사람들에게 시간과 노력을 바치는 경우가 많다. 그러니 미리 준비를 해야 한다. 나도 예전에는 예의 없는 이메일에 정중하게 답변했지만 지금은 삭제 버튼을 누른다. 기자인 친구도 그게 타당하다고 말한다. "그 사람들은 5초 만에 이메일을 후딱 보내버리고는, 그 문제를 알아보고 답을 찾아야 하는 내가 25분 안에 답변을 주기를 기대하지. 이건 앞뒤가 맞지 않아."

적게 소유한다. 나는 가볍게 사는 이유가 쉽게 떠나기 위해서라고 주장하는 디지털 유목민과 미니멀리스트 들을 여럿 알고 있다. 이들은 블로그에 아주 쉽게 글을 쓰고 전 세계를 돌아다니며 돈을 받고 탐사여행을 한다. 그런데 이들 대부분이 1년 정도 지나면 탐사여행을 포기한다.

나는 개인적으로 적게 소유하고 가볍게 사는 이유가 오래 머물기 위해서라고 진심으로 믿는다. 적게 가지면 무수한 결정을 줄여주고(아침에 옷장 앞에서 고민할 만큼 옷이 많지 않다) 더 나은 삶의 원칙을 지닐 수 있는 공간을 더 많이 마련할 수 있다. 세계금융위기를 겪은 후 적게 소유할수록 더 행복해진다고 증명하는 수많은 연구 결과가 발표되었는데, 대부분 그 이유를 쾌락 적응으로 설명한다. 우리 뇌는 행복 수치를 안정시키도록 설정되어 있기 때문에 물건을 사거나 뭔가를 소유했을 때 치솟는 행복은 늘 금방 사라진다. 〈소비자심리학 저널Journal of Consumer

Psychology〉의 한 연구 결과는 물건보다 경험이 우리를 더 행복하게 한다고 밝혔다. 더 나아가 〈심리과학 학술지Asychological Science〉에 게재된 또 다른 연구는 많이 소유할수록 일몰이나 초콜릿 같은 단순한 것을 즐기는 능력이 사라진다고 증명했다. 물건을 소유했다는 인식 자체가 기본적인 즐거움을 누리지 못하도록 방해하는 것이다.

이 분야의 많은 전문가들이 잡동사니를 처리하고 깔끔하게 정리하는 기쁨을 쉴 새 없이 전한다. 그러나 나는 물건을 버리고 족쇄를 벗는 것은 책임감 있는 행동이 아니라고 말하고 싶다. 멀쩡한 자원을 버리고 마트에서 구입한 또 다른 상자에 물건을 다시 정리해야 한다는 강박은 완전히 잘못되었다. 애초에 쓸모없는 물건은 사지 말자는 것이 내 해결책이다. 더 직설적으로 말하자면 아예 쇼핑을 하지 않는 것이 낫다.

나와 다른 부류와
지구에서 함께 산다는 것

　　나는 심하게 짜증이 나 있었다. 일행의 거친 숨소리와 행동에 그야말로 죽을 것 같았다.

　저녁 식사 자리에서 일행이 입에 음식을 넣은 채 말을 하고, 양념과 침이 묻은 포크를 흔들고, 고개를 뒤로 젖히고…… 그래, 이게 나를 미치게 만들었다. 발 구르기, 다리 떨기, 손가락으로 식탁 두드리기는 말할 것도 없었다.

　그런데 이런 괴로움이 나만 겪는 건 아니었다. 구글에 이런 괴로움과 피로감을 불안이라는 키워드와 함께 입력하자 이 문제를 다룬 포럼, 논문, 포스팅이 쏟아져 나왔다.

　덕분에 나는 불안이 사적 거리를 넓힌다는 사실을 배웠다. 우리 같은 불안한 사람들은 평범한 사람들이 편안함을 느끼는 거리인 20~40센티미터보다 더 많은 공간을 필요로 한다. 특히 조증과 경조증이 있는 사람들은 여러 면에서 다른 사람들과 지구를 함께 쓴다는 사실 자체를 힘들어한다. 제이 그리피스는 자신의 회고록《조울증과 함께 보낸 1년》에서 "당신이 빠르게 달리고 열정과 활력이 걷잡을 수 없이 치솟을 때, 다른 보통 사람들은 무기력하게 보이기 때문에 더 화가 난다."

같은 맥락에서 선풍기와 산들바람은 내 말초신경을 불안하게 흔든다. 저음으로 둥둥 울리는 스테레오 스피커 같은 물리적 진동은 나를 완전히 산만하게 만든다. 이 모든 자극은 실제로 들리고 느껴진다. 밤에 작동되는 에어컨은 눈물을 쏟게 만든다. 오장육부가 에어컨 소리를 듣고 진동을 느끼기 때문이다. 아무리 강력한 귀마개도 소음으로부터 나를 지켜주지 못한다. 옆에 누군가 누워 있으면 그 사람의 심장박동 소리가 매트리스를 통해 느껴져서 밤새 잠을 이룰 수 없다.

불안은 스트레스 반응을 활성화시켜서 즉각적으로 우리를 예민하게 만들고, 신경계를 자극해 우리가 매사를 날카롭게 받아들이도록 만든다. 그래야 위험에 방어하는 능력이 향상된다. 그나마 이 모든 반응에는 생물학적 근거가 있기 때문에 조금이나마 위로가 된다.

당신은 어떤지 모르겠지만, 나의 경우 불안할 때 짜증이 심해진다. 때로는 이런 감각의 도화선이 나를 더 불안하게 만든다. 나는 종종 피부가 벗겨질 때까지 철수세미로 문질러대는 신경과민 환자가 된 기분이 든다. 한낮에 외출을 하려면 산성 용액이 담긴 통에 빠져야 할 것 같다.

친구 케리가 이런 말을 한 적이 있다. "너를 스트레스 받게 만드는 건 짜증 나는 일 자체가 아니야. 인간으로서 경험하는 모든 일이 너를 스트레스 받게 하는 거야." 그 말을 들을 때 나는 휴게소 주차장에 있었다. 렌터카 반납 시간이 이미 15분이나 지났다는 걸 알고 나서 불안에 휩싸여 있을 때였다. 참고로 케리는 내가 나무를 보며 덜덜 떨고 있을 때 숲을 보도록 이끌어주는 사람이다.

어떤 휴머노이드 같은 현실이 나를 자극해 이 지경까지 오게 됐는지는 기억나지 않는다. 분명 공황 증상에 비하면 하찮은 것이었으리라. 그러나 그날 오후 케리가 건넨 말이 내 가슴을 찔렀다는 건 분명하다.

"네 말이 맞아." 나는 숨을 헐떡이며 말했다.

불안이 심한 사람들 중에는 대중 앞에서 이야기하는 직업을 가진 이들도 있다. 큰 무대에 서는 배우이거나 여러 사업체를 운영하거나 국제 스포츠 경기에 출전하는 선수도 있다. 이렇게 대범해 보이는 이들도 늦은 밤 떨어지는 물소리나 구겨진 시트, 직장 동료의 벨소리 때문에 미치겠다고 호소한다.

냄새도 있다. 향수, 호텔 시트의 세제 냄새, 옆 사람의 머리에서 나는 샴푸 냄새, 화장실에 꽂아둔 디퓨저 등 온갖 인공 향은 내 몸을 아프게 한다. 다섯 시간 전에 향수를 뿌린 사람과 포옹을 하면 그 향을 씻어낼 때까지 어지럽고 불안해진다. 그래서 향수를 뿌린 친구들과 저녁을 먹거나 영화관에 가지 않는다.

나 외에도 많은 이들에게 왜 이런 일이 벌어지는지, 왜 냄새가 쉽게 불안을 야기하는지 살펴보았다. 알고 보니 후구와 편도체는 모두 머릿속 깊숙한 중심에 위치하고 있었다. 그리고 불안은 감정 시스템과 후각 시스템을 하나로 엉키게 만들 수 있다. 즉 냄새는 빠르고 즉각적으로 특정 공포를 떠올리게 한다. 위스콘신-매디슨대학교의 연구는 후구 역시 연상 작용을 담당하는 해마와 직접 연결된다고 증명했는데, 이로써 냄새가 불안을 야기하는 이유를 설명해준다. 한마디로, 돌고 도는 것이다.

그렇다면 이 지긋지긋하지만 특별한 감각 중 우리를 덮치는 80만 가지 유독성 냄새에 대한 타당한 과민증은 어느 정도일지 궁금해진다. 불안한 사람들은 자신들이 속한 공동체에서 마치 석탄 광산의 카나리아 같은 역할을 맡고 있다. 이들은 특유의 예민함으로 독버섯의 독성과 한밤중에 몰려오는 들짐승들의 습격을 누구보다 빨리 눈치채고 다른 이들에게 경고해준다. 오늘날에도 마찬가지다. 이들은 우리를 아프게 하는 수많은 유독물질을 지치지 않고 알려준다.

그러나 이 의무에 충실하다 보면 나는 내 몸에 갇힌 죄수가 된 기분이 든다. 예민함이 과해지면 나는 종종 나를 공동체로부터 고립시킨다. 세상이 너무 고통스러워서가 아니다. 내 주변 사람들이 나를 얼마나 소중히 여기는지 잘 알고 있기 때문에, 내 고통을 다른 이들에게 나눠주지 않기 위해 잠시 사라지는 것이다. 아마 나처럼 예민한 사람이라면, 이 말이 무슨 뜻인지 알 거라 믿는다.

불안한 사람들의 예민한 감각을 건드리는 온갖 자극과 독성이 점점 심해지는 오늘날에는, 어떻게 해야 마음의 평안을 얻을 수 있을까? 나는 지구에서 다른 사람들과 함께 살아야 한다. 정말이지, 다른 사람들과 지구에서 함께 잘 살고 싶다. 언제까지 도망만 칠 수는 없다. 내가 어디를 가든, 윙윙거리는 기계와 다른 사람들이 있다.

답을 찾기 위해 인도 아시람에서 치료를 받으며 보냈던, 무척이나 불편했던 어느 시절을 떠올려보았다. 3일째 되던 날, 나는 방을 바꿔달라고 요청했다. 곰팡이와 모기 때문에 너무 괴로웠다. 내가 배정받은 방은 가장 눅눅하고 구석진 곳이 분명했다. 귀마개를 껴도 벌판 너머에서 들려오는, 내 귀에만 들리는 발전기 소리를 막을 방법이 없었고 나는 결국 뜬눈으로 밤을 샜다. 새로 배정받은 방은 발전기와 일직선 방향으로 놓여 있었다. 덜컹거리는 소리가 바람을 타고 들려와 벌레만큼이나 나를 불편하게 만들었다. 하지만 옆방 노인은 매일 밤 코를 골면서 잘만 잤다.

5일째 되던 날 라마다 박사가 나를 찾아왔다. 나는 지치고 덫에 걸린 기분으로 눈물을 쏟았다. 내가 왜 여기 있지? 다른 사람들은 왜 아무도 힘들어하지 않는 거야? 저렇게 시끄러운데 어떻게 다들 잠을 자지? 어떻게 이 고문에서 벗어나지?

"사라, 왜라는 질문을 멈춰요." 그가 말했다. "당신은 공부할 만큼 했고 알 만큼 알아요. 그렇지만 대답을 얻지 못했죠? 당신은 그저 머무를 필요가 있어요."

나는 몇 년 동안 잠들지 못했던 시드니의 아파트로부터 1만 킬로미터를 도망쳤었다. 위층에서 들리는 쿵쿵대는 발소리와 한 블록 떨어진 곳에 있던 해군 함정의 덜컹대는 소리로 미칠 것 같았다. 이전에는 밤새 배수관이 절그럭거리던 또 다른 집에서 도망쳤었다.

라마다 박사는 방을 또 바꿔도 괜찮다고 했다. 그게 싫으면 치료를 포기하고 집으로 돌아가도 된다고 했다. 하지만 그가 하려는 말은 명확했다. 언젠가는 더 이상 도망칠 곳이 없어질 거라는 것. "이사를 계속 해도 효과는 없죠. 짜증은 당신을 평생 따라다니니까요. 문제는 그 상황을 직면할 때 비로소 치유되고 해결됩니다." 그는 내가 도망치지 말고 머물러야 한다고 말했다. 아마 누구라도 한 번쯤은 그런 경험이 있지 않을까.

나는 그저 머물라는 박사의 조언이 모든 사람에게 효과적인 방식이 아니라는 걸 안다. 그저 SNS에 털어놓고 위로를 받거나 쇼핑을 하며 기분을 전환하는 게 훨씬 즉각적이고 매력적인 해결책처럼 보일 수도 있다.

나는 공포와 불안을 다루는 방법에 대해 수없이 떠들어대고 있지만, 나 역시 자주 도망치는 쪽을 택한다. 하레 크리슈나 캠프에 참석해서 마침내 하시모토병에 걸렸다는 진단을 받아들이긴 했지만, 그러기까지 무척 오래 걸렸다. 그래서 인도에서는 제대로 직면하는 연습을 해보기로 했다.

먼저, 눅눅하고 작은 내 방에 누워 천장에 달린 선풍기를 가만히 바라보았다. 확인할 것도 없고, 일어날 필요도 없고, 다른 오락거리도 없었다. 불안의 물결이 하나하나 흘러가도록 내버려두는 수밖에 없었다. 거의 8.5초꼴로 불안을 털어내고, 누군가와 싸우고, 더 많은 질문을 퍼붓고, 아무나 붙잡고 이건 불공평하다고 말하고 싶었다. 하지만 그러는 대신 내 안에서 벌어지는 싸움을 가만히 지켜보았다. 여기서는 도망칠 곳도, 내 말을 들어줄 사람도 없다. 나는 머물고 또 머물고 또 머물렀다. 한순간도 좋았던 적이 없다. 머리는 더 간지러워졌고, 소음은 더 시끄러워졌고, 생각은 더 빨라졌다.

그러나 몇 가지만큼은 달랐다. 첫째, 내게 아무런 선택지가 주어지지 않았다. 아니, 나 스스로 아무런 선택지도 없는 곳에 고립시켰다는 편이 더 정확할 것이다. 인터넷으로 검색할 수 있는 범위 내에서, 지구에서 가장 지루할 것 같은 지역에 있는 가장 엄격한 클리닉을 골랐으니까. 둘째, 쉬지 않고 나 자신에게 말했다. "무슨 일이 일어나는지 지켜보자." 셋째, 나와 비슷한 상황에서 비슷한 치료를 받고 있는 사람들을 통해 동기를 부여받았다. 이곳에 있는 사람들은 모두 나와 같은 이유로 이곳을 찾았고, 불안을 직면할 때 더 깊게 이해할 수 있다는 것을 깨달았다. 당연히 우리는 이 싸움에서 이겨야 한다.

마침내 클리닉의 마지막 주에 접어들자 건물 밖으로 나가서 안뜰의 벤치에 앉아도 된다는 허락을 받았다. 해가 뜨자 바람이 내 바타를 자극하지 않도록 머리를 천으로 감싸고 밖으로 나왔다. 나는 따뜻한 곳에 앉아서 정면을 멍하니 응시했다. 그때, 무당벌레만한 쇠똥구리가 말라빠진 개똥을 언덕 위로 굴리며 올라가는 게 보였다. 나는 한 시간 동안 그 모습을 지켜보며 혼자 웃어댔다. 가엾은 쇠똥구리를 위해 개똥을 대신 옮겨주고 싶은 충동을 억눌렀다. 만약 그랬다면 지금 이 완벽하게 느긋한 순간을 망치고 말 테니까.

그렇게 시간이 지나자 다시 마음이 고요해졌다. 고요한 상태가 썩 마음에 드는 것도, 들지 않는 것도 아니었다. 둘 다였다. 마음속에는 아직 짜증이 약간 남아 있었지만, 감당할 수 있을 정도였다. 불안은 훨씬 무뎌졌다. 내 훈련이 제법 성공한 것 같았다.

기대치를 낮추면
보이는 것들

　　자가면역질환에 시달리면서 불안을 직시하기 위해 애쓰던 시기에 친한 친구의 아이가 세 살이 되었다. 다행히 아이의 생일 파티에 요정이나 마일리 사이러스 분장을 한 아르바이트생들은 없었다. 생일 파티에 참석한, 아장아장 걷던 아기들 중 하나가 잔디밭에 있던 작은 진흙 웅덩이에 빠져 기저귀 사이로 진흙이 들어갔다. 그러나 아기는 전혀 찝찝하지 않은 듯 나뭇가지 두 개로 장난을 치며 재미있게 놀았다. 아기는 진흙이 묻었음에도 불구하고 즐겁고 행복해 보였다. 그 아기는 스스로 상황을 다르게 해석해, 진흙이 묻은 덕분에 더 행복하게 논 것이다. 다른 아기들도 짜증이 날 법한 상황(얼굴로 날아드는 파리, 흐르는 콧물, 너무 높은 계단 등)을 행복으로 바꾸는 재주가 있었다. 어른들은 절대 하지 못하는.

　　불쾌감에도 불구하고 그 상황에 머무는 건, 단순히 그 상황에 자신을 노출시킴으로써 감정의 동요를 줄이기 위해서뿐만은 아니다. 이날의 경험은 내게 아주 특별한 기쁨을 가져다주었다.

나는 〈코스모폴리탄〉에서 일하던 시절, 틀에 박힌 불안에서 벗어나기 위해 거의 격주 주말마다 이 짓을 하곤 했다. 카멜백에 깨끗한 속옷 한 벌과 티셔츠 한 벌과 칫솔을 넣고, 시드니 블루 마운틴 산맥을 달리기 위해 산악자전거를 가지고 기차를 탔다. 해가 잘 드는 자리에 앉아 머핀을 먹었고 중앙역 가판대에서 구입한, 탄 맛이 나는 커피를 마셨다. 그리고 토요일자 신문을 읽었다. 낡고 늘어진 산악용 반바지를 입었고 머리는 땋은 채였다. 자전거를 타고 몇 시간씩 숲과 개울과 절벽 가장자리를 따라 산길을 달리며 불안은 어느새 배경으로 밀려나버리고 없었다.

이 기차역에서 저 기차역으로 몇 시간을 달리고, 다시 기차를 타고 오르막길을 달린 후에는 산맥 정상에 있는 펍으로 향했다. 벽난로 앞에서 나초와 바싹 익힌 스테이크, 레드 와인 한 잔을 주문했다. 사과 크럼블도.

어느 무더운 초가을 아침, 두 시간을 신나게 달리다가 쨍쨍 내리쬐는 햇볕으로 나왔다. 머리 위로 쏟아지는 햇빛에 사로잡혀, 그곳에 멈춰서 잠시 누워 있었다. 통나무를 베고 누워 돌투성이인 흙바닥으로 다리를 쭉 뻗었다. 몸이 가라앉는 기분이었다. 개미 떼가 바지 속으로 기어 들어왔고, 머리카락에 땀과 흙이 붙고, 진흙 섞인 땟물이 목을 타고 흘렀다.

저 멀리 차나무의 서늘한 그늘에서 딱새가 시끄럽게 울었다. 뜨거운 태양 아래 통나무를 베고 누운 이곳은 한없이 고요했다. 나는 하늘을 올려다보았다. 반바지의 충전재 아래로 바위가 살

갖을 쿡쿡 찔러댔다. 행복했다. 뭔가가 해소되는 기분이었다. 한 주 동안 회사에서 받은 짜증과 스트레스와 그로 인한 불안이 슬금슬금 물러갔다. 그리고 15분 동안 행복한 상상을 하며 잠이 들었다.

이렇게 조용하고 외진 장소를 선택할 때는 기대치를 많이 낮춰야 한다. 그러면 햇빛, 고요함, 풀냄새 등이 주는 단순한 기쁨이 근사하게 눈에 들어온다. 기대치를 낮추면 완벽해야 한다는 압박도 줄어든다. 꽉 쥔 주먹을 얼마든지 놓을 수 있다. 자연의 흐름에 맡기고 삶을 살아갈 수 있다. 물론 한숨이 나올 때도 많지만.

내게는 '카페에서 가장 흔들리는 테이블 이론'이라는 나만의 이론도 있다. 불편함 속에 머문다는 개념을 일상의 불안에 어떻게 적용하는지 설명하려고 만든 논리이다. 모든 사람이 아쉬람에서 내면을 치유할 기회를 얻을 수는 없다. 우리는 저마다의 자리에서 일을 해야 하니까.

몇 달간 거리를 헤매며 수많은 카페 중 이 카페가 정말 내게 맞는 곳인지 결정하지 못해 얼어붙곤 하던 내가 마침내, 카페에 그냥 들어가게 된 날이 있다. 지금까지 그 자리에 있는지도 몰랐던 포카치아 카페였다. 그때 카페 안 라디오에서 FM 방송이 흘러나오고 있었고, 메뉴판에는 '다섯 가지 맛의 포카치아'에 안티파스토(전채요리 중 하나)가 포함된다고 적혀 있었다. 나는 첫 번째 테이블로 성큼 걸어갔다. 테이블이 살짝 흔들렸다. 그런데 테이블 다리 밑에 신문지를 끼워 고정할 수가 없었다. 머리 위의 스피커에서는 엔야의 목소리가 울려 퍼졌다. 나는 실험을 하기로 했다. 테이블을 옮기지 않고, 내가 어떻게 될지 가만히 지켜보기로 한 것이다.

차는 미지근했지만 어차피 실험 중이니 중요하지 않았다. 내가 미소를 짓자 더러운 앞치마를 두르고 있던 소년도 미소를 지으며, 오븐에서 꺼내다가 모양이 망가진 머핀이 있는데 공짜로 시식해보겠냐고 물었다. 머핀은 뜨거웠고 버터 맛이 듬뿍 났다. 바로 그 순간 나는 알 수 없는 기쁨에 사로잡혔다.

당신은 흔들리는 테이블을 피하기 위해 많은 에너지를 쓸 수도 있다. 어쩌면 종잇조각을 접어 넣으려고 부산을 떨 수도 있다. 그러나 일단 테이블을 고정시키면 이제는 옆 자리에서 담배 연기가 날아올 것이다. 자리를 바꾸면 이번에는 선풍기 바람이 너무 강할 것이다. 주문한 토스트는 너무 탔다. 다음에는…… 다음에는…… 신경을 곤두세우는 일은 끝이 없다.

이런 상황에서 외부 환경을 바꾸려고 어떤 행동을 취하는 대신 불안한 내면으로 파고들 수도 있다. 내가 그랬다. 흔들리는 테이블에 앉으니 짜증이 밀려왔다. 찻잔을 내려놓을 때마다 테이블이 흔들려 손으로 꽉 잡아야 했다. 그러나 나는 그 자리에 오래 앉아 있었다. 가시방석에 앉은 듯 불안했고, 전부 거지같고 잘못됐다는 기분이 들었다. 그러나 나는 일어나지 않았다. 시끄럽거나 블라인드가 없어서 잠들기 힘든 환경에 있을 때 이런 식으로 자신과 싸워볼 수 있다. 파하기 직전인 모임에 참석하는 방법도 있다. 심리학계에서는 이런 실험을 '고통 내성'이라고 부른다. 전문가의 조언을 받되, 불안해지다 못해 더 이상 공포가 느껴지지 않을 때까지 그 상황에 머물러보는 것이다.

불안할 때면 자기 안의 내성을 발휘하기도 전에 먼저 도망치려고만 하는, 또는 불안에 맞서 싸우거나 그저 얼어붙어 더 이상 아무것도 하지 못하는 부류가 있다. 나는 이 지점에서 아주 재미있는 생각을 했다. 만약 우리가 자신의 불안을 다루지 못하는 이유가 단순히 그 자리에 오래 머물지 못하기 때문이라면? 내가 이 책을 통해 궁극적으로 전하고자 하는 메시지가 바로 이것이다.

오랜 습관, 유난히 예민한 반응, 또는 위험한 도화선은 전문 상담가나 의사의 도움을 받아 다루는 것이 가장 좋다. 그러나 불안을 유발하는 요인이 그렇게 강하지 않다면 간단한 실험을 통해 어느 정도 확인하고 다룰 수 있다.

우선, 반응을 미리 예측하지 않는다. 너무 먼 목표를 잡을 필요도 없다. 요지는 불안한 상황을 적극적으로 찾아서 그 안에 머물러보는 것이다. 자신이 직접 상황을 선택했으니 좀 더 적극적으로 분위기를 주도할 수 있다. 또 하나 기억할 것은, 그저 관찰만 하면 된다는 점이다. 자신이 어떻게 반응하는지 보기 위한 실험이니 굳이 뭔가를 애써서 할 필요가 없다.

예를 들어 폐쇄공포증이 있다면 장거리 비행 중에 고통 내성을 연습해볼 수 있다. 영화, 팟캐스트, 수면안대 등 안전하게 시간을 보낼 수 있는 도구가 얼마든지 있고 비상 상황은 결코 일어나지 않는다고 계속 뇌에 신호를 보내며 감각을 달랠 수도 있다. 부드러운 담요를 덮고 뜨거운 차를 마시면 굳이 마음속 동굴로 전력 질주할 이유가 없다.

단지 간단한 실험이라고 생각하면 뭔가를 붙잡고 싶고, 고치고 싶은 욕구를 억제하느라 생기는 우울과 짜증도 조금 더 버틸 만해진다. 내가 해야 할 더 중요한 임무는 그저 머무는 것이다. 그리고 무슨 일이 벌어지는지 보는 것이다. 어느새 음료의 수준이나 자리의 불편함, 테이블의 흔들림은 기억에서 흐려지고 나는 뒤로 기대앉게 된다.

그날 아침, 나는 포카치아 카페를 방문했고, 한 테이블에 오래 앉아 있었다. 오래, 더 오래. 20분이 흐르자 1분 단위로 나가고 싶고, 어딘가로 도망치고 싶고, 뭔가를 해결하고 싶은 불안이 느껴졌다. 진심으로, 두뇌에서 뭔가가 발산되는 게 느껴졌다. 하지만, 모든 게 정말 거지 같았지만 나는 버텼다. 마침내 나는 이곳에서 더 오래 앉아 있을 수 있겠다는 자신감을 얻었다. 그러자 만족감이 치솟았다. 긴장이 풀리자 온몸의 힘도 풀렸다. 아무것도 중요하지 않았다. 그렇게 하나하나가 덜 중요해지기 시작하면서 어느새 불안이 사그라들었다.

버터가 듬뿍 든 공짜 머핀을 먹으면서, 지금껏 몇 십 년 동안 완벽하려고 애써왔던 내 모습이 어쩐지 한심해 보인다고 생각했다. 어떻게 보면 우스웠다. 뭔가가 따분해지고 우습게 여겨진다면 거기에는 더 이상 강력한 힘이 없다. 실연을 극복하는 방식과 같다. 어느 날 갑자기 전 애인에게 매달리는 일이 한심하고 지루하게 느껴지듯이. 물론 이런 깨달음은 오직 불안을 정면으로 마주할 수 있어야 얻을 수 있는 결과다.

당신이 오랫동안 불안에 시달리며 안절부절못했다면 이 말만 기억하길 바란다. 그저 불안 속에 머무는 것, 우리가 할 일은 이게 전부다.

자살하지 않았더니
행운이 찾아왔다

　우리가 불안에 저항할수록 불안은 집요해진다. 우리가 불안을 직면하고 그 안에 머무를수록 불안은 우리가 감당할 만한 것이 된다.

　시인 라이너 마리아 릴케는 고난이 우리 영혼을 성장시킨다며 "고난을 받아들여야 한다는 원칙에 따라 삶을 정비하라"고 주장했다.

　키르케고르 역시 비슷한 이야기를 통해 우리가 불안에서 도망치느라 너무 많은 에너지를 낭비한다고 지적했다. 하지만 우리가 불안과 함께하는 법을 배울 수 있다면 "불안이 밀려오는 것이 비록 끔찍할지언정 더 이상 도망쳐야 할 대상이 아니라는 걸 깨닫게 된다. 오히려 불안이 나를 원하는 곳으로 데려가주는 일종의 도구가 될 수도 있다"고 했다.

　그는 또한 불안이 인간을 단순한 짐승과 구분 짓고 진일보하도록 만들어주는, 지극히 인간다운 상태라고 보았다. 미래에 대한 걱정은 만일의 사태에 대비하게 하고, 우리의 터전을 개선하게 한다. 그는 "만약 인간이 짐승이나 천사라면 불안할 수가 없다. 불안이 클수록 인간은 위대해진다"라는 명언을 남겼다. "그러므로 불안을 제대로 겪는 법을 배운 사람은 가장 중요한 것을 배운 셈이다."

가장 중요한 것을 배우는 셈이라고? 맞다. 불안을 배우는 태도는 불안이 우리에게 주는 깨달음과 연결되고, 결국 기쁨 그 자체로 살아가게 한다. 〈뉴욕타임스〉 칼럼니스트인 데이비드 브룩스도 같은 이야기를 했다. "가장 중요한 것은 스스로를 속이지 않고 도덕적 투쟁에 기꺼이 참여할 수 있느냐다."

자신에게 물어보길. 어떤가? 당신은 도망가기를 멈추고 더 나은 여정을 위해 기꺼이 투쟁하겠는가?

여기서 나의 또 다른 경험담을 하나 소개하겠다.

삼십대 중반이었던 7~8년 전, 모든 게 모호해서 집요하게 매달리기만 하던, 어느 늦겨울의 목요일. 나는 그날도 극심한 불안으로 한없이 무너지고 있었다.

그 직전의 12개월 동안 나는 직장을 그만두었고, 나쁜 남자와 헤어졌고, 포르노 스타의 자서전 대필 사건을 비롯한 온갖 사건으로 지쳐 있었고, 하시모토병 진단을 받았다. 강도를 당했고, 전화와 인터넷을 포함한 모든 연락 수단이 끊겨서 죽도록 고생을 했다. 불행이 휘몰아치는 와중에 집에서 은둔했고, 근 9개월은 하시모토병으로 일을 하지도, 걷지도 못했다.

나는 뚱뚱하고 아픈 무일푼 백수였다. 고립되고 외로웠다. 완전히 발가벗겨진 듯 패배한 느낌은 한없이 참담한 기분이 들게 했다. 한마디로 굴욕적이었다.

그날 아침, 나는 침실 옷장에 달린 거울 앞에 무릎을 꿇고 소리 없이 울부짖었다. 손톱으로 바닥을 뚫을 것처럼 긁어대고, 배를 할퀴었다. 손톱 끝이 붉어지면서 피가 났다. 사흘 동안 그렇게 폐인처럼 보내면서, 매일 해 뜨기 한두 시간 전에 선잠을 자는 것 외에는 전혀 잠을 자지 못했다. 그야말로 불안의 소용돌이에 빠져 있었다.

당시 내 행동은 전부 극단적이었다. 이 허식(소리 없는 울부짖음과 배를 할퀴는 행동)을 영화에서 배웠던가? 주황색 쿠키 몬스터 파자마를 입은 중산층으로 살던 나는, 대부분의 사람들이 아이들을 달래 아침을 먹이거나 버스 정류장으로 달려나가는 평일이 더욱 괴로웠다. 내 이웃들은 멀쩡하게 하루를 시작했다. 꼭대기 층에 사는 아이들은 자기들끼리 투닥대며 학교에 갔다. 내가 없어도 세상은 돌아간다. 나는 컨베이어벨트에서 떨어져버렸다. 더 많은 생각들이 풍선처럼 부풀었다.

당신은 한 번이라도 소리 없이 울부짖은 적이 있는지? 소리 없는 울부짖음은 가장 밑바닥까지 추락한 인간을 위해 신이 허락한 필사적이고 원초적인 비명인 게 틀림없다. 가장 눅눅하고 원시적인 곳에서 터져나오는, 순수한 고통의 표현이다. '도대체 왜?', '너는 안 돼!', '너는 틀렸어!' 자궁에서 빠져나온, 갓 태어난

아이가 분노에 차서 토해내는 울음이다.

소리 없는 울부짖음은 극도로 통제되고 지나치게 예의 바른, 삶에 너무나 열정적인 당신을 넘어서는, 온힘을 다해 울부짖는 고통이다. '나는 더 이상 내가 어떻게 되든 상관하지 않겠다', '그런데 내가 크게 소리 내 울부짖으면 이웃들이 나를 어떻게 생각할지 걱정된다.' 내 멘탈이 무너지는 상황에서조차 남들이 나를 어떻게 볼지 일일히 체크하고 있다는 바로 그 사실이, 나를 더 무너지게 했다.

그러나 그 목요일 아침, 나는 마침내 고개를 들어 거울 속의 나를 바라보았다. 거울 속 내 모습을 도저히 알아볼 수 없었다. 나는 그곳에 없었다. 소리 없는 울부짖음이 드디어 멈추었다.

그날을 떠올리면 그저 뭔가가 녹아 사라졌다고밖에 말할 수가 없다. 나를 떠받들어주고 규정하던 모든 것이 사라졌다. 직업, 탄탄한 몸매, 정력, 건강한 외모, 에너지, '강하고 적극적인 여성'이라는 이미지, 착상 능력, 돈. 이 모든 게 사라졌다. 마치 어린 시절, 차를 타고 가다가 도로의 움푹 팬 곳으로 차가 덜컹 내려앉을 때 몸이 허공에 붕 뜨는 듯한 느낌이었다. 문제는 이때 내가 다시 단단한 땅에 착지하지 못하고 그대로 허공에 머물렀다는 점이다. 순간 이런 생각이 들었다. '아, 드디어 내가 죽을 준비가 됐구나.'

자살하고 싶다, 죽고 싶다 같은 난폭하거나 절망적인 생각이 아니었다. 그저 피해갈 수 없는 죽음을 향해 내리막길을 가고 있다는 느낌이었다. 이때의 경험으로 자살 충동이 종종 이런 느낌을 수반한다는 사실을 알게 됐다. 호주 자살예방재단의 데이비드 호건 박사에 따르면 우리가 죽음을 하나의 선택지로 고려하는 순간, 우리 마음은 그 선택이 옳다는 증거를 찾는 데 집중하고, 그게 나쁘고 파괴적인 생각이라는 증거는 모조리 무시해버린다.

내 인생에서 아무것도 중요하지 않다면, 인생에 아무 애착도 책무도 없고, 내 삶에 아무것도 남지 않는다면, 그냥 조용히 사라져버릴 수도 있다. 자멸해버릴 수도 있다. 왜 안 되는가? 나를 막는 건 아무것도 없고 내가 책임져야 할 것도 없는데. 어쩐지 가볍고 자유로운 기분이었다.

물론 다른 출구를 찾을 수도 있었다. 완전히 새롭게. 원점으로 돌아와 모든 것을 하나하나 다시 선택할 수도 있었다. 나를 아는 직원들이 한 명도 없는 텅 빈 사무실에서 다시 사업을 시작할 수도 있다. 삶을 이렇게 살아야 한다는 아무 주관도 없이, 내 가치에 대한 잘못되고 병든 생각도, 물건이나 돈에 대한 애착도 없이. 정해진 목적지도 없이 남은 게 입은 옷밖에 없는 불청객이 될 수도 있다.

나는 완전히 다른 삶을 살아갈 수 있다는 데까지 생각이 미치자 더 이상 잃을 것도 없고 감탄시켜야 할 사람도 없다는 사실이 분명해졌다. 매혹적이었다. 아이디어가 몸집을 불려갔고, 옛날 옛적에 하던 과한 생각들은 더 이상 내 앞길을 방해하지 않았다.

그러자 갑자기 웃음이 터져나왔다. 뉴질랜드에서 동생 벤과 번지점프를 하기 직전에 터져나왔던 웃음이었다. 그때 나는 아래로 추락하고 또 추락했고, 마침내 밧줄 끝이 걸려 몸이 위로 들려질 때는 웃고 또 웃었다.

나는 거울에 비친 내 모습을 다시 바라보았다. 이날과 비슷한 경우가 예전에도 여러 번 있었고, 이 표정의 의미가 뭔지도 알았다. 그러나 이번에는 도망치지 않고 그대로 일어났다.

그게 끝이었다. 나는 일어나서 파자마를 벗고 알몸으로 냉장고 앞에 서서 큰 숟가락으로 병에 담긴 땅콩버터를 먹었다.

어느 목요일에 있었던 이 에피소드는 그다음에 일어날 일이 아니었다면 그저 한때의 일화로 끝났을 것이다.

다음 날 나는 산부인과를 찾았고 의사는 내 자궁에 12센티미터짜리 침을 놓으며 생명을, 아니, 생명의 기운이라도 내 안에 다시 불어넣기 위해 애를 썼다. 내 배는 짧은 활강 코스를 닮아 있었고, 내 골반 주변으로 몇몇 침이 거칠게 떨리며 넓고 둥글게 꽂혀 있었다. "꽉 막혔어요." 의사가 몇 번이고 말했다. 알아요, 나도 안다고요.

그때 휴대전화가 울렸다. TV 유명 토크쇼 진행자인 케리-앤 케널리였다. 나는 이전에 그녀의 쇼에 게스트로 몇 번 출연한 적이 있었다. 접이식 침대에 누운 채, 너무 누워만 있다가 받은 것 같지 않게 하려고 애를 쓰는데 그녀가 방송 진행을 한 번 대신 해 줄 수 있는지 물었다. 요청한 날은 화요일이었다. "휴가를 가려는 데 일이 생겨서요. 당신이 맡아준다면 너무 좋을 것 같아요."

나는 그녀에게 한 번도 TV 쇼를 진행해본 적 없다고 말하지 않았다. 오토 큐(텔레비전 방송에서 출연자에게 말할 대사를 보여 주는 장치)를 읽는 법도 모른다는 말도 하지 않았다. 바로 전날 내가 세상에 작별을 고할 뻔했다는 말도 하지 않았다.

나는 최대한 꼿꼿이 앉아 밝은 목소리를 냈다. "와우, 저야 너무 좋죠." 왜냐하면 그게 내 평소 캐릭터였으니까. 좋아요. 그럼 요. 물론이죠.

주말이 지나고 화요일이 되었다. 채널9 의상팀이 내게 핫핑크 색 펜디 드레스와 밝은 주황색 구찌 힐을 건네주었다. 덕분에 2부에서 썰렁한 개그를 던졌던 배우보다 족히 3센티미터가 더 커졌다. 헤어와 메이크업 담당자는 내 힘없는 머리카락을 빵빵하게 부풀리고, 눈썹의 빠진 부분을 꼼꼼하게 채워주었다.

방송 3분 전에야 오토 큐를 어떻게 읽는지 알았고, 빨간불이 들어오는 카메라를 바라보라고 들었다. 그러나 나는 제작진에게 아무 질문도 하지 않았다. 아무 예측도 하지 않았다. 한편으로는 이렇게 은퇴하는구나 싶었다.

나는 분명 지쳐 있었다. 그러나 한편으로는 느슨해져 있었다. 지금 기억나는 건 트램펄린에서 뛰어서 스튜디오로 들어갔던 것

뿐이다. 아, 또 하나! 마지막 부가 시작될 때, 타이완 음식 조각가가 내 얼굴과 가슴에 초콜릿으로 조각을 해주었다. 나는 상의를 벗었고 그들은 내 유두를 초콜릿으로 장식했다.

몇 주 후, 그 방송국에서 섭외를 담당하는 헨리가 전화를 걸었다. 그녀는 쇼가 끝난 후 내게 상당히 잘했다고 짧은 칭찬을 건넸었다. 헨리는 곧 방송국을 그만두고 캐스팅 감독으로 이직을 하게 됐는데, 처음 맡은 일이 〈마스터 셰프〉라는 신규 예능이라고 했다.

"예전에 레스토랑 비평 기사를 썼죠?" 그랬다. "이번에 같이 일할 예능 PD와 한번 만나줬으면 해요. 그 사람들은 당신이 마음에 안 들지도 모르지만요." 헨리는 특유의 직설 화법으로 괜히 기대했다가 실망하지 않았으면 좋겠다고 했다. "그래도 누가 알겠어요."

지금 기억나는 건 오디션이 있었다는 사실뿐이다. 믿기지 않을 만큼 정신이 몽롱했다. 나는 한 무리의 셰프 앞에서 음식을 맛보고 비평했다. 그게 오디션인지도 몰랐다.

나는 그저 집 밖으로 나오기 위해 노력하는 사람일 뿐이었다. 자가면역질환으로 인한 염증 때문에 팔다리는 붓고 떨렸다. 게다가 맞는 옷이 없어서 친구 드레스를 빌려 입어야 했다. 〈코스모폴리탄〉 퇴사 후로 족히 2사이즈는 늘어났기 때문이다.

오디션에 참석하고 얼마 지나지 않아 곧 크리스마스이브가 되었다. 동생과 단어 게임을 하고 있는데 헨리에게 전화가 왔다. "자기, 됐어요." 나는 발코니로 뛰어나 허공으로 주먹을 날렸다. 이런 망할! 말도 안 돼! "자기가 진행자로 발탁됐어요. 2주 후에 첫 녹화를 시작할게요." 아무 말도 할 수가 없었다.

은총이란 단어를
인생으로 바꾼다면

이것은 은총이다. 이 책을 쓰기까지, 나를 지금 이 자리로 이끌어준 건 그 무엇도 아닌 불안이다.

은총을 '신이 인간에게 내려주신 자비와 사랑이자, 단지 존재한다는 사실만으로 받을 자격이 있는 것'이라고 주장하는 기독교적 개념은 잠시 미뤄두고자 한다. 가령 저 문장에서 '신'을 '삶의 여정'으로 바꾼다면 내가 하고자 하는 말에 상당히 가깝지 않을까 싶다.

은총은, 삶은 이런 식으로 흘러가는 것 같다. 내가 생각하는 은총의 몇 가지 진실은 다음과 같다.

첫째, 인생의 내리막길에 있다. 불안은 아주 손쉽게 당신을 내리막길에 데려다놓는다. 내가 어떻게 이렇게 인식을 전환하게 됐는지, 내가 어떻게 이런 책을 쓰게 되었는지 이제는 알 거라 생각한다.

둘째, 고통 속으로 들어가 마음을 열어야 확인할 수 있다. 고통으로부터 도망치지 말고 대면한다. 호텔 방을 바꾸듯 쉽게 벗

280

어나려 하지 않는다. 힘들고 괴로워도 고통 속에 머문다. 억지로 뭔가를 바꾸려 하지 말고, 그저 담담히 바라보고 내버려둔다. 고통을 마음껏 드러내고 표현한다. 물론 쉽지 않지만.

다음으로, 움켜쥔 손을 놓는다. 반드시 그래야 한다. 포기해야 한다. 내 삶의 선장이 내가 아님을 알아야 한다. 이건 피할 수 없는 진실이다.

마침내 뭔가가 서서히 바뀐다. 어쩌면 단순한 우연의 일치일지도 모르지만, 느닷없이 나타날 그 변화에 주의를 기울여야 한다. 행운은 어느 날 갑자기 찾아와 순식간에 모든 것을 뒤집어놓는다. 어쩌면 불안을 마주하고 머무는 과정에서 터득한 열린 공간과 겸손이, 당신에게 필요한 애정을 줄 수 있는 누군가를 들어오게 할 수도 있다. 그들이 당신을 잡아준다면 이 또한 은총이다.

느닷없이 찾아온 행운이 핵심은 아니다. 사실 대부분의 행운은 대단한 게 아니어서 우스울 정도다. 하지만 내 생각에 그 완전한 평범함이 우리를 움직여서 진정 중요한 지점으로 향하게 한다. 우리는 무슨 일이든 혼자 할 필요가 없다. 그렇다. 바로 이게 은총이다.

은총은 우리 삶을 '현재'에 머물게 한다. 은총은 결코 매일같이 화려한 파티를 열어주지 않는다. 은총은 행복이 아니다. 잠깐의 희열도 아니다. 작지만 오롯한 선물이다. 우리 마음에 '삶이 너를 도와줄 거야'라고 속삭여준다. 당신이 옳다고, 괜찮다고 말해준다. 얻으려고 노력하거나 성취하려고 애쓰거나 어떤 자격이 있어야 하는 것이 아니다. 꽃이 피어나려고 애쓰지 않듯이.

데이비드 브룩스는 불안의 여정에서 최종 목적지는 결국 인간의 품격을 회복하는 것이라고 했다. 그는 전성기를 누리기 전에 수많은 고통을 겪어야 했던 뛰어난 사상가와 신학자들에 대해 쓴 글에서 "많은 이들이 치유되어 나오지 않았다. 그들은 달라져서 나왔다"라고 적었다.

나는 이 문장이 꽤 마음에 든다. 삶의 진실을 완벽하게 보여주는 글이라고 생각한다. 나도 결코 완전히 치유되지 않았다. 어느 목요일에, 은총처럼 평온한 깨달음을 얻었고 아슬아슬하게 빠져나왔을 뿐이다. 타인과의 연결. 충만하고 깊은 '다른 무엇'을 느끼는 감각. 내 마음의 중심. 이거면 충분하다는 걸 깨달았을 뿐이다.

심리학계에서는 이러한 깨달음을 외상 후 성장post-traumatic growth이라고 부른다. 나를 지독한 불안의 소용돌이에서 벗어날 수 있게 도와준, 구체적인 통계와 수치를 제시하는 수많은 연구를 사랑한다. 예를 들면 이런 거다. 지난 20여 년간 전 세계적으로 실시된 300개가 넘는 연구에서, 불안을 겪은 사람들의 70퍼센트가 심리학적으로 긍정적인 성장을 한 것으로 보고되었다. 우리는 불안을 통해 삶을 향한 더 큰 감사, 영적으로 더 풍성한 삶, 자신보다 더 위대한 무엇과의 연결, 저마다 가진 감각을 이야기할 수 있다. 이 모두를 인간의 품격이라고 부를 수도 있다.

하버드 연구진은 이런 격렬한 내적 갈망이 종종 창의성을 이끌어낸다고 밝혔다. 혁신적인 생각과 탐구 정신이 '현실'을 살게 하기 때문이다. 살면서 겪는 수많은 재난이 위대한 창의를 이끌어내는 사례들은 넘쳐난다. 심각한 사건을 겪은 후 더 심각하게 고립되었던 사람일수록 더 위대한 창의성을 보인다는 연구 결과도 있다.

내가 읽은 수많은 문학작품도 특정 트라우마가 세계관과 신념과 정체성을 완전히 산산조각 낼 수 있다고 묘사한다. 스스로를 닦달하던 그 모든 행동들, 이를테면 저녁에는 철저하게 탄수화물 없는 식사를 한다거나, 직장 동료가 바뀐 헤어스타일을 어떻게 생각할지 걱정한다거나, 부모님이 자신의 직업을 존중해주지 않는다고 화를 내거나, 연인이 먼저 연락하는 경우가 손에 꼽을 정도여서 괴롭다거나 하는 일 등을 지워버리고, 우리가 진짜 가치 있게 생각하는 일에서 새로 시작하게 한다. 우리가 더 많이 흔들릴수록 과거의 자신과 여러 전제들은 더 강하게 폭발하고, 우리는 더 새롭게 성장할 것이다.

삶은 결국
우리를 지탱해준다

　옷장 거울 앞에서 보낸 그 목요일 이후, 몇 번의 은총이 더 찾아왔다. 모든 일이 술술 풀렸다는 건 아니다. 오히려 그 반대였다. 나는 모든 걸 최대한 내려놓았다. 탐욕, 극단적인 억제, 우유부단함, 과잉 생각과 과잉 전환까지, 내 상태가 무척이나 견딜 수 없어서 그저 고통 속에서 생살을 드러낸 채 모든 걸 받아들이는 수밖에 없었다.

　뉴욕에서 자서전을 쓰기로 했던 포르노 스타가 겁을 먹고 계획을 취소했을 때, 나는 이미 3개월 전부터 사전 조사와 원고 작성을 마친 상태였다. 작은 출판사에서 받은 선금 1만 달러는 맨해튼과 LA에서 다 써버린 뒤였다. 오스트레일리아의 집으로 돌아오니 출판사가 내게 줬던 선금을 다시 반납해달라고 요구했다. 정확하게는 몇몇 제반 비용을 제한 9,025달러였다. 나는 나 때문에 계약이 파기된 게 아니라고 싸웠지만, 전력을 다하기에는 너무 지쳐 있었다.

　그 주에 세무서에서도 우편을 받았다. 신고하지 않은 수입에 매겨진 세금이 체납되었다는 거였다. 알아보니 열여덟 살 이후로 조회해보지도 않았던 신용조합계좌에서 생긴 이자소득이었다. 나는 계좌가 폐쇄된 줄 알고 있었다.

길고 지루한 이야기는 짧게 줄이자. 마침내 나는 동네 끝에 있던 공중전화로 캔버라의 신용조합에 연락할 수 있었다(참고로 이 모든 일은 내게 전화도 인터넷도 자동차도 없던 2주 사이에 일어났다). 그들은 내 이름으로 된 계좌가 있다고 확인해주었지만 계좌에 접속할 수도, 얼마가 있는지도 말해줄 수 없고 먼저 내 계좌번호를 알아야 한다고 했다. 생각해보니 당연했다.

나는 이야기나 형태가 없는 것들을 잘 기억하지 못한다. 숫자도 마찬가지다. 단어는 형태가 있으니 이미지로 대충 기억하는데, 그래서 늘 개리와 그렉을 헷갈린다. 어쨌거나 나는 두뇌 저쪽 구석 케케묵은 먼지 구덩이 속에서 일곱 개 숫자를 뽑아낼 수 있었다. 반평생도 더 전에 두세 번 정도 썼던 일곱 숫자가 데굴데굴 굴러나와 순서대로 섰다.

웃음기라고는 전혀 없던 신용조합 고객서비스 담당 직원이 전화 너머로 감탄을 했다. "오, 맞네요. 돈이 꽤 있습니다." 얼마인지 알아야 했다. 나는 빈털터리니까. 세금 고지서를 받았고 작업비도 갚아야 했다.

하지만 그 직원은 말하지 못했다. 내 서명이 있어야 한다고 했다. 아, 이것도 충분히 타당하다. 나는 우체국으로 가서 팩스로 내 서명을 보냈고, 세 번의 실패 끝에 어렴풋한 기억을 간신히

되살려 십대 후반에 쓰던 내 서명을 기억해냈다.

차도 없고 돈도 없던 나는 끔찍하게 허약한 몸을 이끌고 다양한 기관을 오갔고, 마침내 직원과 다시 연결되었다. 마침내 그를 통해 그 미스터리한 계좌에 돈이 얼마나 있는지 들을 수 있었다. 금액은 해가 지나면서 기하급수적으로 늘어났고, 연체된 세금도 같은 비율로 쌓여 있었다.

"들을 준비 되셨나요?" 직원이 다시 한 번 뜸을 들였다. "잔액은 9,025달러입니다."

정말 멋진 은총의 순간이었다.

은총에는 아주 특별한 특징이 있다. 살 수도 없고, 어디 가서 벌 수도 없다. 어디선가 읽은, 삶은 우리에게 선물을 주고 싶어 하지만 우리는 그걸 기어코 사려고 한다던 표현이 생각난다.

혹시 앞에서 언급했던 스카이가 기억나는지? 내가 일에 너무 빠져들지 않고 나 자신을 찾을 수 있게 도와달라고 부탁했던 영성 상담사다. 나는 그녀와의 마지막 상담 때 내가 일을 그만둘 수 있게 도와달라고 부탁했다. 수많은 상담을 하는 동안 나는 그녀와 함께 수없이 흔들렸고 갈팡질팡했다. 정말 모든 걸 버리고 종교와 명상에 의지해야 하나? 아니면 더 나은 직장을 찾아야 하나? 아니면 그저 인내하며 기다려야 하나? 내가 틀렸다면 어쩌지? 삶이 그저 컨베이어벨트 위에 단단히 묶인 채로 학교에서 직장으로, 연인에게로 옮겨 가는 거라면? 해마다 2주씩 피지 섬에서 보내는 휴가로 만족해야 하는 거라면?

나는 평생 이런 질문을 수없이 던졌다. 오래 사귀던 연인과의 관계가 끝났을 때도 마찬가지였다. 더 나은 사람을 만날 수 있을지 조바심이 났다. 여행을 가기 위해 1년 동안 휴학을 했을 때도 그랬다. 만약 내가 아무 진전도 없이 1년을 낭비하는 거라면? 내 기본 태도는 안정인데 안정에 맞서고자 하는 더 큰 욕망은 나를 더 혼란스럽게 만들었다.

스카이는 내가 초조해하고 안달하는 모습을 잠시 지켜본 뒤에 심오한 지혜를 알려주었다. 얼마나 강렬한지 이후로 이 말을 수없이 되새겼다.

"사라, 삶은 원래 그런 거예요. 우리는 늘 미지의 세계로 뛰어들고 결국 안전하게 정착하죠. 그냥 그렇게 사는 거예요."

"추락할 수도 있잖아요."

"그렇더라도, 추락하는 동안 날개가 자라서 우리를 목적지로 데려다주지요."

그녀의 말에 나도 모르게 고개를 끄덕였다.

"삶은 우리를 지지해줍니다. 늘 그랬어요. 문제는 우리가 뛰어내리기 전에 먼저 날개부터 사고 싶어 한다는 거죠. 그렇지만, 날개 같은 걸 살 수는 없어요."

당연히 없지. 먼저 뛰어내려야 하니까. 이건 은총의 또 다른 문제이기도 하다. 어디서 공짜로 얻을 수 없다는 것. 내가 먼저 용기를 내야 한다는 것.

하지만 스카이를 통해 얻은 은총이 내게 새로운 발을 내딛게 해주었다는 점은 분명하다. 그녀와 헤어지고 집으로 가서, 조금의 망설임도 없이 그 자리에서 사직서를 쓴 것이다. 얼버무리는 구석도, 다시 생각해볼 여지도 전혀 남겨두지 않은, 지금 생각해도 기가 막힌 도전이었다.

가장 확실한 진실은,
우리는 인생을 알 수 없다는 것

인생은 우리가 무엇을 원하는지 알고 있을까? 나는 그렇다고 생각한다.

방관자적인 태도로 인생을 관망하거나 끊임없이 불평을 늘어놓는 게 아닌, 정말 진지한 태도로 삶을 살아가려면 믿음을 가져야 한다. 내가 하려는 말이 어떤 면에서는 종교적으로 들린다는 것도 안다. 이 말이 당신을 불편하게 만든다 해도 부디 외면하지 말아주길.

삶은 신비롭다. 삶은 불확실하다. 우리는 무슨 일이 일어날지 모른다. 세금과 죽음 외에 삶에서 가장 확실한 것은 우리가 인생에 대해 모른다는 거다. 그러니 이 불가피함과 함께하는 편이 낫다. 이것이 진짜 인생을 살아가는 궁극적인 방법이다. 사르트르는 '무無에 대해 자유로워지기 위해' 필요한 것은 불확실성에 태연해지는 것이라고 했다.

오늘날 많은 심리학이 불안에 대응하는 방법으로 '부정적 수용 능력Negative Capability'을 키우자고 언급한다. 인생이 불확실해

도 괜찮아지는 능력을 기르자는 것이다. '부정적 수용 능력'은
영국의 대표적인 낭만파 시인 존 키츠가 언급한 말이다

어느 순간 깨달았네. 성공한 사람, 특히 문학에서 큰 성취를 거둔
사람을 결정하는 자질, 그리고 셰익스피어가 엄청나게 지니고 있
던 그 자질이 뭔지 말이야. 그건 '부정적 수용 능력', 즉 한 인간이
불확실성, 의문, 의심을 가지면서도 사실과 이성을 초조하게 뒤쫓
지 않는 능력이었어.

의문과 의심을 품으면서도 애써 밝히려 하지 않고 그저 그 안
에 머무는 것. 마음이 어디로 어떻게 가는지 지켜보는 것. 이것
이 자유다. 하지만 어떻게 그럴 수 있냐고 묻는다면? 나는 감히
이런 말을 하고 싶다. 그저 진득하게 세월을 보내면 된다고. 릴
케는 《젊은 시인에게 보내는 편지》에서 이렇게 썼다.

부디 바라건대, 마음속 풀리지 않는 모든 것들에 인내심을 가지고
의문 그 자체를 닫힌 방처럼, 알 수 없는 외국어로 쓰인 책처럼 사
랑해주십시오. 정답을 찾지 마세요. 정답을 안다 해도 당신은 그
답에 맞춰 살아갈 수 없을 테니, 정답 또한 주어지지 않을 것입니
다. 요지는 그저 매 순간을 사는 것입니다. 그러면 아마도 먼 미래
의 어느 날, 자기도 모르는 사이에 정답을 찾을 것이고 그대로 살
고 있을 것입니다.

나는 무방비 상태에서 진짜 모습이 드러나는 것에 취약했지만, 이러한 점 또한 내가 가진 모습이었다. 이런 기질을 아주 오랫동안 단련하면서 이제는 "잘 모르겠다"고 말할 때 무던해질 수 있게 되었다.

예측 불가능한 질병과 불임 진단과 8년의 독신 생활을 지내면서 나는 모른다는 사실에 태연할 수 있는, 열려 있는 사람이 되기 위해 애썼다. 나는 항상 미래가 어떻게 될지, 앞으로 무엇을 할지 묻는 사람들에게 모르겠다고 답했다. 낙담해서 하는 말은 아니었다. 나는 의도적으로 미래에 대해 태연한 태도를 취했고, 그러면서 꽤나 분명하고 만족스러운 강점을 발견할 수 있었다.

불안에 관한
새로운 논의가 필요하다

우리는 자기 자신과 또는 중요한 뭔가와 연결되지 않았다는 느낌을 받을 때 불안해진다. 뭔가 옳지 않고, 뭔가를 놓치고 있고, 삶이 뭔지 도무지 이해할 수 없고…… 이런 고민이 우리를 갉아먹는다. 이것은 어느 사회에나 있는 보편적인 불안으로, 커리어나 사랑에서 우리가 원하는 결과를 얻을 수 없다는 느낌으로, 허울뿐인 끈질긴 냉소로, 몸 곳곳에 나타나는 염증으로, 더 많은 음식과 더 많은 와인과 더 많은 친구들과 더 많은 좋아요와 더 많은 하트를 향한 절실한 욕망으로 작용한다.

우리는 동요하고 흔들리고 붙잡는다. 그러나 아무리 발버둥쳐도 원하는 결과를 얻지 못한다. 대신 불안 속에 머물면서 어두운 심연 밑바닥까지 내려가게 만든다. 왜냐하면 불안은 필연적으로 우리를 오물 속에 갇혀 있게 만들기 때문이다. 불안은 우리를 어둠으로 데려간다. 두려운 여정을 떠나도록 등을 떠민다. 그래야 우리가 원하는 것을 찾을 수 있다. 진실을 볼 수 있다. 매사를 있는 그대로 볼 수 있다.

불안은 우리를 본질에 다가가게 한다. 그래야 목적지도 모른 채 전력 질주하는 경쟁을 멈출 수 있다. 모든 것은 우리 안에 있다. 바로 여기. 그러니 더 이상 달리지 않아도 된다. 삶이 흘러가게 내버려두고, 삶의 흐름에 몸을 맡기면 된다. 이것이 불안이 하는 일이다. 우리를 내면으로 안내하는 일.

우리가 갑자기 진실에서 멀어지거나 방향을 틀어버릴 때, 불안이 고개를 들고 강하게 외친다. "잘못된 길이야, 돌아가."

불안의 경고 없이도 지혜와 성숙함과 삶의 진정한 의미를 깨달을 수 있을까? 아마 깨달을 수는 있을 것이다. 그러나 어떤 불안도 느끼지 않고 자신의 내면 깊은 곳을 들여다볼 수 있느냐고 묻는다면, 확답할 수가 없다. 노벨문학상 수상 작가인 윌리엄 버틀러 예이츠는 "자기 영혼의 어두운 면을 들여다보기 위해서는 전쟁터에서 싸우는 군사보다 더 큰 용기가 필요하다"고 말했다.

나는 평생 불안이 이끄는 길을 걸어왔다. 불안은 늘 잔인하고 불공평해 보였다. 왜 나는 이렇게 불안하지? 왜 삶이 이렇게 힘들지? 머리로라도 이해해보려고 평생을 매달렸다. 나에게 닥친 이 모든 불행이 대체 다 무슨 뜻인지, 무슨 의미인지 알고 싶었다. 하지만 아직도 모른다.

다만 내가 평생에 걸쳐 배운 교훈은, 불안했기 때문에 어느 정도의 답은 찾을 수 있었다는 점이다. 그야말로 아이러니하지만, 이게 진실이다.

80년 전쯤, 프로이트는 불안을 수수께끼로 표현하며 "이 수수께끼의 해답은 우리의 정신적 존재 전체에 광명을 던져줄 것"이라고 말했다. 수수께끼를 푸는 과정이 의식, 창의성, 고통, 괴로움, 희망 등 마음속 가장 흥미진진한 미스터리를 푸는 데 도움이 된다고, 불안과의 투쟁은 마침내 인간의 조건을 이해하게 만든다고 그는 추측했다.

내가 수수께끼를 풀었냐고?

맙소사, 그럴 리가. 그러나 불안이 수수께끼라는 것은 알았다. 진실과의 논쟁은 우리를 내면과 더 가깝게, 더 강하게 만들어준다. 우리는 불안을 받아들이고 평생 안고 가야 할 존재로 바라볼 수 있다. 이것은 중요하다. 그러나 나는 믿는다. 우리가 불안이라는 이 괴물을 더 아름답게 만들 수 있다고. 나는 이렇게 말하고 싶다. "불안이야말로 나의 능력이다."

평탄하지 못한 인생을 살아오면서 나는 내 문제가 그다지 문제가 되지 않는다고 생각하게 됐다. 아니, 내 진짜 문제는 나를 이끌어줄 안내서가 거의 없었다는 거다. 내가 불안과 싸울 때는, 특히 정신건강이 심각하게 위험했던 십대 후반부터 이십대 초반에는 쉴 새 없이 흔들리는 멘탈을 붙잡아줄 단단한 팔이 어디에도 없었다. 넘어져도 언제든 다시 일어날 수 있다는 믿음을 주는 시스템도, 지혜도 없었다. 어둡고 초조한 불안을 마주하며 점차 자신의 진실한 모습에 다가가는 사람들을 소개하는 미디어도 없었다. 이런 현실에 대해 누구도 탓할 수는 없다. 단지 이런 점들이 아주 오랫동안 논의되지 않았을 뿐이다.

키르케고르는 불안을 "인간이라면 누구나 통과해야 하는 모험"으로 여겼다. 소크라테스는 "반성하지 않는 삶은 살 가치가 없다"라고 말했다. 이제 나는 이런 말에 동의하지 않는다. 모든 사람이 모험을 하기를, 상처 위에 앉은 딱지를 무조건 뜯어내기를 원하지는 않는다. 그러나 우리에게 불안에 관한 새로운 논의가 필요하다는 점에는 동의한다.

이제는 불안에 관해 더 많이 대화해야 한다. 수많은 사람들이 간절하게 바랐을, 불안에 관한 변별력 있고 이성적이고 공감 가는 대화를 나눠야 한다. 우리는 이 수수께끼를 논의해야 한다.

이제 내 삶의 목표는
더 이상 치유가 아니다

이 책을 쓰는 동안에도 나는 불안에 시달렸다. 책을 쓰는 데 거의 2년이 걸렸다. 우유부단함과 종종 제멋대로 일어나는 불안의 소용돌이가 집필 속도를 수시로 지연시켰다. 조증의 들뜬 기분은 나를 원고로 뛰어들게 만들었고, 특히 조증이 폭발하던 시기에 썼던 부분은 다시 읽으면서 전부 지워야 했다. 이 시기 동안 나는 9개국을 돌아다녔고, 일곱 번 이사했고, 자살을 두 번 시도했고, 사업을 두 번 시작했고, 내 불안을 자극하는 남자와 사랑에 빠졌다. 그와 있을 때 내 불안은 지나치게 커졌고, 살면서 생긴 모든 흉터는 더욱 선명하게 드러났다.

나는 나를 음울한 심연으로 데려가는 그를 더 사랑하게 됐다. 정말로 그랬다. 우리는 남아메리카에서 온 배낭여행자들이 와글거리는 게스트하우스 지하 창고에서 주말을 보냈다. 나는 신문을 읽고, 연구를 하고, 때로는 뜨개질을 했다. 그는 그림을 그리고, 손장난을 하고, 아이패드로 서핑 기사를 보았다. 아이패드는 그가 시간을 때우거나 캔맥주를 마시면서 라디오로 축구 경기를 들으려고 설치해둔 것이었다. 마음이 내키면 우리는 자리를 박차고 일어나 바닷속으로 뛰어들었고 이 많은 모래가 어디에서 왔을까 궁금해했다. 주변 사람들은 우리 둘이 어떻게 이렇게 잘 어울리는지 이해할 수 없다고 했다.

어떤 때에는 내 깊은 고통 하나하나가 그를 비난하고 시험했다. 어떤 대화도 이중나선의 소용돌이에 막혀 튕겨나갔다. 나는 그를 놓아버린다는 두려움을 마주하고, 당연히, 그보다 나를 더 시험하고 있었다. 그리고 나는 임신했다.

친구들이 결혼을 하고 아기를 낳았다는 소식을 점점 더 자주 접하면서, 연애를 시작할 때마다 세 번째 만남 때 나는 아이를 가질 수 없다고 상대에게 말하면서, 그 말을 들은 상대방이 1~2주 만에 어김없이 이별을 통보하면서, 그리고 이 과정을 수없이 반복하면서 나는 평생 모성이라는 걸 경험하고 느낄 기회가 없다는 사실을 받아들이고 8년을 불임으로 살아온 내게 임신은 정말 말을 이을 수 없는 충격이었다.

누구에게도, 아무 말도 할 수 없었다. 친한 친구에게도. 머릿속에서는 모든 것이 납득되었지만 안에서는 그 거대한 충격에 거꾸러지고 있었다. 주변 사람들에게 나는 금욕주의자처럼 보였을지 모른다. 불임 여성으로서 나를 보호하기 위한 삶을 계획했었으니까. 다른 사람들을 돕고, 커리어를 쌓고, 자식 없이 무덤에 들어가더라도 나를 증명할 것들을 마련했다. 그리고 지금은……
솔직히 아무것도 통제할 수 없다.

　남자 친구는 특유의 단순한 직감으로 임신을 눈치챘다. "나 지금 당신을 임신시킨 것 같은데." 수정란이 착상됐던 그날 밤, 그는 생물학적으로 불가능하다는 걸 알면서도 그렇게 말했다. 아무리 생각해도 그날 밤에 임신한 것이 분명하다. 그 전날 초음파 검사를 했고, 다음 날 아침에 비행기를 타고 런던으로 가서 2주를 머물렀으니까. 이 모든 것이 그에게는 당연한 일이었다. 그는 인생에서 자연스럽게 일어나는 마법을 사랑했다.

　나 역시 이 일에서 마법을, 아니 은총을 발견했다. 그리고 우스운 일이 일어났다. 임신 사실을 몰랐던 초기 6주 동안 나는 불안하지 않았다. 어디선가 윙윙대는 소음도 사라졌다. 매사가 멋있게 느껴졌고 기분이 이상하게 좋았다. 20여 년 만에 처음으로 불안을 느끼지 않았다고 기억한다. 옥시토신과 프로게스테론 때문이었다. 내 뱃속에서 자라는 새로운 생명을 위해 온몸에 넘쳐흐르는 호르몬 때문이었다.

　그리고 10주째에 유산했다는 사실을 알았다. 사랑스럽기만 하던 뱃속의 충만함은 하루아침에 사라지고, 불안하고 시끄러운 공허함이 다시 밀려왔다.

　고통이 우리를 갉아먹는다는 말을 하려니 가슴이 아프다. 우리는 오랫동안 지속된 불안으로 인한 이별의 수순을, 아주 느리게 밟고 있었다. 주기적으로 발생하던 조증과 그로 인한 자극이 결과적으로 우리 관계를 이어준 셈이다. 남자 친구는 이런 복잡한 기분을 겪어본 적이 없었다. 당신답지 않아, 그는 말했다. 다음 순간에는 나에게 망할 년이라고 했다. 내가 망할 년처럼 행동했다고 했다. 내가 나답지 않다는 것도, 망할 년이 아니라는 사실도 그는 받아들이지 못했다. 아니면 둘 다거나, 아니면 그 이상이거나. 내가 그를 통제하지 않으려 애쓰는 심정을 그는 이해하지 못했다. 나는 내 공포를 통제하려고 애쓰고 있었다. 그에게로 향하는 내 공격적인 태도는 분명 거칠고 절박했다. 그건 도움을 호소하는 애원이었다.

그도 나처럼 한없이 혼란스럽다는 사실을 깨닫기까지 몇 달이 걸렸다. 나는 단순하게 설명하려고 했다. 나는 커다란 파도 같은 존재라고, 아마 살면서 당신이 보게 될 가장 큰 파도일 거라고. 그는 서핑 보드를 끼고 거대한 파도를 찾아 전 세계를 돌아다녔고 파도 속으로 뛰어들며 나만큼이나 인생에 용감하게 맞섰다. 높은 파도를 타기 위해서는 먼저 파도가 부서지는 지점으로 열심히 보드를 저어야 한다. 온힘을 다해서 열정적으로 가야 한다. 건성으로 했다가는 파도를 맞고 부서지는 하얀 거품 속으로 밀려갈 뿐이다.

그는 만약 우리가 그곳까지 갈 수만 있다면 큰 파도를 함께 탈 수 있다고 말했다. 흰 거품은 바다에 남기고 다시 해변으로 나오면 된다.

"당신은 내 곁에 있어주기만 하면 돼. 나를 잡아줘. 나머지는 내가 알아서 할게." 이건 간절한 부탁이었다. 고백하건대 아무래도 그때 내 조증이 다시 심해졌던 것 같다. 하지만 이미 너무 자주 되풀이했던 말이라 그 부탁은 아무런 힘도 갖지 못했다. 그는 몇 주 동안 사라졌다가 나타나서는, 내 불안이 자신에게 너무 버겁다고 고백했다. 나와 함께 파도타기를 할 수 없다고. 무척이나 미안해했다.

이 기억은 내 불안의 여정에서 가장 힘들고 해결되지 않은 사례로 남아 있다. 이 여정만큼은 혼자서 완성해야 했다. 홀로 감내해야 하는 지독하게 외로운 시간이었다. 고독은 지옥처럼 고통스러웠다.

연인과 함께 있을 때면 밝게 빛나던, 거울 속의 내 모습은 다 무엇이었을까? 놓고자 한다면, 진심으로 모든 것을 놓아버리고 나를 믿고자 한다면, 그 시간 동안 다른 누군가가 나를 붙잡아줄 거라는 생각부터 놓아버려야 했다. 다른 누구도 내 삶에 대해 말해줄 수 없었다. 나 혼자 해내야 했다.

나는 치유되었을까? 아직 안 되었다면, 언젠가는 치유가 될까? 30년 넘게 이 망할 불안에 시달린 결과, 나는 어디에 도달했을까? 어쩌면 당신은 이게 궁금할지도 모르겠다.

하지만 내 삶의 목표는 치유가 아니다. 그저 더 나은 여정으로 나아가는 길을 찾는 중이고, 그거면 충분하다. 그거면 됐다. 지금도 불안이 악화될 때면 나는 고통 속에 머무른다. 도망치지 않고 참고 견딘다. 그저 지켜본다. 대응한다. 그게 되지 않을 때는 그저 내 마음을 들여다본다. 나를 지지하고 감정을 조절하고 마음속에 꼬여 있는 매듭을 풀고, 올바른 작은 행동들을 하기 위한 근육을 키운다. 사람들에게 더 가까이 다가가고자 노력하고, 이해하고자 애를 쓴다.

나는 여전히 명상에 서툴다. 그러나 하루도 빠짐없이 명상을 한다. 긴장이 터져나오면 격렬하게 머리를 흔들어 털어낸다.

나는 몇몇 친구와 동료들을 놓아주었다. 슬프지만 그래야 할 거라고 불안이 내게 경고했다. 대신 내가 도움을 필요로 할 때 낯선 사람들이 다가와주었다. 나는 세계 곳곳에서 좋은 사람들을 알아보았다. 그들에게 편지를 썼고, 그들과 대화를 나누었다.

어떤 사람들은 내 뇌에 화학적인 문제가 있다고 생각했다. 나는 그런 의견도 받아들였다. 때로는 잠을 자기 위해 약을 먹었다. 자주 비틀거렸지만, 근육은 단단해졌고 마음은 고요하고 너그러워졌다.

나는 더 성숙해졌다. 순전히 살아온 세월만으로 얻을 수 있는 지금의 고요함과 확신이 좋다. 바닷가를 가로지르는 20분간의 수영이 나를 단단하게 붙잡아준다는 사실을 알게 된 것도 좋다. 불안이 뼛속으로 파고들면 신발 끈을 묶고, 신용카드와 휴대전화를 주머니에 넣고, 흙먼지와 바위를 박차며 하이킹을 하면 된다는 것을 알게 된 것도 좋다. 이 두 가지는 나를 가장 행복하게 만든다. 그리고 나에게 이 사실을 알려준 것은 불안이다. 우연의 일치도 있을 테니 너무 많은 의미를 부여하지는 않겠다. 지금은 그저 인생이 참 재미있다고 생각한다.

내가 무엇에 마음을 써야 하는지도 점점 더 잘 알게 되었다. 다시 말하지만 불안은 내 나침반이다. 불안이 밀려올 때, 내가 지금 잘못된 길로 가고 있다는 사실을 깨닫는다. 이제는 주변의 심술과 괴롭힘에도 대응할 수 있다. 사람들의 가시 돋친 말이 내 앞에 테니스공처럼 던져지면, 그 말을 받아 그대로 되돌려준다. 아니면 그냥 지나가게 내버려둔다. 정말로 아무 상관도 하지 않는다.

나는 여전히 외롭고, 많은 사람들 틈에 있으면 어색하다. 그래도 독특하고 엉뚱한 일을 하는 낯선 사람과 나누는 대화는 즐겁다. 공원 벤치에 앉아 아무거나 보이는 대로 그림을 그리던 늙은 부부처럼.

나는 여전히 불안하다. 그러나 불안하다는 사실을 불안해하지는 않는지 늘 확인한다. 내가 더 배우고 나를 더 이해할수록, 이것은 온전히 가능해진다.

오늘 아침 나는 항구 주변을 한 바퀴 달렸고 가파른 계단을 뛰어올랐고, 85퍼센트 다크초콜릿을 먹었다. 나는 불안을 키우고 싶다. 더 속도를 내고 싶다. 불안한 행동을 하는 나 자신을 지켜본다. 잠시 후면 지나갈 것이다. 울금을 넣은 우유를 조금 만든다. 점심으로 닭고기와 치즈와 아보카도와 고수를 먹는다.

나는 여전히 불안에 시달리고 있고, 또 불완전하다. 내 삶의 주된 기쁨은 내가 이 두 가지를 알고 있고, 그럼에도 불구하고 뭐든 할 수 있다는 사실을 안다는 것이다.

카메라는 여전히 돌아가고 있다. 그리고 삶은 계속될 것이다.

옮긴이 엄자현

경희대학교 언론정보학과, 영어영문학과를 졸업하고 성균관대학교 번역대학원을 졸업했다.
현재 출판번역 에이전시 베네트랜스에서 전문 리뷰어 및 전문번역가로 활동 중이다.
옮긴 책으로《그의 마지막 제안》,《그녀를 믿지마세요》,《비밀스러운 낙인》등이 있다.

내 인생, 방치하지 않습니다

1판 1쇄 발행 2019년 2월 20일
1판 2쇄 발행 2019년 8월 26일

지은이 사라 월슨
옮긴이 엄자현
발행인 오영진 김진갑
발행처 나무의철학

책임편집 이다희
기획편집 박수진 박은화 진송이 김율리 허재희
디자인 안윤민
마케팅 박시현 신하은 박준서
경영지원 이혜선

출판등록 2006년 1월 11일 제313-2006-15호
주소 서울시 마포구 월드컵북로5가길 12 서교빌딩 2층
전화 02-332-3310 팩스 02-332-7741
블로그 blog.naver.com/midnightbookstore
페이스북 www.facebook.com/tornadobook

ISBN 979-11-5851-122-7 03180

나무의철학은 토네이도미디어그룹(주)의 자회사입니다.
이 책은 저작권법에 따라 보호를 받는 저작물이므로 무단전재와 무단복제를 금하며,
이 책 내용의 전부 또는 일부를 사용하려면 반드시 저작권자와 나무의철학의 서면 동의를 받아야 합니다.

잘못되거나 파손된 책은 구입하신 서점에서 교환해드립니다.
책값은 뒤표지에 있습니다.

이 도서의 국립중앙도서관 출판예정도서목록(CIP)은 서지정보유통지원시스템 홈페이지
(http://seoji.nl.go.kr)와 국가자료공동목록시스템(http://www.nl.go.kr/kolisnet)에서
이용하실 수 있습니다. (CIP제어번호: CIP2019002513)